Tunnel und verdeckte Kanäle im Netz

Steffen Wendzel

Tunnel und verdeckte Kanäle im Netz

Grundlagen, Protokolle, Sicherheit und Methoden

Springer Vieweg

Steffen Wendzel
Kammeltal, Deutschland

ISBN 978-3-8348-1640-5 ISBN 978-3-8348-2143-0 (eBook)
DOI 10.1007/978-3-8348-2143-0

Die Deutsche Nationalbibliothek verzeichnet diese Publikation in der Deutschen Nationalbibliografie; detaillierte bibliografische Daten sind im Internet über http://dnb.d-nb.de abrufbar.

Springer Vieweg

Gedruckt auf säurefreiem und chlorfrei gebleichtem Papier.

Springer Vieweg ist eine Marke von Springer DE. Springer DE ist Teil der Fachverlagsgruppe Springer Science+Business Media
www.springer-vieweg.de

Vorwort

Tunneling und verdeckte Kanäle – was hat es damit auf sich?

Beide Themen sind in der heutigen IT-Welt von großer Bedeutung. Tunnel ermöglichen die Kommunikation durch praktisch beliebige Netzwerke und sind insbesondere für den Umstieg auf IPv6 von elementarer Bedeutung. Verdeckte Kanäle können etwa Journalisten und der politischen Oposition in Ländern mit Internetzensur helfen, sicher regimekritische Informationen zu übertragen. Auf der anderen Seite dienen verdeckte Kanäle auch der Exfiltration geheimer Unternehmensdaten und sollten daher nach Möglichkeit administrativ unterbunden werden, um den Diebstahl von Know-How zu verhindern.

Welches Ziel verfolgt dieses Buch?

Es soll Studenten der höheren Semester sowie Professionals eine Einführung in die Thematik des Tunnelings und der verdeckten Kanäle geben. Dabei unterscheiden sich beide Teile des Werks in ihrer Zielsetzung: Während der erste Teil kurz die Grundlagen der modernen Netzwerke wiederholt (Kapitel 2), führt Kapitel 3 in alle gängigen Tunnelingverfahren ein und soll so einen Überblick und ein Verständnis für das Tunneling ermöglichen. Erst auf dieser Grundlage sind auch Konfigurationen in der Praxis realisierbar (diese sind allerdings sehr von System und Use-Case abhängig und können daher im Umfang des Titels nicht abgedeckt werden). Im zweiten Teil des Titels wird hingegen eine Einführung in das geheime Tunneling und die Forschungsthematik der verdeckten Kanäle vorgenommen. Doktoranden, Wissenschaftlern und Masterstudenten sollen die aktuellen Forschungsthemen der verdeckten Kanäle erläutert werden.

H.G. Eßer veröffentlichte bereits zuvor ein Buch im Themenfeld, konzentrierte sich dabei allerdings ausschließlich auf verdeckte *Zeit*kanäle (*timing channels*) und zudem auf den speziellen Kontext von Web-Services. Ich empfehle sein Buch für die zusätzliche Auseinandersetzung mit Zeitkanälen.

Das vorliegende Werk ist folglich das erste, welches verdeckte Kanäle ganzheitlich betrachtet. Es basiert auf meiner jahrelangen intensiven Auseinandersetzung mit dem Thema. Große Teile dieses Buches basieren auf meiner Diplomarbeit an der Hochschule Kempten (zwei Abschnitte aus Kapitel 4, Details in Kapitel 7), auf meiner Masterarbeit an der Hochschule Augsburg (Kapitel 6) und auf meiner bisherigen Doktoratszeit an der FernUniversität in Hagen (Kapitel 7). Kapitel 2 basiert zum Großteil auf dem Anhang des »Praxisbuch Netzwerksicherheit« von 2007, wurde allerdings erweitert, aktualisiert und freundlicher Weise vom Galileo Press-Verlag zur Publikation in diesem neuen Buch freigegeben.

Dank

Frau Christel Roß, Herrn Bernd Hansemann und Frau Maren Mithöfer danke ich für die Betreuung des Buchprojekts und dafür, dieses Buch durchgesetzt zu haben. Ich danke Judith Stevens-

Lemoine (Galileo Press) für die Möglichkeit, Inhalte aus unserem alten »Praxisbuch Netzwerksicherheit« (2. Aufl., 2007) in diesem Buch verwenden zu dürfen.[1] Übernommene Inhalte (dies betrifft nur Teile von Kapitel 2 und einen Abschnitt aus Kapitel 3) habe ich selbstverständlich einer Aktualisierung und einer Erweiterung unterzogen.

Bei der fachlichen Durchsicht des Manuskripts durfte ich auf die Unterstützung von Jörg Keller, Sebastian Schinzel und Sebastian Zander zurückgreifen, die jeweils unterschiedliche Abschnitte durchsahen. Vielen Dank an dieser Stelle! Sollte dieses Buch dennoch Fehler beinhalten, so ist der Grund dafür allein bei meiner Person zu suchen.

Ich wünsche allen Lesern bei der Auseinandersetzung mit diesem sowohl praktischen, als auch akademischen Thema viel Freude. Konstruktives Feedback zum Buch ist explizit erwünscht.

Augsburg im Mai 2012

Steffen Wendzel
http://www.wendzel.de

Über den Autor

Steffen Wendzel ist Autor mehrerer Fachbücher. Er studierte Informatik mit Schwerpunkt Netzwerktechnik, Betriebssysteme und Wirtschaftsinformatik an der Hochschule Kempten und Informatik mit Schwerpunkt der sicheren Netzwerke an der Hochschule Augsburg. Derzeit finalisiert er seine Doktorarbeit zu einem Spezialbereich der verdeckten Kanäle am Lehrstuhl für Parallelität und VLSI an der FernUniversität in Hagen. Weiterhin ist Herr Wendzel als wissenschaftlicher Mitarbeiter im Rahmen von Lehre und Forschung an der Hochschule Augsburg tätig.

Aufbau dieses Buches

Nach einem einführenden Kapitel, in dem verschiedene Begrifflichkeiten erläutert werden, führt Kapitel 2 in die Grundlagen von TCP/IP insofern ein, als sie für das Verständnis der folgenden Kapitel von Belang sind.

Kapitel 3 behandelt *legitime* Tunnelingverfahren. Dabei werden insbesondere verschiedene Protokolle vorgestellt, die für den Umstieg von IPv4 auf IPv6 von Bedeutung sind. Kapitel 4 betrachtet hingegen das *nicht legitime*, geheime Tunneling, wie es von der Hacking-Community seit Mitte der 90er und parallel in der wissenschaftlichen Community Ende der 80er Jahre betrachtet wurde. Die dort vorgestellten Verfahren sind folglich tatsächlich bereits verdeckte Kanäle, aber auch ohne den wissenschaftlichen Kontext derselben vollständig zu verstehen.

Genau dieser wissenschaftliche Kontext wird in Kapitel 5 eingeführt, woraufhin Kapitel 6 die Detektions- und Präventionsmethoden für verdeckte Kanäle behandelt, die in den letzten Jahrzehnten innerhalb der Forschung entwickelt wurden. Abschließend gibt Kapitel 7 einen Einblick in die fortgeschrittenen Themen der verdeckten Kanäle und betrachtet dabei insbesondere Ergebnisse eigener Forschungsarbeiten.

---

[1] Das Praxisbuch Netzwerksicherheit ist nur noch antiquarisch erhältlich.

Inhaltsverzeichnis

1 Einführung

Dieses Kapitel dient dem Grundverständnis der Thematiken "Tunneling" und "verdeckte Kanäle". Das gelernte Wissen wird in den folgenden Kapiteln vertieft.

Was ist Tunneling?

In heutigen Netzwerken ist es nicht immer möglich, jedes System mit jedem anderen System auf direkte Weise kommunizieren zu lassen. Stattdessen sprechen verschiedene Systeme oft unterschiedliche »Sprachen«, genauer: unterschiedliche »Protokolle«. Netzwerksysteme sprechen dabei im Normalfall nicht nur eine, sondern viele Sprachen, die in Schichten eingeteilt sind und aufeinander aufbauen. Sie können sich eine solche Kommunikation wie folgt vorstellen: Ein englischer Philosoph möchte mit einem chinesischen Philosophen sprechen. Während der englische Philosoph kein Chinesisch spricht, spricht der chinesische Philosoph kein Englisch. Als Lösung des Problems werden als »untere Kommunikationsschicht« zwei deutsche Übersetzer eingesetzt, die untereinander das »Protokoll« Deutsch sprechen (Abbildung 1). Während der erste Übersetzer die Übersetzung Englisch-Deutsch und Deutsch-Englisch vornimmt, übernimmt der zweite Übersetzer die Übersetzung Deutsch-Chinesisch und Chinesisch-Deutsch. Auf diese Weise wird eine indirekte Kommunikation zwischen beiden Philosophen über die Übersetzer ermöglicht, obwohl die Philosophen nicht dieselbe Sprache sprechen.

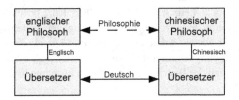

Beim *Tunneling* geht es nun darum, Protokolle eingekapselt in anderen Protokollen derselben oder höheren Kommunikationsschicht zu übertragen, wobei eine Auswertung der eingekapselten Daten nicht stattfindet [94, 110]. König nennt diesen Zusatz der nicht stattfindenden Auswertung eingekapselter Daten hingegen nicht explizit [69], doch dürfen wir von der Richtigkeit dieser Aussage ausgehen. Generell lässt sich sagen: Ein Tunneling findet dann statt, wenn ein Protokoll einer Schicht M in einem anderen Protokoll einer Schicht $N \leq M$ übertragen wird. Es ist auch möglich, dass es sich beim einkapselnden Protokoll um dasselbe Protokoll handelt, wie das eingekapselte Protokoll.

Die Philosophie stellte im Beispiel die »höhere« Kommunikationsebene, als die jeweilige Sprache dar. Wenn wir das Beispiel nun aber abwandeln, lässt sich Tunneling praktizieren. Dazu können Sie sich vorstellen, dass die Übersetzer Briefe austauschen. Diese Briefe werden in einer Posttasche transportiert und zwischen den beiden Häusern der Übersetzer (die im selben Ort wohnen) ausgetauscht. Wohnt nun einer der Übersetzer auf einem anderen Kontinent, funktioniert dieses Verfahren nicht mehr. Dazu muss der Postbrief zunächst in eine Posttasche gepackt werden, die später etwa auf ein Schiff verladen wird. Das Schiff bringt die Posttasche zum anderen Kontinent, wo sie entladen und zum Empfänger transportiert wird. Schließlich wird der Brief entnommen und in den Briefkasten des empfangenden Übersetzers gesteckt. Die Übertragung der Posttasche innerhalb einer anderen physikalischen Übertragung (dem Schiff) ist dabei eine Einkapselung derselben Kommunikationsschicht. Zum Transport über das Meer wäre es schließlich auch möglich gewesen, den Brief in der Posttasche bis zum Schiff zu transportieren, aus der Posttasche zu entnehmen und direkt (ohne Posttasche) auf dem Schiff zu transportieren. Auf dem Zielkontinent wäre dann zwar eine andere Posttasche benötigt worden, doch wäre diese sicherlich leicht zu organisieren gewesen.

Ein Netzwerk-Beispiel für das Tunneling wäre es, IPv4-Pakete durch ein IPv6-Netz zu schicken, ein anderes kann darin bestehen PPP-Frames über IPv4 zu transportieren. Solche Tunneling-Einsätze sind im Normalfall von den Netzwerkadministratoren explizit eingerichtet – sie sind legitim und gewünscht, da sie der Kommunikation einer Organisation dienen. Ziel kann hierbei etwa die Verbindung mehrerer Firmennetzwerke sein. Auch wird Tunneling bei der Verbindung verschiedenartiger Steuerungsnetzwerke verwendet. So kann etwa die Kommunikation zwischen der Gebäudetechnik zweier getrennter Gebäude über das Internet getunnelt und somit zentral gesteuert werden.

Verdeckte Kanäle erzeugen hingegen einen in der Literatur meist nicht legitimen Kommunikationskanal (also etwa das Übertragen versteckter Informationen über HTTP) und nutzen dabei Kommunikationsattribute aus, die von Entwicklern gar nicht zur Kommunikation gedacht sind. Die Legitimität des verdeckten Kanals ist dabei von der Betrachtungsweise (Anwender des verdeckten Kanals beziehungsweise Gegenspieler) abhängig.

Eine Verbindung der Begriffe Tunneling und verdeckte Kanäle (*covert channels*) lässt sich über die Hacking-Community ziehen. Schon Mitte der 90er Jahre bezeichneten erste Hacker das (aus Sicht der Netzwerkadministration) illegitime und zugleich geheime Übertragen von versteckten Informationen über Netzwerkdaten als *Tunneling*. Die akademisch korrekte Bezeichnung für eine solche Übertragung ist allerdings der verdeckte Kanal (manchmal auch *Netzwerk-Steganographie*), doch hat sich der Begriff des Tunnelings bis heute in der Hacking-Community gehalten.

Insbesondere spielen verdeckte Kanäle und das legitime Tunneling eine zentrale Rolle bei der Überwindung von Internet-Zensur durch Journalisten – sie sind also aus Sicht der zensierenden Instanz nicht legitim, jedoch von ihren Anwendern erwünscht und als legitim betrachtet. Es handelt sich bei verdeckter Kommunikation folglich auch um ein politisches Thema, jedoch konzentriert sich dieses Werk auf die technischen Aspekte dieser Technologien. Für eine politische Themenbetrachtung empfiehlt sich ergänzend der Titel *Internetzensur in China* [11]. Ein Anwendungsgebiet für verdeckte Kanäle kann auch die Exfiltration geheimer Daten aus einem Unternehmensnetzwerk nach außen darstellen. Ebenfalls bekannt ist die Anwendung der verdeckten Kanäle für die Kommunikation innerhalb von Botnetzen.

Eine Einführung in Netzwerkprotokolle und die Architektur von Netzwerken und deren Schichten wird ausführlich im folgenden Kapitel beschrieben. An dieser Stelle sei nur gesagt, dass ein Netzwerkprotokoll zur kontrollierten Übertragung von Daten dient und dabei die zu übertragenden Daten und deren Verwaltungsinformationen beschreibt. Etwa spezifizieren die meisten

Netzwerkprotokolle die Größe (Länge) der übertragenen Daten und deren Sender und Empfänger (das können beispielsweise IP-Adressen sein). Schichten in Netzwerken dienen der Bereitstellung verschiedener Fähigkeiten, die durch eine Reihe von Netzwerkprotokollen realisiert werden. Ein Protokoll, dass eine bestimmte Aufgabe übernehmen kann, ist auf der jeweiligen Schicht zu finden, die sich um diese Aufgabe kümmert. Durch die Schichten-Architektur wird erreicht, dass Arbeitsschritte (Fähigkeiten) abstrahiert werden. So könnten Daten etwa über zwei Schichten übertragen werden, wovon sich eine Schicht um die physikalische Datenübertragung und eine andere Schicht um die Fehlerkorrektur der Daten kümmert.

König führt in diesem Kontext wichtige Begriffe ein, auf die auch an dieser Stelle nicht verzichtet werden soll [69]: Nutzdaten (*Payload*) werden dabei in ein Protokoll eingekapselt und bilden zusammen mit den Meta-Informationen (das sind Verwaltungsinformationen) eines Protokolls die sogenannte *Protocol Data Unit* (PDU). Neben den Begriffen »Nutzdaten« und »Meta-Informationen« findet sich in der Literatur auch die PDU-Unterteilung in *Service Data Unit* (SDU) und *Protocol Control Information* (PCI). Bei dem eingekapselten Payload kann es sich aus Sicht eines einkapselnden Tunnling-Protokolls statt um einfachen Payload auch um Daten eines anderen Protokolls (und somit um eine andere PDU) handeln. Das heißt: Eine PDU wird in eine PDU gekapselt. Die entsprechenden Meta-Informationen können vor, nach oder vor *und* nach den Nutzdaten für die Datenübertragung eingebracht werden, finden sich aber in der Regel *vor* dem Payload [69]. Sind die PDU-Daten *vor* den Nutzdaten eingebracht, spricht man von einem *Header*; sind sie *hinter* den Nutzdaten eingebracht spricht man hingegen von einem *Trailer*. Abbildung 1.1 verdeutlicht diesen Zusammenhang.

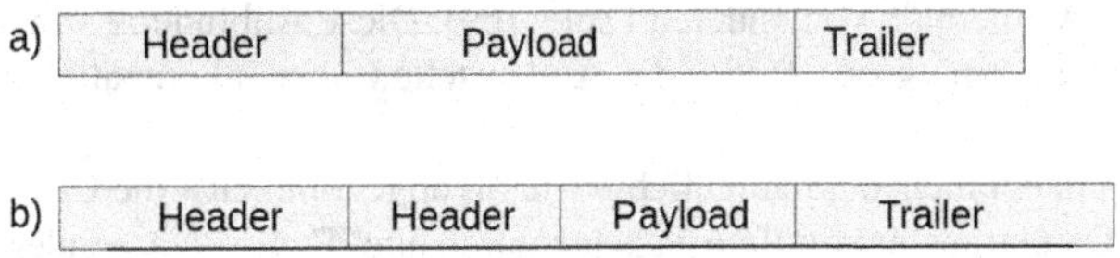

Abbildung 1.1: a) Eine PDU bestehend aus einem Header, dem eingekapselten Payload und einem Trailer. b) Einkapselung eines Protokolls mit einem Header in ein anderes Protokoll. Dem eingekapselten Protokoll ist zudem Payload zugeordnet.

Exkurs: »Protocol Engineering«

Das Thema »Tunneling« ist eng mit dem Thema »Protokolle«, genauer mit dem Protocol Engineering, verknüpft, weshalb ein kurzer Abriss der Thematik an dieser Stelle erfolgen soll.

Ein Protokoll ist gemäß Holzmann [45] über verschiedene Bestandteile definiert. Erstens definiert ein Protokoll ein präzises Format für korrekte Nachrichten (etwa Handzeichen oder Punkte und Striche beim Morse-Code [45]). Zweitens definiert ein Protokoll Regeln für den Datenaustausch und drittens ein Vokabular akzeptierter Nachrichten samt deren Semantik [45]. Weiterhin existiert für ein Protokoll eine Beschreibung des erbrachten Dienstes (was leistet das Protokoll eigentlich?) und eine Reihe an gemachten Annahmen, die das Protokoll für sein Funktionieren voraussetzt. Nicht vergessen werden sollte dabei auch, dass für das Funktionieren eines Protokolls die Einigung auf das Protokoll zwischen den Kommunikatoren (also Sender und Empfänger) nötig ist. Einigen sich nicht beide Kommunikatoren auf dasselbe Protokoll, kann eine Kommunikation entweder nicht oder nur fehlerbehaftet ablaufen. Bereits geringfügige Unterschiede im Protokoll oder in dessen Implementierung (etwa falsche Interpretationen der Nachrichten oder das Auftreten eines unerwarteten Zustandes) können dabei zu Störungen führen. Daher gilt im Protocol Engineering die Aussage: *Every protocol should be considered incorrect until the opposite is proven* [45].

Es überrascht daher nicht, dass Protokolle im Normalfall formal beschrieben und überprüft werden. Einen Abriss der typischen formalen Methoden zur Verifikation und zum Test von Protokollen finden Sie in [45, 69, 116]. Ähnlich dem Wasserfallmodell des Software-Engineerings werden beim Protocol-Engineering verschiedene Phasen durchlaufen [69]: Zunächst wird eine Anforderungsanalyse durchgeführt, die in einer Anforderungsspezifikation mündet. Basierend auf Derselben wird eine Spezifikation für den zu erbringenden Dienst und das Protokoll erstellt. Nach einer Leistungsanalyse kann ein optimierter Protokollentwurf erstellt werden. Das spezifizierte Protokoll wird anschließend formal verifiziert. Erst nachdem die Verifikation abgeschlossen ist, erfolgt die Implementierung eines Protokolls (es können, wie bei so genannten *Request for Comments*[1] (RFCs) üblich, auch mehrere parallele und zudem unabhängige Implementierungen erfolgen), die anschließend durch einen Test überprüft wird. Nachdem die Tests erfolgreich abgeschlossen wurden, erfolgt die Integration des Protokolls in die zukünftige Arbeitsumgebung.

Anwendungsgebiete des Tunnelings

Das primäre Anwendungsgebiet für Netzwerk-Tunnel ist das Übertragen von für ein (Teil-)Netz inkompatiblen Daten innerhalb von anderen Daten [69]. Diese Anbindung von Teilnetzen spielt etwa bei Unternehmen eine große Rolle, die Außenstellen über inkompatible Netze anbinden möchten.

Eine Rolle spielt dabei nicht ausschließlich – wie oft angenommen – die Umstellung von IPv4 auf IPv6, also der Datentransfer von IPv6-Paketen durch alte IPv4-Netze, sondern eine Reihe anderer Szenarien. Eines dieser Szenarien ist etwa die (verschlüsselte) Datenübertragung im Rahmen von virtuellen privaten Netzwerken (*virtual private networks*, VPNs) [102]. Weiterhin wird Tunneling seit einiger Zeit angewandt, um Zensurmechanismen, die auf bestimmte Netzwerkprotokolle angesetzt werden, zu umgehen [11]. Ein ebenfalls relativ neues Anwendungsgebiet hat sich im Bereich der Gebäudeautomation etabliert, da einzelne Kommunikationsprotokolle dort nicht ohne Gateways auf Netze mit anderen Protokollen übersetzt werden können und zudem die Anbindung der Gebäudeautomation ans Internet bewerkstelligt werden muss. Wir werden jedes dieser Anwendungsgebiete im späteren Verlauf dieses Buches genauer behandeln.

Bei den genannten Anwendungsgebieten wird generell zwischen legitimem Tunneling und illegitimem Tunneling unterschieden. Während Ersteres in der Regel explizit durch einen Administrator konfiguriert wird (etwa um zwei Netzwerke zu verbinden), wird Letzteres geheim benutzt, um etwa die Zensur zu umgehen. Der Übergang zwischen illegitimem Tunneling und verdeckten Kanälen ist fließend und wird im weiteren Verlauf des Buches klarer werden. Gesagt sei jedoch schon jetzt, dass sich beide Verfahren primär durch ihre Qualität unterscheiden und verdeckte Kanäle vor allen Dingen die wissenschaftliche Sicht auf das Thema beleuchten.

---

[1] An dieser Stelle sei vorweg genommen, dass RFCs Beschreibungen für Internet-Protokolle enthalten.

2 TCP/IP-Grundlagen für das Tunneling

Um die in den nächsten Kapiteln fokussierten Tunneling-Techniken verstehen zu können, bedarf es zunächst einer Einführung in TCP/IP, da TCP/IP die Grundlage aller folgenden Kapitel darstellt. Dieses Kapitel bietet zudem erste Einblicke in das Tunneling auf den verschiedenen Schichten der Netzwerkkommunikation. Für den Fall, dass Sie sich bereits mit TCP/IP auskennen, können Sie dieses Kapitel überspringen oder einzelne Abschnitte im Bedarfsfall nachlesen.

2.1 Einleitung

Computer kommunizieren über Netzwerksysteme miteinander. Diese Systeme benutzen verschiedenste Medien mit verschiedenen Eigenschaften (etwa Datenrate, Störanfälligkeit) zur Übertragung von Daten (etwa eine Funkverbindung oder eine Glasfaser-Verbindung). Daten werden dabei in Form von *Datenpaketen*, das sind Einheiten einer maximalen Größe und vordefinierten Form, übertragen. In diesen Paketen werden sowohl Steuerinformationen, als auch die eigentlichen Nutzdaten übertragen. Doch damit verschiedene Computer sich gegenseitig "verstehen", müssen sie dieselbe "Sprache" sprechen, denn sonst wüsste Computer A nicht, wie die Daten, die Computer B über das Netz an ihn sendet, zu interpretieren sind. Geregelt werden die Kommunikationsabläufe und die Aufbauten der Datenpakete daher durch so genannte *Protokolle*.

TCP/IP stellt eine Suite solcher Protokolle dar und beinhaltet zahlreiche, zum Teil standardisierte Protokolle. Die Buchstaben TCP stehen dabei für das Transportprotokoll »Transmission Control Protocol«, die Buchstaben IP für »Internet Protocol«. Doch dazu später mehr.

TCP/IP	OSI
Application Layer	Application Layer
	Presentation Layer
	Session Layer
Transport Layer	Transport Layer
Internet Layer	Network Layer
Network (Access) Layer	Data Link Layer
	Physical Layer

Abbildung 2.1: Das TCP/IP- und das OSI-Modell

Diese Kommunikationsarchitektur ist dabei so aufgebaut, dass sie – ähnlich wie das später noch erläuterte OSI-Modell[1] der ISO[2] – aus verschiedenen Schichten besteht (Abbildung 2.1).

Die Systeme, die das OSI-Modell implementieren, werden als *Open Systems* bezeichnet, da sie anderen Systemen zur Kommunikation "offen" stehen – schließlich sind die verwendeten Protokolle bekannt [116].

Das gezeigte Modell verwendet, wie auch das gesamte Buch, die englischen Begriffe der einzelnen Protokoll-*Schichten* (Layer). Das hat ganz einfach den Grund, dass so auch weitere Bücher zum Thema TCP/IP einfacher verstanden werden, weil diese oft in englischer Sprache verfasst sind.

Jeder Layer (dt. Schicht) kommuniziert dabei mit seinem logischen Gegenüber. Der Internet-Layer eines Rechners A kommuniziert folglich nur mit dem Internet-Layer des Kommunikationspartners B. Die Layer nutzen dabei jeweils die Dienste der unter ihnen liegenden Schichten, sodass das Abstraktions-, aber auch das Fähigkeitsspektrum mit jeder Schicht ansteigt.

Der Vorteil dieses Ansatzes ist, dass verschiedene Layer auch unterschiedliche Aufgaben übernehmen und eine einzelne Schicht nicht die Verantwortung über die gesamte Kommunikation übernehmen muss.[3]

Für den Anwender sind diese Layer völlig transparent, er benötigt lediglich eine Endapplikation, um auf die ihm angebotenen Dienste eines Netzwerks zuzugreifen.

Wichtig ist hierbei das Konzept der Einkapselung, wie sie in Abbildung 2.2 dargestellt ist: Der Network Access Layer kapselt die Daten des Internet Layers in sich. Der Internet Layer kapselt wiederum die Daten des Transport Layers in sich, der die Daten vom Application Layer einkapselt, die wiederum die Nutzdaten (*Payload*) der jeweiligen Anwendung, also etwa Teile einer Bilddatei, enthalten.

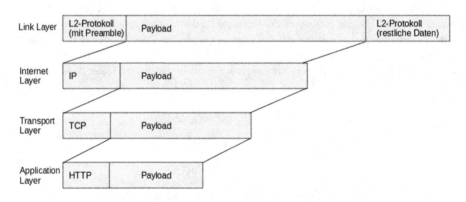

Abbildung 2.2: Einkapselung von Netzwerk-Layern in TCP/IP.

Betrachten wir nun die einzelnen Layer des TCP/IP-Modells beginnend mit der untersten.

---

[1] *Open Systems Interconnection Reference Model*

[2] *International Organization for Standardization*

[3] Die erste TCP-Implementierung hatte genau diese problematische Eigenschaft. Mittlerweile ist die Arbeitsfunktion von TCP jedoch auf den Transport-Layer beschränkt worden.

2.1.1 Network-Access-Layer

Dieser Layer ist eine Zusammenfassung des *Physical*- und des *Data-Link*-Layers aus dem OSI-Modell. Er hat die Aufgabe, die einzelnen Bits über ein physikalisches Medium zum nächsten Netzwerkrechner (eines Netzwerkpfades) zu übertragen. Dies könnte zum Beispiel ein Crossover-Kabel sein, das an einer handelsüblichen Ethernet-Netzwerkkarte angeschlossen ist. Auf diesem Layer kommunizieren die Systeme mittels sogenannter *Frames*. Typische Medien sind neben Ethernet auch Wireless-LAN, Glasfaser-Verbindungen (FDDI) oder ISDN-Verbindungen. Entsprechend wird von Ethernet-Frames, FDDI-Frames usw. gesprochen.

2.1.2 Internet-Layer

Der Internet-Layer hat die Aufgabe, Daten mit Hilfe des Internet-Protokolls (IP), das wir später noch genauer betrachten werden, zu versenden und zu empfangen. Dazu besitzt jeder Rechner eine eindeutige Adresse – die sogenannte IP-Adresse – die ihn eindeutig in einem Netzwerk identifiziert. Anders als beim Network-Access-Layer erfolgt auf diesem Layer sogenanntes Routing.

Routing stellt sicher, dass Daten über verschiedene Netzwerke versendet werden können. Dazu werden Informationen benötigt, die angeben, über welche Router oder anderen Rechner man diese Netzwerke erreichen kann.

Die Informationen über die Wegfindung, also die Routinginformationen, werden dabei in den *Routingtabellen* der einzelnen Rechner abgelegt. Diese können entweder statisch vom Administrator konfiguriert oder dynamisch über Routingprotokolle verwaltet werden. Letztere Variante bietet je nach Routingprotokoll und verwendetem Routingalgorithmus diverse Angriffspunkte für Hacker, erleichtert aber das Management großer Netzwerke.

Die Routingtabelle eines Systems können Sie über das *route*-Programm aufrufen und administrieren. Unter Unix-Systemen kann zudem alternativ auch das *netstat*-Programm verwendet werden, um sich diese Informationen zu beschaffen.[4]

```
Kernel IP routing table
Destination     Gateway          Genmask          Flags Metric Ref    Use Iface
191.255.255.1   *                255.255.255.255  UH    0      0        0 venet0
loopback        *                255.0.0.0        U     0      0        0 lo
default         191.255.255.1    0.0.0.0          UG    0      0        0 venet0
```

Abbildung 2.3: Die Ausgabe des Programms *route* unter Linux.

Wie Sie sehen, ist für jedes Ziel (Destination) ein Router (Gateway) angegeben (oder "*" für den Fall, dass kein Router gesetzt ist), über den die entsprechenden Netzwerkdaten versendet werden sollen. Dieses Gateway hat in seiner Routingtabelle dann wiederum entsprechende Daten, um das Paket an das nächste Gateway in Richtung seines Zieles zu senden. Auf diese Weise werden die *Pakete*, so werden Übertragungseinheiten auf diesem Layer bezeichnet, von einem zum nächsten Router weitergereicht, bis sie schließlich am Ziel ankommen. Neben dem

---

[4]Bei Verwendung des *netstat*-Programms benötigen Sie für die Routingtabelle die Parameter *-n* (löst keine Hostnames auf, sondern gibt IP-Adressen aus), *-r* (Ausgabe der Routingtabelle).

Gateway werden noch weitere Informationen zum Pfad (etwa die Netzmaske oder die zu verwendende Netzwerk-Schnittstelle) angegeben, was in diesem einführenden Kapitel allerdings nicht von Bedeutung ist.

Vielleicht ist Ihnen bereits der Eintrag *default* aufgefallen. Dieser legt ein Gateway fest, dem die Datagramme gesendet werden sollen, für die in der lokalen Routingtabelle kein konkreter Routingeintrag festgelegt ist. Ohne dieses Gateway bräuchte jeder mit dem Internet verbundene Rechner eine Routingtabelle, die die Routingdaten des gesamten Internets beinhaltet!

In diesem Buch werden die Begriffe *Gateway* und *Router* zwar synonym verwendet, jedoch sind beide nicht exakt gleich definiert. Ein Router leitet Pakete auf dem *Internet*-Layer weiter, ein Gateway verwendet dazu den *Application*-Layer.

Auch ist offensichtlich, dass der Internet-Layer den darunter liegenden Network-Access-Layer nutzt. Nur über diesen können die Pakete über das Kabel versendet werden. Dass die Pakete dazu in ein Frame gepackt werden, ist auch eine logische Konsequenz. Beim Empfänger wiederum entpackt die Network-Access-Schicht den Frame und reicht das erhaltene Pakete unverändert an den Internet Layer weiter – wie ein Ei, das erst geschält werden muss. Der Unterschied zum Ei besteht nun im Besonderen darin, dass jede Schicht erst ihre »Schale« entfernen muss, bevor dem Benutzer die relevanten Daten zur Verfügung stehen. So betrachtet können Sie sich das zuvor erläuterte Prinzip der Einkapselung auch als Zwiebelschalenmodell vorstellen, deren äußerste Schale das Link Layer-Protokoll, und deren innerste Schale das Application Layer-Protokoll darstellt.

2.1.3 Transport-Layer

Die übergeordnete Schicht, der Transport-Layer, hat die Aufgabe, die durch den Internet Layer zum Ziel beförderten Daten an die richtigen Anwendungen auszuliefern. Anwendungen werden dabei sogenannten *Ports* zugeordnet. Somit hat der Transport-Layer die Hauptaufgabe des Multiplexing inne, da er Vermittler zwischen Internet Protokoll und einer Vielzahl an möglichen Anwendungen spielt.

Dieser Layer stellt neben einzelnen Spezialprotokollen (wie etwa dem Routingprotokoll OS-PF[5]) im Prinzip nur zwei herausragende Protokolle, nämlich TCP (*Transmission Control Protocol*) und UDP (*User Datagram Protocol*) bereit.

Während TCP eine etwas größere Datenlast pro Paket als UDP verursacht (da es einen größeren Header verwendet), verfügt es über ausgefeiltere Fehlerkorrekturmechanismen, die die Auslieferung der *Segmente* gewährleisten soll. UDP hingegen kümmert sich nicht darum, ob die über dieses Protokoll transferierten *Datagramme* überhaupt ankommen. UDP wird daher für Systeme eingesetzt, die hohes Datenaufkommen bei ständig wechselnden, aber *prinzipiell gleichen* Daten verursachen.[6] Diese beiden Protokolle werden selbstverständlich noch detaillierter besprochen.

Ein weiterer Unterschied zwischen TCP und UDP ist der, dass TCP *verbindungsorientiert* arbeitet. Das bedeutet, dass eine Verbindung vor der Kommunikation zunächst aufgebaut und am Ende wieder geschlossen werden muss.

---

[5]Open Shorted Path First
[6]Dies kann beispielsweise bei Statusdaten, die einmal pro Sekunde komplett übertragen werden, der Fall sein.

2.1.4 Application-Layer

Der sogenannte Application-Layer, zu Deutsch die *Anwendungsschicht*, wird von den einzelnen Netzwerkprogrammen und -diensten verwendet. Die Anwendungen (*Applications*) stellen einen Dienst auf einem *Port* zur Verfügung (beziehungsweise greifen auf diesen clientseitig zu) und können über ihn senden und empfangen. Solche Applikationen benötigen jeweils ihre eigenen, in der Regel glücklicherweise standardkonformen Protokolle. Die wichtigsten davon sind das *Hypertext Transfer Protocol* (HTTP) für die Kommunikation zwischen Webserver und Browser, das *File Transfer Protocol* (FTP) für simple Dateiübertragungen, sowie das *Simple Mail Transfer Protocol* (SMTP) zum Versenden/Ausliefern von E-Mail bzw. das *Post Office Protocol* 3 und das *Internet Message Access Protocol* (IMAP) zum Abrufen von E-Mails.

Auf dem Application-Layer spricht man meistens nicht mehr von Paketen bzw. Segmenten, sondern von *Messages* (Nachrichten) (UDP-basierte Kommunikation) und *Streams* (TCP-basierte Kommunikation).

2.1.5 Zusammenfassung

Fassen wir also noch einmal zusammen: Ein Programm, das mit einem anderen Programm auf einem entfernten Rechner kommuniziert, benötigt ein Protokoll. Das Protokoll wird benötigt, damit die Kommunikation fehlerfrei funktionieren kann – und eigentlich ist ohne ein wie auch immer geartetes Protokoll auch keine Art von Kommunikation möglich. Schließlich können sich auch nicht zwei Menschen unterhalten, die keine gemeinsame (ggf. non-verbale) Sprache sprechen.

Das Programm baut dazu eine Verbindung mit dem anderen Rechner auf, indem es auf einen Port zugreift, der mit dem entsprechenden Programm verknüpft ist. Diese Verbindung ist nun nichts anderes als ein TCP-Stream (oder beispielsweise eine UDP-Verbindung), der die Integrität der Verbindung sicherstellt. Dieser TCP-Stream nutzt wiederum das IP-Protokoll und damit den Internet-Layer, um sicherzustellen, dass die Pakete auch ihr Ziel finden. Erst der Network-Access-Layer bringt die zwiebelförmig verpackten Daten auf das Kabel.

2.2 Einige Worte zum OSI-Modell

Das OSI-Referenzmodell hat zwar direkt nichts mit der TCP/IP-Suite zu tun, wird aber hin und wieder erwähnt und stellt praktisch eine andere Möglichkeit der Schichtenunterteilung dar, als es beim TCP/IP-Modell der Fall ist.

Die Schichten des OSI-Modells sind also nur eine andere Betrachtungsweise auf denselben Gegenstand. Genau wie bei den TCP/IP-Layern wird also nur eine logische Sicht auf real arbeitende Protokolle abgebildet. Die Protokolle sind dabei das eigentlich Interessante, und die wichtigste Netzwerkprotokollsuite TCP/IP wird in diesem Kapitel behandelt. Die Erläuterung der Schichten soll also nur helfen, die Arbeit der Protokolle zu verstehen.

Der *Physical-Layer* (oft auch »Bitübertragungsschicht« genannt) ist für die Zustellung einzelner Bits zuständig. Dabei übernimmt dieser Layer auch die Aufrechterhaltung einer Bitstrom-Verbindung. Letzteres ist ebenfalls die Aufgabe des *Datalink-Layers* (auch als »Sicherungsschicht« bekannt). Zudem wird auf dem Datalink-Layer auch Flusskontrolle durchgeführt.

Der *Network-Layer* – in diesem ist unter anderem das Internet Protocol (IP) angesiedelt – ist für die Zustellung von Daten zwischen beiden Verbindungsendpunkten zuständig. Der nächsthöhere Layer, der *Transport-Layer*, ist für die Zustellung der Daten auf eine Art und Weise zuständig, die es für die höheren Layer transparent macht, Daten zu senden und zu empfangen. Auch laufen auf dem Transport-Layer Funktionen zur Fehlerkorrektur ab.

Im *Session-Layer* werden der Aufbau und Abbau von Sitzungen (etwa bei SSL) sowie deren Aufrechterhaltung abgewickelt. Außerdem kümmert sich diese Schicht etwa um das Festlegen von Synchronisationspunkten und die Administration des Senderechtes.

Die Unterteilung von *Application-* und *Presentation-Layer* hat zur Folge, dass der Application-Layer zwar ähnliche Aufgaben, wie im TCP/IP-Modell übernimmt, jedoch Aufgaben, die die Datendarstellung betreffen, in den Presentation-Layer ausgegliedert werden (er kümmert sich etwa um die Festlegung eines Zeichensatzes und um die Darstellung von Floating-Point-Werten).

2.3 Die wichtigen Protokolle

Im Folgenden werden die wichtigsten Protokolle, beginnend mit denen des niedrigsten Layers, besprochen. Wir beginnen jedoch nicht mit der Erläuterung von Ethernet- oder PPP-Frames (diese würden für eine kurze Einleitung in TCP/IP, wie diese hier, etwas zu weit gehen, oder werden als Tunneling-Protokolle im nächsten Kapitel besprochen), sondern mit ARP und wenden uns anschließend IPv4, ICMPv4, IPv6 und ICMPv6 zu. Danach betrachten wir TCP und UDP als Transport-Layer-Protokolle. Zum Abschluss des Kapitels werden wir die wichtigsten Application-Layer-Protokolle betrachten, die im Kontext des Tunnelings und der verdeckten Kanäle von Bedeutung sind.

2.4 Link Layer: ARP

In Ethernet-Netzwerken kommunizieren einzelne Hosts über die oben erwähnten Frames miteinander. Diese Frames beinhalten eine Ziel- und eine Absenderadresse. Diese Adresse nennt sich MAC-(Media Access Control-)Adresse (oder auch »Hardwareadresse«) und ist eine 48 Bit lange, weltweit eindeutige Adresse. Diese Adressen sind in die Netzwerkkarten eingebrannt, aber einige Betriebssysteme ermöglichen es auch, diese Adressen manuell zu setzen.

Doch woher weiß ein Rechner, welche MAC-Adresse ein anderer Host hat? An dieser Stelle kommt ARP, das *Address Resolution Protocol*, zum Einsatz. ARP hat die Aufgabe, die für eine IP-Adresse zugehörige MAC-Adresse herauszubekommen. Jeder Rechner, der eine ARP-Anfrage (den sogenannten *Request*) startet, behält die darauf enthaltene Antwort – also die Zuordnung von IP- zu MAC-Adresse – in seinem lokalen Speicher, dem *ARP-Cache*. Der ARP-Cache kann sowohl unter Windows-Systemen als auch unter Unix mit dem *arp*-Kommando abgefragt werden.

Nehmen wir einmal an, dass der Rechner *eygo.sun* mit der IP-Adresse *192.168.0.1* einen *ping* an den Host *yorick.sun* mit der IP-Adresse *192.168.0.5* starten möchte.

Nehmen wir zusätzlich an, dass diese Hosts bisher keinen Kontakt miteinander pflegten oder der letzte Kontakt schon so lange zurückliegt, dass die gegenseitigen ARP-Einträge bereits gelöscht wurden. Tatsächlich werden die dynamischen ARP-Einträge nach einer gewissen Zeit aus dem ARP-Cache gelöscht.

eygo.sun muss zunächst herausbekommen, welche MAC-Adresse der Host *192.168.0.5* besitzt. Er sendet eine Ethernet-Broadcast-Nachricht mit ARP, das heißt eine Nachricht an alle Hosts im Netz. Diese Nachricht beantwortet aber jeweils nur derjenige, der eine Antwort auf diesen Request geben kann.

Er bekommt schließlich die Antwort, dass der Host *192.168.0.5* die MAC-Adresse *0:0:cb:59:fd:be* hat. Diese Antwort nennt sich ein »ARP Reply« und wird nicht mehr an die Broadcast-Adresse, sondern direkt an den Host gesendet, von dem der ARP-Request ausging.

Betrachten wir dieses Vorgehen zunächst einmal mit dem Sniffer *tcpdump* unter BSD:

```
root@eygo.sun# tcpdump -i ne3 -vvv
...
11:59:27.681214 arp who-has 192.168.0.5 tell eygo.sun
11:59:27.681442 arp reply 192.168.0.5 is-at 0:0:cb:59:fd:be
...
```

Betrachten wir nun den ARP-Cache beider Hosts mit dem *arp*-Programm:

```
root@eygo.sun# arp -a
? (192.168.0.2) at 00:60:97:30:0c:bb on ne3
? (192.168.0.5) at 0:0:cb:59:fd:be on ne3


C:\>arp -a

Schnittstelle: 192.168.0.5 on Interface 0x1000003
  Internetadresse    Physikal. Adresse    Typ

  192.168.0.1        00-50-bf-11-35-a5    dynamisch
  192.168.0.2        00-60-97-30-0c-bb    dynamisch
```

2.4.1 Reverse-ARP

Die Gegenfunktion zum ARP bietet das *Reverse Address Resolution Protocol* (RARP). Im Gegensatz zum ARP löst es nicht IP- in MAC-Adressen, sondern MAC- in IP-Adressen auf. RARP benötigt einen zugehörigen Server, der die Anfragen der – meist plattenlosen – Clients auflöst. Wie Sie wohl schon erahnen, ist die Hauptaufgabe von RARP die Zuweisung von IP-Adressen an Thin-Clients.

Allerdings ist zu sagen, dass RARP von BOOTP und DHCP praktisch komplett verdrängt wurde, da diese Protokolle einen besseren Funktionsumfang bieten.

2.4.2 Proxy-ARP

Mittels Proxy-ARP kann ein Subnetz gespalten bzw. zusammengefügt werden. Zwischen beiden Netzen fungiert eine Proxy-ARP-Einheit sozusagen als Router für ARP-Anfragen. Zudem leitet

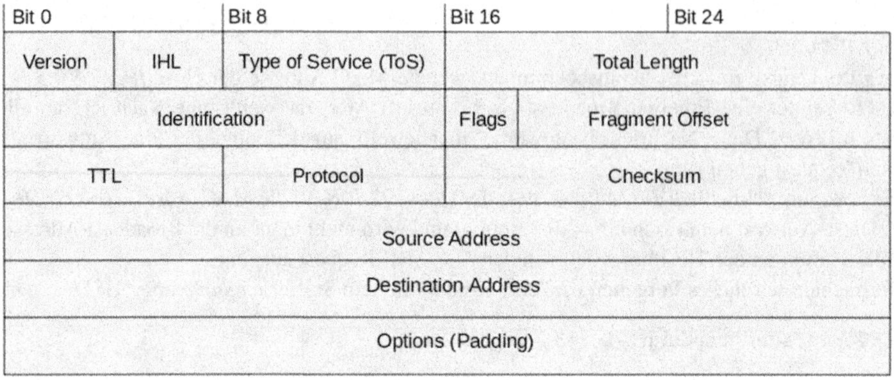

Bit 0		Bit 8	Bit 16		Bit 24
Version	IHL	Type of Service (ToS)	Total Length		
Identification			Flags	Fragment Offset	
TTL		Protocol	Checksum		
Source Address					
Destination Address					
Options (Padding)					

Abbildung 2.4: Aufbau des IPv4-Headers (jede Zeile entspricht 32 Bit).

es die Pakete zwischen beiden Netzteilen hin und her. Proxy-ARP sollte jedoch nicht verwendet werden, da es sehr leicht ist, Spoofing-Angriffe gegen dieses Protokoll durchzuführen.

2.5 Internet Layer: IPv4

Auf dem Internet Layer wird – wie bereits erwähnt – paketorientiert verarbeitet: Die *Frames* des Link Layers mit ihren Signalisierungsmechanismen werden abstrahiert und die im Link Layer eingekapselten Dateneinheiten als *Pakete* bezeichnet. Die Aufgabe des Internet Layers besteht darin, Pakete von ihrer Quelle zum Ziel zu übertragen und dabei einen Weg über zwischenge-schaltete Systeme (*Hops*) zu finden. Die Wegfindung ist die Aufgabe von *Routern*. Eine weitere Aufgabe des Internet Layers ist die Adressierung und die Fehlerbehandlung. Wir werden im Fol-genden die wichtigsten Protokolle dieser Schicht betrachten (das sind IPv4 und IPv6, sowie ihre zugehörigen Protokolle) und dabei mit IPv4 beginnen.

Das Internet Protocol Version 4 (IPv4) ist das derzeit noch immer wichtigste Netzwerkproto-koll des Internet Layers. Jedes IPv4-Paket beinhaltet einen mindestens 20 Byte großen Header, der in Abbildung 2.4 dargestellt ist.

Betrachten wir die Bestandteile von IPv4 der Reihenfolge nach:

- Version: Die IPv4-Protokollversion (valide ist nur Version 4 (bzw. Version 6 für IPv6); Version 5 war ein experimentelles Protokoll).

- Internet Headerlänge (*Internet Header Length*, IHL): Dieses Feld gibt die Anzahl der 32-Bit-Wörter des Headers an, entsprechend wird die Größe der eingekapselten Daten höherer Layer nicht mit eingerechnet. Im Normalfall beinhaltet der IPv4-Header 5*32 Bit an Da-ten. Da der IPv4-Header um Optionen erweitert werden kann, ist es möglich, in diesem Feld größere Werte als 5 zu erhalten.

- ToS, Teil 1 (DSCP): Das Feld *Differentiated Services Code Point* (DSCP) implementiert Quality of Service (QoS), dabei handelt es sich um Qualitätsanforderungen für Pakete. In [37] lässt sich lesen: *Diffserv uses six bits of the IPV4 or IPV6 header to convey the Diffserv Codepoint (DSCP), which selects a PHB.* PHB steht für *Per Hob Behavior* und signalisiert, wie ein Paket behandelt wird, wenn es einen Router passiert. Der Standardwert für die PHB ist 000000 und bedeutet, dass (nach Möglichkeit) ein schnelles Weiterleiten des Pakets erfolgen soll. Die restlichen Werte (»Codepoint-IDs«) werden von der *Internet Assigned Numbers Authority* (IANA) zugewiesen [38]. Typische Anforderungen für DSCP sind ein schneller Verbindungsaufbau, zuverlässige Datenübertragung mit wenig Störungen und hohe Verbindungsstabilität. Tanenbaum nennt verschiedenste Beispiele für die anwendungsabhängige Wahl dieser Anforderungen [131], etwa benötigt eine Videokonferenz eine geringe Zuverlässigkeit, weil es nicht schlimm ist, wenn einzelne Bild-Frames verloren gehen, stattdessen gibt es hierbei hohe Anforderungen hinsichtlich der Verzögerung einer Verbindung und ihrer Bandbreite. Bei einer Dateiübertragungen gibt es auf der anderen Seite eine hohe Anforderung an die Zuverlässigkeit einer Verbindung, doch ist die Anforderung an die Verzögerung einer Vertragung relativ gering.

- ToS, Teil 2 (ECN, *Explicit Congestion Notification*): Die ECN-Bits werden nur benutzt, falls Empfänger und Sender sich auf die Nutzung derselben einigen. Anstatt Routerüberlastung nur durch Paketverlust zu detektieren, kann mit ECN eine drohende Überlastung signalisiert werden [38].

- Total Length: Im Gegensatz zur zuvor besprochenen »Internet Header Length« (IHL) repräsentiert dieses Feld die gesamte Größe des Datenpakets (IPv4-Header samt Payload) in Bytes. Valide Werte liegen im Bereich von 20 bis 0x65535 Bytes.

- Identification (ID): Dieses Feld dient als Identifikationswert für ein Paket, es wird zur Wiederzusammensetzung nach einer Fragmentierung verwendet (siehe »Flags«).

- Flags: (3 Bits): Bit 0 hat immer den Wert 0 (es ist für die zukünftige Verwendung reserviert). Bit 1 verbietet das Fragmentieren (also Aufteilen des Pakets in mehrere kleine Pakete) und nennt sich *Don't Fragment*-Flag (DF). Bit 2, das *More Fragments*-Flag (MF), signalisiert hingegen, dass dieses Paket ein Teilpaket eines ehemals größeren, aber nun fragmentierten Pakets ist und weitere Fragmente folgen. Die weiteren Fragmente werden benötigt, um die finale Wiederzusammensetzung eines fragmentierten Pakets zu ermöglichen.

- Fragment-Offset: Dieses Feld zeigt an, an welcher Stelle im Empfangspuffer die im Paket enthaltenen Daten eines Fragments platziert werden müssen, also welcher Teil eines fragmentierten Pakets vorliegt (Angabe in Bytes). Es gibt 2^{13} mögliche Fragment-Offset-Werte (das heißt: maximal 8192 Fragmente pro Datenpaket). Jedes Fragment muss ein Vielfaches von 8 Bytes ausmachen. Damit gilt: $2^{13} * 8 = 65535$ Bytes. Abzüglich der Header-Länge sind somit mehr Payload-Daten adressierbar, als ein unfragmentiertes Paket beinhalten kann.

- TTL (*Time to Live*, 8 Bit): Dieser Wert wird von jedem Router, den ein Paket passiert, um 1 verringert (dekrementiert). Erreicht die TTL den Wert 0, wird das Paket verworfen. Bei den meisten Implementierungen wird für ein neues Paket der Wert 255 vergeben. Auf diese Weise können Routing-Loops verhindert werden, bei denen Pakete zwischen Routern unendlich lang im Kreis verschickt werden.

- Protocol: Dieses Feld ist für uns – wie wir später sehen werden – von besonderer Bedeutung, da hiermit das IPv4-Tunneling ermöglicht wird. Das Protocol-Feld spezifiziert das eingekapselte Netzwerkprotokoll und die Werte des Feldes sind standardisiert. Die häufigsten Werte sind: 1 (ICMP), 2 (IGMP), 6 (TCP) und 17 (UDP).

- Checksum: Prüfsumme über den Header zur Fehlererkennung. Dieses Feld wird von jedem passierten Hop neu berechnet, da sich jeweils die TTL verändert.

- Source IP Address und Destination IP Address (Quell- und Zieladresse des Datenpakets): Hierbei handelt es sich um einen jeweils 32 Bit großen Adressierungswert.

- Options: Dieses Feld wird nur in Spezialfällen verwendet (die zuvor besprochene IHL muss entsprechend erhöht werden, da sich durch Hinzufügen von Options-Bereichen die Headergröße erhöht). Die Options waren ursprünglich zur Weiterentwicklung von IP gedacht und in einem einzelnen IPv4-Paket können mehrere Options hintereinander untergebracht werden. Das Ende der Options muss mit einem EOL-Wert (*End of Options List*, Wert 0) signalisiert werden.

Hinter dem IPv4-Header folgen die eingekapselten Daten (aus Sicht vom Internet Protocol handelt es sich dabei um Payload, tatsächlich jedoch um Transport Layer-Daten). Entsprechend folgt in einem Netzwerkpaket direkt hinter dem letzten Byte des IP-Headers beispielsweise ein UDP- oder ein TCP-Header.

2.5.1 IP-Adressen

Die bereits erwähnten 32-Bit-IP-Adressen dienen zur eindeutigen Adressierung von Netzwerkrechnern in einem IP-Netzwerk (etwa einem lokalen Netzwerk oder dem Internet).[7] Zwar lässt sich einiges über IP-Adressen und ihre Vergabe[8] schreiben, doch sind diese Themen für dieses Buch nur von begrenzter Relevanz.

2.5.2 Fragmentierung

Für Netzwerkverbindungen existieren Limits hinsichtlich der maximale Größe an Daten, die durch eine Link Layer-Frame übertragen werden können, die so genannte *Maximum Transmission Unit* (MTU). Für Ethernet-Verbindungen beträgt die MTU meist 1500 Bytes. Verschickt

---

[7]Es gibt Techniken, wie NAT, die eine eindeutige Identifizierung von Netzwerkrechnern für Systeme außerhalb eines internen Netzes verhindern.

[8]Die Vergabe der IP-Adressen wurde ursprünglich durch die IANA (Internet Assigned Numbers Authority) geleitet. Später vergab die IANA nur noch Adressen an Regional Internet Registry-Organisationen (RIRs), etwa APNIC (Asian-Pacific Network Information Center) oder RIPE (Réseaux IP Européens Network Coordination Centre).

nun ein Rechner über eine Route, die mehrere Netzwerkverbindungen passieren muss, ein recht großes Paket (sagen wir, es sei 1600 Byte groß und hat die ID 1234), und muss dieses Paket dabei über eine Netzwerkverbindung mit einer kleineren MTU übertragen werden, muss das Paket aufgeteilt (fragmentiert) werden.

Hierzu kommen die oben bereits erwähnten IP-Felder *Identification, Flags* und *Fragment-Offset* zum Einsatz. Unser 1600 Byte großes Paket soll nun zur Verdeutlichung des Verfahrens über eine Verbindung mit einer MTU von 1492 Bytes übertragen werden. Zunächst wird der erste Teil des Pakets (die 20 Byte des IP-Headers samt den ersten 1472 Bytes des Payloads) über die Verbindung übertragen und das *More Fragments*-Flag gesetzt. Das Abschneiden nach den ersten 1472 Bytes ist notwendig, denn 1492 Bytes MTU - 20 Byte für den IP-Header ergeben den Maximalwert für den anhängbaren Payload (also 1472). 1472 Byte sind gleichzeitig ein Vielfaches von 8 Byte und somit ein valider Wert für das Fragment-Offset des folgenden Paketes (das Fragment-Offset des ersten Paketes ist 0).

Die restlichen Payload-Daten (1600 Byte − 20 Byte für den ursprünglichen Header − 1472 Byte an bereits übertragenem Payload = 108 Bytes) werden in ein zweites Paket gepackt, welches denselben Header, wie das erste Fragment erhält (auch der Identifier-Wert 1234 ist derselbe). Im zweiten Fragment wird das Fragment-Offset angepasst und erhält den Wert 184 (= 1472 Byte aus Fragment 1 : 8 Byte). Außerdem wird im zweiten Fragment das *More Fragments*-Flag nicht mehr gesetzt, da keine weiteren Fragmente mehr folgen. Nachdem das zweite Paket übertragen wurde, kann der Empfänger es verarbeiten. Die Wiederzusammensetzung eines Pakets erfolgt ausschließlich beim Empfänger und wird von keinem zwischengeschaltetem Router vorgenommen, da einzelne Fragmente in IP-Netzen unterschiedliche Pfade passieren können; es ist also nicht sichergestellt, dass ein Router jedes Fragment eines Paketes erhält. Basierend auf dem Wert des Fragment-Offsets kann der Empfänger selbst dann die Payload-Bestandteile der einzelnen Fragmente in der richtigen Reihenfolge zusammensetzen, wenn diese in einer Reihenfolge ankamen, in der sie gar nicht verschickt wurden.[9]

2.6 Internet Layer: ICMPv4

ICMP (Internet Control Message Protocol) dient, wie sein Name schon verrät, der Kontrolle des IP-basierten Datenverkehrs. Es dient genauer gesagt der Fehleranalyse, der Informationserstattung und der Konfiguration. Der Standardaufbau des ICMPv4-Headers ist simpel und auf der Abbildung 2.5 zu sehen.

Der ICMP-Type spezifiziert die gewünschte Hauptfunktion eines ICMP-Pakets, die durch den ICMP-Code genauer spezifiziert werden kann. Die Prüfsumme hat dieselbe Funktion wie im IP-Header. Nach den ersten 32 Byte des ICMP-Headers folgen typspezifische Inhalte.

Die IANA (*Internet Assigned Numbers Authority*) hat eine offizielle Liste der ICMP-Types und zugehöriger ICMP-Codes veröffentlicht. Die wichtigsten dieser ICMP-Typen sollen im Folgenden besprochen werden.

---

[9]Wie bereits erwähnt, können einzelne Pakete (somit also auch Fragmente, die an sich wieder Pakete sind) unterschiedliche Pfade zum Ziel nehmen. Ein Weg über Pfad A kann länger benötigen, als ein Weg über Pfad B oder C, womit Paketreihenfolgen vertauscht werden können.

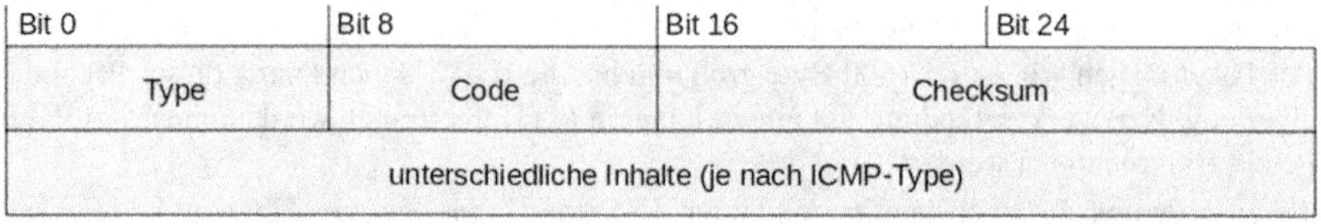

Bit 0	Bit 8	Bit 16	Bit 24
Type	Code	Checksum	
unterschiedliche Inhalte (je nach ICMP-Type)			

Abbildung 2.5: Aufbau des ICMPv4-Headers.

2.6.1 ICMP-Type 0 und 8

Die wohl bekanntesten ICMP-Typen sind Type 0 und 8. Ersterer ist der sogenannte »Echo Reply«, Letzterer die »Echo Request«. Diese beiden ICMP-Typen werden in der Regel zur Feststellung der Erreichbarkeit eines Hosts verwendet. Ferner wurden in vergangenen Jahren Denial-of- Service-Angriffe mit diesen Typen durchgeführt, die heutzutage jedoch nicht mehr relevant sind.[10]

Eine ICMP-Echo-Nachricht besteht aus einem 16-Bit-Identifer sowie einer 16-Bit-Sequenznummer zur Identifikation der Datagramme. Optional können noch Daten an das Paket angehängt werden, um die Netzlast zu erhöhen. Dies macht besonders bei Performance-Tests Sinn, denn die Datagramme müssen inklusive der Payload bestätigt werden.

Ein Ping funktioniert folgendermaßen: Host A sendet an Host B (oder broadcastet an ein Netzwerk) einen Echo-Request, Host B antwortet darauf mit einem Echo-Reply.

2.6.2 ICMP-Type 3

Der ICMP-Type 3 (Destination unreachable) wird immer dann versendet, wenn ein Datagramm nicht zugestellt werden konnte. Genauere Information zum Grund der Fehlzustellung gibt der ICMP-Code an. Es gibt folgende Möglichkeiten:

- Code 0 (*net unreachable*): Das Zielnetzwerk ist nicht erreichbar. Dies kann zum Beispiel auf fehlende Einträge in der Routingtabelle zurückzuführen sein.

- Code 1 (*host unreachable*): In diesem Fall ist zwar das Netzwerk, jedoch nicht der Host erreichbar. Entweder wurde die falsche Adresse angegeben oder der Host hat technische Probleme bzw. ist ausgeschaltet.

- Code 2 (*protocol unreachable*): Bekommt man diese Fehlermeldung, ist das Protokoll, an das das Datagramm weitergereicht werden soll, nicht erreichbar.

- Code 3 (*port unreachable*): Diese Meldung wird ausgesandt, wenn das Datagramm – im Transport-Layer also ein TCP-Streampaket oder eine UDP-Message – nicht an den entsprechenden Port weitergereicht werden konnte. Portscanner benötigen, je nach Scan-Technik, *port unreachable*-Nachrichten, um festzustellen, ob ein bestimmter Port erreichbar ist.

---

[10]Im Speziellen ist hier der sogenannte Ping-of-Death gemeint, der einige Hosts zum Absturz bringen konnte.

- Code 4 (*fragmentation needed and DF set*): Diese Meldung wird ausgesandt, wenn ein Datagramm mit dem »Don't-Fragment-Bit« versandt wurde, aber zu groß für die MTU eines Netzes ist. Dieser Code wird in Verbindung mit der Path-MTU-Discovery und der Fragmentierung verwendet. Wir gingen bereits auf die Fragmentierung von IP-Datagrammen ein.

- Code 5 (*source route failed*): Hat man ein IP-Datagramm mit einer Loose- oder Strict-Source-Route-Option versandt, wird diese Meldung im Falle einer nicht gangbaren Route gesandt.

- Code 6 (*destination network unknown*): Ist ein Netzwerk gar nicht vorhanden, wird diese Nachricht versandt.

- Code 7 (*destination host unknown*): Ist ein einzelner Host gar nicht vorhanden, wird diese Nachricht versandt.

- Code 8 (*source host isolated*): Dieser Typ findet normalerweise gar keine Verwendung. Allerdings soll das Militär hiermit einige Spielereien betreiben.

- Code 9/10 (*communication with destination network/host administratively prohibited*): Die Kommunikation zum Netzwerk bzw. Host wurde vom Administrator untersagt.

- Code 11/12 (*network/host unreachable for type of service*): Diese Meldung wird versandt, wenn das Zielnetzwerk bzw. der Zielhost nicht für den angegebenen Type-of-Service (TOS), der oben besprochen wurde, erreichbar ist.

- Code 13 (*communication administratively prohibited by filtering*): Die Kommunikation zum Zielsystem ist nicht möglich, da ein Firewall-System den Traffic blockt.

- Code 14 (*host precedence violation*): Wurde »precedence« als Type-of- Service-Wert angegeben, wird diese Meldung ausgegeben, wenn diese nicht vereinbar ist.

- Code 15 (*precedence cut-off in effect*): Die »precedence« wurde herabgesetzt, da dies vom Administrator so konfiguriert wurde.

Der Header dieser Nachricht ist nach dem statischen Header mit einem 32 Bit (1 Wort) langen und ungenutzten Bereich versehen. Anschließend folgt der IP-Header des ursprünglichen Datagramms plus 64 Bit der originalen Datagramm-Payload. Der Grund für diesen Anhang liegt in den besseren Diagnosemöglichkeiten, die sich aus den zusätzlichen Informationen ergeben.

2.6.3 ICMP-Type 4

ICMP-Type 4 (»Source Quench«) wird von einem Empfänger versandt, wenn zu viele Pakete bei ihm eintreffen. Der Sender dieses Types teilt dem Empfänger mit, dass jener seine Aussenderate drosseln soll.

Man nennt dieses Verfahren auch »Flusskontrolle«. Die Hauptaufgabe besteht darin, überlastete Prozessoren und Netzwerkschnittstellen zu verhindern.

2.6.4 ICMP-Type 5

ICMP-Type 5 (»Redirect«) wird zur Umlenkung von Routen verwendet. Wird ein Router verwendet, um ein Paket zuzustellen, und kennt dieser Router zusätzlich einen besseren Pfad zum
Ziel als den, der über ihn selbst führt, so kann der Router zum Sende-Host eine ICMP-Redirect-
Nachricht senden. Der sendende Host wird daraufhin die eigene Routingtabelle so abändern, dass
er seine Pakete über den vom Router empfohlenen »besseren« Router sendet.

Via ICMP-Redirect können Datagramme zu einem Host (Code 1), zu einem Netzwerk (Code
0) oder Type-of-Service-basierend für einen Zielhost (Code 3) oder ein Zielnetzwerk (Code 2)
umgeleitet werden.

2.6.5 ICMP-Type 9 und 10

ICMP-Type 9 (»Router advertisement«) wird zur Bekanntgabe von Routern verwendet, während
Type 10 (»Router solicitation«) diese Meldung anfordert. So kann ein Host sich über die im
Netzwerk befindlichen Router informieren und seine Routingtabelle selbst konfigurieren.

2.6.6 ICMP-Type 11

Eine ICMP-Type 11-(»Time exeeded for datagram«-)Nachricht wird versandt, wenn die TTL
eines IP-Datagramms abgelaufen ist. Der Host, bei dem die TTL den Wert 0 erreicht, versendet
diese Nachricht an den Sender des Datagramms.

Im Normalfall ist der ICMP-Code dann null. Kommt jedoch eines (oder mehrere) von mehreren Fragmenten nicht an, so wird der ICMP-Code auf den Wert eins gesetzt.

Wird zum Beispiel versucht, dem Host *www.google.de* ein Echo-Request-Datagramm zu senden, das mit einer TTL von 1 versehen ist, so wird dieses Datagramm (wenn man sich nicht gerade im entsprechenden Subnetz des google-Hosts befindet) sein Ziel nicht erreichen. Stattdessen
wird der nächste Router, der die TTL auf den Wert »0« dekrementiert, ein ICMP-Type-11-Paket
zu dem Host zurücksenden, der das ICMP-Echo-Paket sandte. Sehen wir uns die entsprechenden
zwei Pakete einmal an:

```
19:02:52.030118 192.168.0.1 > 216.239.59.104: icmp:
echo request (id:5d56 seq:10) [ttl 1] (id 8922)

19:02:52.031033 192.168.0.2 > 192.168.0.1: icmp:
time exceeded in-transit for 192.168.0.1 >
216.239.59.104: icmp: echo request (id:5d56 seq:10)
[ttl 0] (id 8922) (DF) (ttl 255, id 11123)
```

Zu sehen ist hier, dass der Host 192.168.0.1 ein ICMP-Echo-Request an den Host 216.239.59.104
sendet. Dies jedoch kommt nur bis zum Router des lokalen Subnetzes (in diesem Fall ist dies der
Router mit der IP-Adresse 192.168.0.2, ein Default-Gateway). Der Router 192.168.0.2 sendet
nun die Meldung an den Host 192.168.0.1 zurück, dass die TTL des ICMP-Datagramms abgelaufen ist.

Bit 0	Bit 8	Bit 16	Bit 24
Type	Max. Response Time	Checksum	
Multicast Group Address			

Abbildung 2.6: Aufbau des IGMP-Headers.

2.6.7 ICMP-Type 12

Ein »Parameter problem« (ICMP-Type 12) liegt vor, wenn im Optionsbereich des IP-Headers ein dem Host unbekannter Parameter gefunden wurde. Der Host verwirft dieses Datagramm und sendet ICMP-Type 12 zum Sender zurück.

2.6.8 Weitere ICMP-Typen

Es gibt noch einige weitere ICMP-Typen, doch sollten an dieser Stelle nur die wichtigsten von ihnen besprochen werden. Eine vollständige Liste aller ICMP-Parameter erhalten Sie bei der IANA unter *http://www.iana.org/assignments/icmp-parameters*.

2.7 Internet Layer: IGMP

Das Internet Group Management Protocol (Protokollnummer 2) wird zur Verwaltung von IPv4-Multicast-Gruppen verwendet. Die aktuelle Version IGMPv3 wurde 2002 durch RFC 3376 standardisiert. IGMP verwendet die Multicast-Adressen im Bereich von 224.0.0.1 bis 239.255.255.255 (Class D), um die Adressierung einer Multicast-Gruppe zu ermöglichen. Die Möglichkeit des Multicast-Sendens ist besonders bei Radio- und Videoübertragungen von Belang.

2.7.1 Der IGMPv2-Header

Der Einfachheit halber setzen wir uns zunächst mit IGMPv2 auseinander und besprechen dann anschließend die wichtigsten Neuerungen der Version 3. Der IGMPv2-Header ist recht simpel aufgebaut. Im Folgenden werden wir die einzelnen Felder des Headers besprechen.

Das Type-Feld kann einen der folgenden Werte enthalten:

- Membership Query (0x11)
- Version 1 Membership Report (0x12)
- Version 2 Membership Report (0x16)
- Version 2 Leave Group (0x17)

Ein Multicast-Router sendet Membership Querys zu den Hosts seines Netzwerks. Dies hat den Zweck, herauszufinden, welchen Multicast-Gruppen, welche lokalen Teilnehmer zugeordnet sind. Dabei unterscheidet man zwischen einer generellen Query, die an alle Gruppen gerichtet ist, und einer gruppenspezifischen Query, welches sich an eine einzelne Gruppe richtet. Dabei wird die Zieladresse 224.0.0.1 verwendet. Ein Host sendet darauf als Bestätigung ein IGMP-Reply-Paket und verwendet dabei als Zieladresse die Adresse der Multicast-Gruppe, die er zudem auch im »Group Address«-Feld des IGMP-Headers angibt.

Ein Host kann an eine Gruppe senden, in der er selbst kein Mitglied ist, und kann gleichzeitig Mitglied in verschiedenen Gruppen sein. Die »Maximum Response Time« ist nur in Querys gesetzt und gibt die Zeitspanne (in Zehntelsekunden) an, die der Router auf einen Membership-Report wartet, bevor er den Host aus der Verteilerliste der Gruppe entfernt.

Das »Checksum«-Feld sollte Ihnen bereits von IP und ICMP bekannt sein. Das »Group Adress«-Feld enthält die Adresse einer Multicast-Gruppe, an die ein IGMP-Paket versendet wird. In den oben erwähnten »generellen« Querys wird die Gruppenadresse mit Nullen überschrieben.

In IGMPv3 werden im Header zusätzlich die Senderquellen samt eines Adressvektors und Robustness-Werten übertragen, wodurch der Headeraufbau komplexer wird. Im Kontext dieses Buches sind diese Features allerdings nicht von Bedeutung.

2.8 Internet Layer: IPv6

Es gab verschiedene Gründe dafür, eine neue Version des Internet-Protokolls, nämlich IP-Version 6 zu entwickeln. Der wohl bekannteste Grund ist der, dass der Adressraum aus den über 4 Mrd. IPv4-Adressen knapp wurde. Zu Anfang ging man nämlich recht großzügig mit der Vergabe der Adressen um, und viele große Institutionen und Firmen in den Vereinigten Staaten bekamen gleich ganze Class-A-Netze zugeteilt. Europa kam bei der Verteilung der Adressen noch relativ gut weg, doch Asien und Afrika leiden unter Adressknappheit. Erste IPv6-Netze existieren seit 1996 (»6Bone«).

Eine Maßnahme gegen die stetig schwindende Anzahl von IPv4-Adressen ist die Network Address Translation. Doch auf Dauer wird dies nicht mehr ausreichend sein – besonders nicht, wenn immer mehr mobile Geräte wie Handys und diverse Hausgeräte (Kühlschränke etc.) miteinander vernetzt werden.

Ein weiterer wichtiger Grund für die Einführung von IPv6 ist die erweiterte Sicherheit. So ist IPSec Bestandteil von IPv6, und der Aufbau des Headers ist logischer und flexibler. Zudem unterstützt IPv6 eine Autokonfiguration der Netzwerkverbindungen ähnlich der des Dynamic Host Configuration Protocols (DHCP), Quality of Service (QoS), Mobile IP und Multicast.

In Abbildung 2.7 sehen Sie den IPv6-Header. Wie bei IPv4 werden die ersten 4 Bits zur Angabe der Versionsnummer verwendet.

Die nächsten 8 Bits stellen die »Traffic Class« dar. Die »Traffic Class« dient zur Prioritätsangabe, etwa wie beim DSCP-Feld des IPv4-Headers. Die folgenden 20 Bits (»Flow Label« genannt) dienen zur Identifikation eines Datenstroms – hiermit sollen auch Performancezuwächse in Routern möglich sein, da diese über einen Hash auf diese Zahl eventuelle Fragmente schneller zusammensetzen können.

Die Länge des Payloads wird in den nächsten 16 Bits angegeben. Hierbei ist zu beachten, dass die zusätzlichen IPv6-Header als Payload gelten. Der Payload berechnet sich also aus den IPv6-Erweiterungsheadern (dazu später mehr) plus den Headern der höheren Protokolle plus des Payloads des höchsten Protokolls.

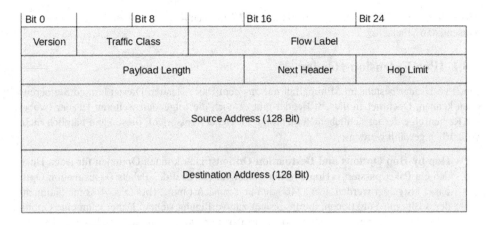

Abbildung 2.7: Aufbau des IPv6-Headers.

Das Feld »Next Header« gibt an, wie der nächste Header auszuwerten, besser gesagt, an welche »Instanz« das Paket weiterzugeben ist. Typische Werte sind 6 (TCP) oder 17 (UDP). Unter IPv4 heißt dieses Feld »Protocol«. Dieses Feld wird aber auch zur Angabe der IPv6-Extension Header verwendet.

Das sogenannte »Hop Limit« hat die gleiche Funktion wie das Feld »Time to Live« bei IP-Version 4. Es wird ebenfalls durch einen 8 Bit langen Wert (unsigned integer) repräsentiert, dessen Wert bei jedem Hop um 1 verringert wird. Erreicht das Feld den Wert 0, wird das Paket verworfen. Typische TTLs (wie auch bei IPv4) werden bei heutigen Betriebssystemen nicht mehr auf 0xff, sondern auf einen Wert ≥64 gesetzt. Routen über das Internet sind in den meisten Fällen nicht länger als 32 Hops [163].

Hinzu kommen natürlich noch die Adressierungsfelder: IPv6 hat eine jeweils 128 Bit lange (also im Vergleich zu IPv4 genau 4-mal so große) Adresse. IPv6-Adressen werden dabei in Hex-Form zu jeweils 16 Bit mit getrennten Doppelpunkten dargestellt.[11]

Ein Beispiel für eine IPv6-Adresse wäre also das Folgende:
1234:1234:2342:2342:1234:1234:2342:2342

Folgen ein oder mehrere 16-Bit-Gruppen, die den Wert 0 haben, aufeinander, kann dies durch zwei Doppelpunkte dargestellt werden. Die Adresse
1234:1234:2342:0000:0000:0000:2342:2342

könnte also auch folgendermaßen dargestellt werden:
1234:1234:2342::2342:2342

Es ist immer nur eine einzige Doppelpunkt-Gruppe bei der Darstellung durch zwei Doppelpunkte pro Adressangabe erlaubt.

Nur damit Sie einen Eindruck davon bekommen, wie viele IPv6-Adressen es gibt: Es sind ganze 340 Sextillionen 282 Quintilliarden 366 Quintillionen 920 Quadrilliarden 938 Quadrillionen

---

[11] Selbstverständlich sind auch andere Representationen von IPv4-Adressen möglich, so findet sich hin und wieder etwa die Hex-Darstellung. Die Adresse 127.0.0.1 kann entsprechend als 0x7f000001 dargestellt werden.

436 Trilliarden 463 Trillionen 374 Billiarden 607 Billionen 431 Milliarden 768 Millionen 211 Tausend 456 Stück.

2.8.1 IPv6-Extension-Header

Ein IPv6-Header besteht im Minimalfall nur aus dem Basis-Header. Diesen lernten Sie bereits oben kennen. Doch neben diesem Header gibt es noch die folgenden weiteren Header (wobei die Reihenfolge der tatsächlichen Reihenfolge im Header entspricht, diese kann nämlich nicht willkürlich gewählt werden):

- **Hop-by-Hop Options und Destination Options**: Hier können Optionen für jeden Host, den ein Paket passiert (»Hop-by-Hop«) oder für das Ziel des Pakets (»Destination Options«) festgelegt werden. RFC 2460 definiert zunächst nur 2 Bits (also 4 Kombinationen) der 8 Bits mit Funktionen, die insgesamt zur Verfügung stehen. Dabei kann eine Option entweder übergangen werden (0) oder das Paket (eventuell mit einer Bedingung) verworfen werden (1-3).

- **Routing**: Routing-Optionen ähnlich denen von IPv4; es kann eine Liste von Hops festgelegt werden, die das Paket passieren soll.

- **Fragment**: Dieser Header bietet eine ähnliche Funktionalität wie die Fragment-Felder des IPv4-Headers – auch dieser besteht aus dem Fragment-Offset, dem More-Fragments-Bit und der Identifikation des Pakets.

- **Authentication**: Der Authentication-Header (kurz AH) gewährleistet die Authentizität eines Datenpakets. In Kapitel 3.9.1 wird dieses Thema genauer besprochen. Der Authentication-Header kann auch in Verbindung mit dem ESP-Header verwendet werden.

- **Encapsulation Security Payload**: Der Encapsulation-Security-Payload-Header (kurz ESP) wird in Kapitel 3.9.3 detailliert erläutert. Er bietet sowohl Authentizität als auch Verschlüsselung der Daten. ESP kann mit dem Authentication-Header kombiniert werden.

- **Destination Options**: Optionen für das Ziel eines eingekapselten Pakets.

Ihnen dürfte vielleicht aufgefallen sein, dass der »Destination Options«-Header zweimal gelistet ist. Dies liegt daran, dass nur der Erste für das eigentliche IPv6-Paket gilt. Der Letztere bezieht sich auf die Einkapselung des Pakets via IPSec. Jeder Extension Header sollte nur ein einziges Mal in einem IPv6-Paket vorkommen. Die einzige Ausnahme ist der »Destination-Options«-Header, der bis zu zweimal vorkommen darf.

Jeder Header gibt hierbei den nächsten Header (»Next Header«) an (die Aneinanderreihung der Header ist in Abbildung 2.8 dargestellt). Das bedeutet, wenn ein IPv6-Paket, bestehend aus einem IPv6-Header, einem Routing Header und einem TCP-Segment, versendet wird, gibt das Next Header-Feld im Basis-Header an, dass es sich beim nächsten Header um den Routing Header handelt. Der Routing Header gibt wiederum an, dass der nächste Header ein TCP-Header ist.

Der Wert »59« im Feld Next Header gibt an, dass dem aktuellen Header kein weiterer Header folgt.

IPv6 Basis- Header	weitere IPv6 Extension- Header (optional)	Transport Layer- Protokoll (etwa TCP)

Abbildung 2.8: Aneinanderreihung der IPv6-Extension Headers

2.8.2 Sicherheit von IPv6

Auch wenn es viele Leute glauben, so ist IPv6 trotzdem nicht wesentlich sicherer als IPv4. Einige Details machen das neue Protokoll jedoch etwas sicherer:

Da keine Broadcast-Adressen existieren, kann die Verfügbarkeit von Systemen nicht einfach mit einem Broadcast-Ping überprüft werden. Zudem sind dadurch Denial-of-Service-Angriffe, bei denen ein Angreifer Pakete mit falscher Absenderadresse an Broadcast-Adressen schickt, nun auf diese Weise nicht mehr möglich.

Das Sammeln von Informationen im Netzwerk über IP-Record-Route-Optionen oder das ID-Feld im IPv4-Header fällt ebenso weg, da diese schlicht nicht mehr vorhanden sind.

Des Weiteren sind die Subnetze größer, was einen Netzwerkscan verkompliziert.

2.9 Internet Layer: ICMPv6

So, wie es bei IPv4 der Fall ist, bekam auch IPv6 ein ICMP-Protokoll verpasst. ICMPv6 hat die Protokollnummer 58 und ist generell wie sein Vorgänger ICMPv4 aufgebaut.

Jeweils 8 Bit stellen den ICMP-Type und -Code dar. Es folgen eine 16-Bit Checksum und die typabhängigen Daten.

2.9.1 ICMPv6-Typen

Seit Version 6 des ICMP-Protokolls sind die ICMP-Typen in zwei Bereiche unterteilt: Fehlermeldungen und Informationsmeldungen. Den Fehlermeldungen wurde der Typbereich 0 bis 127, den Informationsmeldungen der Bereich 128 bis 255 zugewiesen. Zudem verfügt die neue ICMP-Version nun auch über Multicast-Fähigkeiten, wie sie das IGMP-Protokoll zur Verfügung gestellt hat, und Möglichkeiten zur automatischen Adressvergabe, Routingkonfiguration und der Neighbour Discovery (ein ARP-Ersatz, näheres hierzu erfahren Sie im RFC 2461 »Neighbour Discovery for IP Version 6«).

Fehlermeldungen
Es gibt folgende ICMPv6-Fehlertypen:

- 1, *Destination Unreachable*: Das Zielsystem ist aus einem Grund, der im Code genauer spezifiziert wird, nicht erreichbar.

- 2, *Paket to Big*: Das Paket ist zu groß für einen Netzabschnitt, weil es größer als die zulässige MTU ist. Diese Meldung wird nur versandt, wenn zusätzlich das »Do not Fragment«-Flag gesetzt ist.

- 3, *Time Exeeded*: Das Hop-Limit errichte den Wert 0 und das Datagramm wurde verworfen.

- 4, *Parameter Problem*: Der Header des Paketes enthielt Fehler und konnte daher nicht korrekt ausgewertet werden.

Informationsmeldungen
Es gibt folgende ICMPv6-Informationsmeldungen:

- 128 *Echo Request*: Eine ICMP-Echo Anforderung (Vgl. ICMPv4 »Echo Request«).

- 129 *Echo Reply*: Die Antwort auf obige Anforderung (Vgl. ICMPv4 »Echo Reply«).

- 130 *Group Membership Query*: Hierbei handelt es sich um eine Funktionalität, wie sie bereits vom IGMP-Query bekannt ist.

- 131 *Group Membership Report*: Hierbei handelt es sich um eine Funktionalität, wie sie bereits vom IGMP-Report bekannt ist.

- 132 *Group Membership Reduction*: Dieser Typ wird zum Austritt aus einer Multicast-Gruppe verwendet.

- 133 *Router Solicitation*: Anfrage nach einem Router (Vgl. ICMPv4).

- 134 *Router Advertisement*: Router Bekanntmachung (Vgl. ICMPv4).

- 135 *Neighbour Solicitation*: Anfrage nach der MAC-Adresse der anderen Hosts im Netz. Diese Funktionalität ersetzt das Adress Resolution Protocol (ARP).

- 136 *Neighbour Advertisement*: Dieser ICMP-Type gibt die MAC- Adresse einer Schnittstelle bekannt und stellt sozusagen ein ARP-Reply dar.

- 137 *Redirect*: Dieser Typ ist ebenfalls schon von ICMPv4 bekannt und wird zur Umleitung von Routen verwendet.

2.9.2 Sicherheit von ICMPv6

Wie auch für das IPv6 gilt, dass es nicht wesentlich sicherer ist als sein Vorgänger, so gilt dies auch für das Protokoll ICMPv6. Nach wie vor können gefälschte ICMP-Pakete versendet werden und so kann beispielsweise die Autokonfiguration von Rechnern (ein DHCP-Ersatz, der in ICMPv6 bereits integriert ist) gefälscht werden. Somit ist es einem Angreifer beispielsweise möglich, den gesamten Netzwerkverkehr eines Hosts über sich zu leiten, und somit zu sniffen, Man-in-the-Middle-Angriffe durchzuführen etc.

Auf ähnliche Weise kann auch ein *ICMPv6 Neighbor Discovery-Request* ausgenutzt und mit falschen Daten beantwortet werden.

Außerdem kann die *ICMPv6 Duplicate Adress Detection* angegriffen werden, mit der ein Angreifer nach Belieben Adressen für einen Host, der einen Adresswechsel durchführt, als bereits vergeben signalisieren kann.

Bit 0	Bit 8	Bit 16	Bit 24
Source Port		Destination Port	
Length		Checksum	
Payload (variable Länge)			

Abbildung 2.9: Der UDP-Header

2.10 Transport Layer: UDP

Zunächst werden wir das verbindungslose Protokoll UDP, später das verbindungsorientierte TCP betrachten. Das heißt, für UDP müssen weder Verbindungen aufgebaut werden, noch haben Verbindungen einen Status.

Bei UDP handelt es sich um ein verbindungsloses Transport-Layer-Protokoll. Die Abkürzung UDP steht für »User Datagram Protocol«. UDP wurde durch RFC 768 spezifiziert. UDP-Pakete werden als Datagramme bezeichnet.

Da UDP nur über minimale Funktionalitäten bezüglich einer Fehlerkorrektur – nämlich eine Checksum – verfügt, bleibt die Prüfung des Datenflusses, falls dieser kontrolliert ablaufen muss, dem Application-Layer überlassen. Aufgrund dieser Eigenschaft verfügt UDP zwar über einen recht kleinen Header, wird aber generell nicht in Applikationen eingesetzt, bei denen eine gesicherte Nachrichtenübertragung gewährleistet sein muss. Einsatzgebiete für UDP sind in der Regel solche, bei denen Datagramme in periodischen Abständen (Aktualisierungs-)Nachrichten übertragen sollen oder beim Verlust einer Nachricht keine Schwierigkeiten auftreten, da Anfragen einfach wiederholt werden (etwa bei DNS oder DHCP).

2.10.1 Der UDP-Header

Der UDP-Header ist, wie bereits angesprochen, nicht sonderlich groß, da er nur die für den Kernel des Betriebssystems wichtigsten Informationen beinhaltet. Der UDP-Header ist in Abbildung 2.9 dargestellt, er hat eine Größe von 8 Bytes (zum Vergleich: Der TCP-Header hat eine Größe von 20 Bytes). Die ersten 32 Bit bestehen aus dem Source-Port und dem Destination-Port. Es folgen die Längenangabe des Payloads und die Checksum zu jeweils 16 Bit. Da jeweils 16 Bit pro Port-Angabe zur Verfügung stehen, was auch beim TCP-Protokoll der Fall ist, können also maximal 65.535 verschiedene Ports adressiert werden, da der Null-Port nicht verwendet wird. Generell gilt: Die ersten (meist 1024) Ports sind in dem Sinne »privilegierte Ports«, als dass sie nur über administrative Rechte gebunden werden können. Die Portanzahl ist dabei betriebssystemspezifisch. Folglich kann ein Webserver an Port 80 nur mit root-Rechten gebunden werden. Unter den meisten gängigen Systemen ist es möglich, die UDP-Checksum zu vernachlässigen. Sie kann mit Kommandos wie »sysctl« abgeschaltet werden, was sich auf stark belasteten Systemen positiv auf deren Performance auswirken kann, allerdings auf Kosten der Verbindungs- und Datenqualität geht.

Die Checksum berechnet sich (und dies ist, wie wir später sehen werden auch beim TCP-Protokoll der Fall) aus dem Protokoll-Header, dem Payload und einem so genannten Pseudo-Header. Der Pseudo-Header beinhaltet die Source- und Destination-Adresse, die Protokoll-Nummer und die Länge von UDP-Header, sowie den Payload.

Typische UDP-Dienste sind das Domain Name System (DNS), (zumindest ältere) Implementierungen des Network Filesystems (NFS), DHCP und das Network Time Protocol (NTP).

2.10.2 Sicherheitsaspekte von UDP

Zunächst einmal ist es für erfahrene Netzwerkprogrammierer äußerst einfach, UDP-Datagramme zu spoofen. Dazu benötigt der Angreifer lediglich Superuser-Access auf einem System und entweder einen Paketgenerator, den er sich irgendwo aus dem Internet lädt, oder einen Compiler bzw. Interpreter für beispielsweise Perl-Code. So können unter falscher Absenderadresse beispielsweise DNS-Anfragen gefälscht werden.

Anmerkung: Praktisch alle Provider (etwa T-Online) haben mittlerweile Spoofing-Schutz in ihre Router integriert, sodass es vielen Skript-Kiddies gar nicht mehr möglich ist, von ihrem Heimrechner aus gespoofte Pakete an Hosts im Internet zu senden. Innerhalb von autonomen Systemen besteht das Problem hingegen weiterhin.

Da UDP im Gegensatz zu TCP keine Sequenz- und Bestätigungsnummern verwendet, ist es für einen Angreifer sehr einfach, eine »Verbindung« zu übernehmen (zu hijacken).

Keep State: Leider gibt es bei UDP-Kommunikationen aus Sicht der Paketfilter ein Problem: Die Software muss zwischen Verbindungsanfragen und Antwortpaketen unterscheiden können. Um dieses Problem zu lösen, merken sich die Paketfilter die Socket-Eigenschaften der ausgehenden Pakete (Source- und Destination-IP sowie Source- und Destination-Port). Ging also bereits binnen einer gewissen Zeitspanne ein Paket dieses Sockets über ein Interface, kann auf ein Antwortpaket geschlossen werden, andernfalls handelt es sich um eine Verbindungsanfrage.

2.11 Transport Layer: TCP

Das »Transmission Control Protocol« (TCP) ist das wohl meistgenutzte Transport-Layer-Protokoll der TCP/IP-Protokoll-Suite. TCP wurde durch RFC 793 beschrieben. Es gibt eine große Anzahl von Anwendungen, deren Protokolle auf TCP aufbauen. Die bekanntesten von ihnen sind wohl die folgenden (die Portangaben sind Standardports; sie können variieren):

- Webserver (HTTP-Protokoll (Port 80), HTTPS (Port 443))

- FTP-Server (FTP-Protokoll, Port 21 (und 20 (DATA))

- Usenet-Server (NNTP-Protokoll, Port 119)

- Mailsysteme (SMTP-Protokoll (Port 25), POP3-Protokoll (Port 110), IMAP-Protokoll (Port 143), IMAPS (Port 993))

- SSH (SSH-Protokoll, Port 22)

- Telnet (TELNET-Protokoll, Port 23)

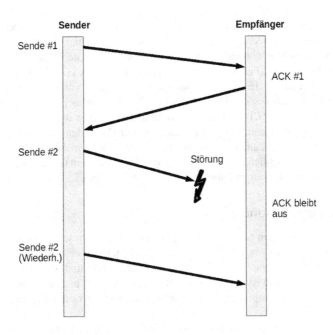

Abbildung 2.10: Ein Beispiel für TCP-Reliability

2.11.1 TCP-Reliability

TCP-Datenpakete (man bezeichnet diese als *Segmente*) werden, im Gegensatz zu UDP-Datagrammen, nicht als einzelne Nachricht (*Message*), sondern als Datenstrom (*Stream*) versendet. Dieser Datenstrom muss kontrolliert werden, sodass die Reihenfolge der Daten in diesem Stream nicht verfälscht wird. Hierfür wird die sogenannte Sequenznummer (*Sequence Number*) verwendet. Jedes Segment kann durch diese Sequence Number in die richtige Position des Streams eingeordnet werden. Die Seite, die das Segment empfängt, bestätigt die empfangenen Daten anschließend mit der sogenannten Bestätigungsnummer (*Acknowledgement Number*). Diese gibt aber auch die nächste, vom empfangenden Host erwartete Sequence Number an. Stimmen die erwartete und die empfangene Sequence Number nicht überein, kann TCP auf ein verloren gegangenes Segment schließen und sendet das verloren geglaubte Segment erneut aus. Auf diese Weise stellt TCP sicher, dass Datensegmente nicht verloren gehen und in der richtigen Reihenfolge ankommen.

In der folgenden Abbildung versendet Host A Daten an Host B. Host B empfängt und bestätigt diese. Darauf sendet Host A erneut Daten. Diese jedoch gehen unterwegs auf Grund von Netzwerkproblemen verloren, sodass Host B keine Bestätigung an Host A für die empfangenen Daten versendet. Daraufhin versendet Host A diese Daten erneut, in der Hoffnung, dass diese nun ankommen.[12]

---

[12]Die Zahlen hinter den Rauten entsprechen der Paketnummer, sie sind nicht mit der Sequence Number oder der Acknowledgement Number zu verwechseln.

Werden nun noch Sequenznummern und Bestätigungsnummern in die Betrachtung der Verbindung integriert, so gilt folgendes: Ein Paket mit einer Sequenznummer X muss mit einer Bestätigungsnummer X+n bestätigt werden, wobei n das neue Datenoffset ist. Die Bestätigungsnummer ist dabei die für das folgende Paket erwartete Sequenznummer. Die erste Sequenznummer einer Verbindung wird von jedem der beiden Hosts, die miteinander kommunizieren selbst gewählt (randomisiert) und wird als *Initial Sequence Number* (ISN) bezeichnet.

Es lässt sich zum Thema TCP-Reliability klärend anmerken, dass das Ziel für TCP also nicht darin besteht, einzelne Pakete ans Ziel zu bringen, sondern darin, den gesamten Payload zuverlässig zu liefern [33]. Dabei kann es vorkommen, dass die Inhalte mehrerer kleiner, aber verlorengegangener, Pakete anschließend durch ein einziges Paket mit dem Gesamtpayload verschickt werden, wenn dies im Sinne der Reliability durchführbar ist [33].

2.11.2 Sende- und Empfangspuffer

TCP arbeitet mit sogenannten Sende- und Empfangspuffern. In diesen werden, wie sich wohl bereits erahnen lässt, die empfangenen bzw. versendeten Daten gespeichert. Doch wozu speichert man diese überhaupt zwischen? Die wichtigsten Gründe hierfür sind, dass TCP Daten nur ab einer bestimmten Anzahl von Bytes im Sendepuffer versendet bzw. nur eine gewisse Anzahl von Daten pro Applikation im Empfangspuffer zwischenspeichert, bevor die Applikation die Daten abholen muss.

Es gibt einige Ausnahmeanwendungen (wie Telnet), die dieses Feature nicht nutzen, doch verursacht dies weitaus höhere Verbindungskosten: Ein TCP-Header ist im Normalfall 20 Bytes groß. Er baut wiederum auf einem IP-Header (ebenfalls 20 Bytes) auf. Und wenn man nun ein einzelnes Zeichen via Telnet versendet, versendet man auch jedes Mal diesen 40 Bytes großen Header. Die Geschwindigkeit von großen Datenübertragungen wäre bei dieser Übertragungsart sehr wahrscheinlich eine Katastrophe. Bei Anwendungen wie Telnet, bei denen sofort jedes eingetippte Zeichen auf dem Bildschirm angezeigt wird, führt an einer solchen Umsetzung allerdings kein Weg vorbei.

2.11.3 Flow-Control

Wie wir weiter unten sehen werden, verwendet TCP im Header ein Feld mit der Titulierung »Window Size«. Dieses teilt dem Empfänger mit, wie viele Daten der Sender im Empfangspuffer noch aufnehmen kann. Der Empfänger sendet daraufhin maximal so viele Daten, wie angegeben wurden, an den Sender zurück. Dieses Feature bezeichnet man auch als »Receive Window Sizing«.

Ein weiterer Flow-Control-Mechanismus nennt sich fast genauso, nämlich »Sliding receive windows«. Hierbei wird nicht abgewartet, bis die Bestätigung eines bereits versendeten Segments eintrifft, sondern es wird – in der Hoffnung, dass eine Bestätigung schon noch kommen wird – bereits vorsorglich das nächste Segment abgeschickt. Dies kann die Verbindungsperformance steigern.

Weitere Features des TCP-Flow-Control-Mechanismus sind die Veränderung des »Congestion Windows«, um den Sendefluss zu kontrollieren, und der »Slow Start«, um den Sendefluss mit einer bestmöglichen Segmentübertragungsgröße einzupendeln. Dabei wird zuerst ein Segment

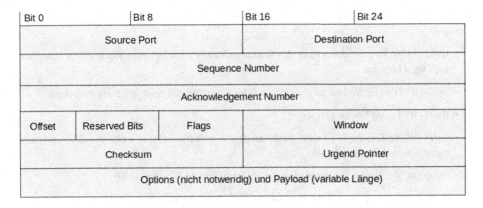

Abbildung 2.11: Der TCP-Header

mit einer sehr kleinen Größe versendet und dann die Segmentgröße von Segment zu Segment, bis Probleme auftauchen, immer weiter erhöht. So findet sich die optimale Größe für die Segmente, und der Overhead durch Frames und Header der Protokolle niedriger Layer wird auf ein Minimum optimiert.

2.11.4 Header

Kommen wir nun zum TCP-Header. Einige der oben angesprochenen Informationen werden Sie – zumindest indirekt – im Header wiederfinden.

Wie bei UDP werden die ersten 32 Bit des Headers für die jeweils 16 Bit langen Source- und Destination-Port-Angaben verwendet.

Es folgt eine 32 Bit lange Sequenznummer, die die Position der Payload im Datenstream angibt. Die Sequenznummer fängt je nach Implementierung mit einem Zufallswert oder null an, aufwärts zu zählen. Die Startnummer wird dabei als *Initial Sequence Number* (ISN) bezeichnet und bei gesetztem SYN-Flag im *3-Way-Handshake* übergeben (dazu gleich mehr).

Hinter der Sequence-Number folgt eine ebenfalls 32 Bit lange Bestätigungsnummer (man spricht von der Acknowledgement-Number), die die empfangenen Daten bestätigt.

Dadurch, dass beide Systeme, zwischen denen eine TCP-Verbindung besteht, diese beiden Nummern verwalten, kann festgestellt werden, ob auch alle Datenpakete tatsächlich angekommen sind und welche verloren gingen und demzufolge neu gesendet werden müssen.

Das nächste Feld (»Offset«, 4 Bit) gibt die Headerlänge in 32-Bit-Wörtern an. In der Regel beträgt dieser Wert »5« und wird bei der Verwendung der optionalen Felder (etwa TCP-Timestamps) erhöht.

Bei den nächsten vier Bit handelt es sich um einen reservierten Bereich, der mit Nullen überschrieben wird.

Für die Flags stehen 8 Bit zur Verfügung. Jedes gesetzte Bit hat eine spezielle Funktionalität, wobei zu beachten ist, dass es sich bei TCP um ein *Full-duplex*-Protokoll handelt, was im Zusammenhang mit dem Management der Verbindung, wie wir im nächsten Abschnitt sehen werden, wichtig ist:

- 0x01 (FIN): Der Sendevorgang des Kommunikators (Sender) zum Rezipienten (Empfänger) wird beendet.

- 0x02 (SYN): Die Verbindung vom Kommunikator zum Rezipienten wird aufgebaut.

- 0x04 (RST): Verbindungsreset.

- 0x08 (PSH): Die Payload wird direkt an den Applikation-Layer weitergereicht und nicht zwischengespeichert (PUSH).

- 0x10 (ACK): Sofern dieses Bit gesetzt ist, ist die ACK-Number gültig.

- 0x20 (URG): Der Dringlichkeitszeiger (Urgent Pointer) ist gültig.

- 0x40 (ECE) und 0x80 (CWR): Die »Explicit Congestion Notification«- und »Congestion Window Reduced«-Flags sind eine Erweiterung des TCP-Protokolls zum Umgang mit Netzwerküberlastungen. Die »Explicit Congestion Notifications« Bits des IP-Headers (vgl. »IP-Header«) stehen hiermit in Verbindung.

Das Empfangsfenster enthält eine Zahl. Diese Zahl gibt dem Rezipienten des Pakets an, wie viel Payload er in einem Paket an den Kommunikator zurücksenden darf. Kann der Kommunikator beispielsweise noch 1410 Bytes in seinen TCP-Buffer aufnehmen, beträgt der Wert des Empfangsfensters 1410.

Die TCP-Checksum wird auf dieselbe Art und Weise wie beim UDP-Protokoll (nämlich mit einem zusätzlichen Pseudo-Header) berechnet.

Der Urgent-Pointer zeigt auf vorrangig zu behandelnde Daten in der Payload. Er ist jedoch nur gültig, wenn das URG-Flag gesetzt ist.

2.11.5 Grundlegendes zur Datenkommunikation

3-Way-Handshake:

Die TCP-Verbindung wird mittels 3-Way-Handshake eingeleitet. Dieser 3-Way-Handshake wird deshalb so betitelt, weil er drei TCP-Segmente benötigt, um eine Verbindung beidseitig zu initialisieren. Beim ersten Paket jeder Seite wird dabei das SYN-Flag gesetzt. Dies wird von der Gegenseite jeweils mit einem gesetzten ACK bestätigt. Da die Seite, die ein passives Open (Verbindungsöffnen) ausführt, die Bestätigung des SYN-Segments gleich mit in das eigene Segment zum Verbindungsaufbau einbringen kann, werden von dieser Seite keine zwei, sondern lediglich ein einziges Segment versendet.

Da soeben der Begriff »passives Open« eingeführt wurde, soll natürlich auch die Unterscheidung zwischen aktivem und passivem Open nicht fehlen. Ein Host, der von sich aus eine Verbindung einleitet, führt ein aktives Open aus, und der Host, der die Verbindung akzeptiert, führt ein passives Open aus.

Sehen wir uns einmal den Datenverkehr beim Initialisieren einer Verbindung an. Wir verbinden uns vom Host *yorick* mit *eygo.sun*, Port 22, und überwachen auf *eygo.sun* die Datenpakete mittels *tcpdump*:

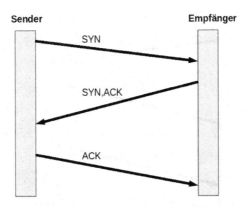

Abbildung 2.12: SYN- und ACK-Flags beim TCP-Handshake

```
eygo# tcpdump -i ne3
tcpdump: listening on ne3
20:15:24.883176 yorick.sun.1181 > eygo.sun.ssh: S
2591281295:2591281295(0) win 16384 <mss 1460,nop,
nop,sackOK> (DF)


20:15:24.883266 eygo.sun.ssh > yorick.sun.1181: S
1965163459:1965163459(0) ack 2591281296 win 16384
<mss 1460,nop,nop,sackOK> (DF)
20:15:24.883542 yorick.sun.1181 > eygo.sun.ssh: . ack
1 win 17520 (DF)
```

tcpdump zeigt uns an, welche Flags gesetzt sind. In den ersten beiden Paketen ist das SYN-Flag (*S*) gesetzt. ACK-Flags werden nicht dargestellt und sind durch *ack* <*nummer*> gekennzeichnet. Ist kein von *tcpdump* explizit gekennzeichnetes Flag gesetzt, wird ein Punkt ausgegeben – so wie im Paket 3.

Aufmerksamen Lesern wird bereits aufgefallen sein, dass es sich bei den Nummern hinter dem SYN-Flag um Sequenznummern, genauer gesagt um Initial-Sequence-Nummern, handelt. Das zweite Paket gibt die eigene ISN an *yorick.sun* weiter und bestätigt die ISN zudem noch mit einem ACK (Sequenznummer+1).

Datenkommunikation:

Ist die TCP-Verbindung beidseitig eingerichtet, können beide Seiten mit dem Datentransfer beginnen. Dabei bestätigen sich beide Seiten gegenseitig die empfangenen Daten mit den Sequence-Nummern.

Im Falle der obigen Verbindung wurde *telnet.exe* auf »yorick.sun« zum Verbindungsaufbau verwendet. Dabei wird jedes gesendete Zeichen an den Server als Extra-Segment versendet und mit einem PUSH-Flag (*P*) versehen.

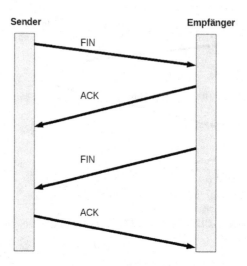

Abbildung 2.13: FIN- und ACK-Flags beim TCP-Verbindungsabbau

Das erste Segment beinhaltet die 22 Zeichen lange SSH-Versionsangabe und ein Newline-Zeichen. Die Bestätigung erfolgt mit einem ACK von *yorick.sun*. Nach der Eingabe von Return (yorick) wird die Eingabe seitens *eygo.sun* mit einem *Protocol mismatch* »bestätigt« und, wie wir gleich sehen werden, die Verbindung geschlossen.

```
20:15:24.886291 eygo.sun.ssh > yorick.sun.1181: P
1:24(23) ack 1 win 17520 (DF)
20:15:25.093096 yorick.sun.1181 > eygo.sun.ssh: . ack
24 win 17497 (DF)
20:15:28.593774 yorick.sun.1181 > eygo.sun.ssh: P
1:3(2) ack 24 win 17497 (DF)
20:15:28.594051 eygo.sun.ssh > yorick.sun.1181: P
24:43(19) ack 3 win 17520 (DF)
```

Verbindungsabbau:

Beim Verbindungsabbau sendet die Seite, die das Senden von Daten einstellen will, ein Segment mit gesetztem FIN-Flag an die Gegenseite. Die Gegenseite bestätigt dieses Segment mit einem ACK. Da TCP Full-Duplex ist, kann die Seite, die das FIN bestätigte, noch immer Daten senden. Wir sprechen beim Schließen einer Verbindung analog zum obigen 3-Way-Handshake von »aktivem« und »passivem« Close.

Die Beendigung der obigen Verbindung wurde natürlich ebenfalls protokolliert. Gehen Sie die oben in der Grafik gezeigten Schritte einfach einmal durch.

```
20:15:28.594100 eygo.sun.ssh > yorick.sun.1181: F
43:43(0) ack 3 win 17520 (DF)
```

```
20:15:28.594435 yorick.sun.1181 > eygo.sun.ssh: . ack
44 win 17478 (DF)
20:15:28.595272 yorick.sun.1181 > eygo.sun.ssh: F
3:3(0) ack 44 win 17478 (DF)
20:15:28.595388 eygo.sun.ssh > yorick.sun.1181: . ack
4 win 17520 (DF)
```

2.11.6 TCP: Grundlegende Sicherheitsaspekte

Es gibt verschiedene Angriffe gegen TCP. Es sind sowohl Denial-of-Service- als auch Spoofing- und Hijacking-Attacken möglich:

- Beim **Spoofing** von TCP-Paketen muss der Angreifer im Gegensatz zum UDP-Spoofing neben der Source- und Destination-Portnummer auch die Sequenz- und Bestätigungsnummern kennen. Entweder muss er diese erraten, kann diese bei älteren TCP-Implementierungen errechnen oder hat diese gesnifft. Darauf aufbauend kann wiederum ein Hijacking-Angriff ausgeführt werden.

- Mittels eines **Hijacking**-Angriffs können bestehende TCP-Verbindungen übernommen werden. Eine Möglichkeit ist die einfache Desynchronisation der Verbindung, wodurch beide Kommunikatoren der Meinung sind, von ihrem Gegenüber andere Sequenznummern bekommen zu müssen. Ist dies der Fall, bricht ein sogenannter »Ack-Storm« aus, da jeder seine Bestätigungen sendet. Bei einem kompletten Hijacking-Angriff (es gibt verschiedene Möglichkeiten, diesen durchzuführen) wird die Verbindung entweder übernommen und beendet oder geschlossen und reinitialisiert, oder es werden Daten injiziert und die Verbindung anschließend resynchronisiert. Im Optimalfall bemerken die Opfersysteme den Hijacking-Angriff nicht. Zudem ist es durch TCP-Hijacking möglich, einige Authentifizierungsmaßnahmen (z.B. S/Key) zu umgehen.

- Die sogenannten **Reset-Attacken** setzen das RST-Flag in einem gespooften Paket und injizieren es in eine bestehende Verbindung. Dazu muss zwar die Sequenznummer der Verbindung bekannt sein, jedoch ist bekannt, das es kein allzu großes Problem ist, diese in etwa zu erraten. Dieser Angriff betrifft besonders Systeme, die eine stetige Verbindung benötigen, etwa BGP-basiertes Routing. Hierfür gibt es nun mindestens zwei Gegenmaßnahmen: Die IETF schlug vor, nur Sequenznummern, die exakt der erwarteten entsprechen, seitens des Empfängers zu akzeptieren (andernfalls geschieht dies in einigen Fensterbereichen). Die zweite Gegenmaßnahme findet sich im OpenBSD-Projekt. Hier werden zufällige Ports für Verbindungen vergeben. Der Angreifer muss in diesem Fall also zusätzlich den Port kennen, um die Verbindung zu beenden.

- Beim TCP-**Syn-Flooding** wird ein Verbindungsstatus des TCP-Protokolls ausgenutzt. Dabei werden so viele (vom Angreifer dann nicht mehr beantwortete) Verbindungsversuche eingeleitet, dass der Server keine neuen Verbindungen mehr entgegennehmen kann, da er sich alle angeforderten Verbindungen merken muss. Man nennt diesen Verbindungsstatus auch »halb offen«. Als Gegenmaßnahme wurden SYN-Cookies eingeführt, wobei die vom Server gehaltenen Verbindungsinformationen nicht lokal gehalten, sondern in der ISN untergebracht werden. Nachdem die zweite ACK-Nachricht des 3-Way-Handshakes beim Server eintraf, wird ein tatsächlicher lokaler Eintrag in der Tabelle der TCP-Verbindungen hinterlegt; die entsprechenden Verbindungsinformationen werden aus der bestätigten ISN herausgerechnet.

2.12 Application Layer: HTTP

Zur Übertragung von Webseiten über das Internet wird das zustandslose Protokoll HTTP (*hypertext transfer protocol*) verwendet. Bei HTTP handelt es sich um ein Plaintext-Protokoll, welches verschiedene Anfragetypen (so genannte *Methods*) unterstützt, die vom Client an den Server gestellt werden können:

- GET: Anfrage einer Ressource (optionale Parameter können mit meist stark begrenzter Länge über die Adresse übertragen werden).

- POST: Anfrage mit (textuellem oder binärem) Inhalt seitens des Clients an eine Ressource des Servers (etwa Übertragen von Eingabedaten oder Dateien).

- HEAD: Mit HEAD kann, wie bei GET, eine Ressource angefragt werden. Anstelle der gesamten Response erhält der Client hierbei nur die Metainformationen, also den HTTP Response-Header als Antwort (und keinen Payload).

- OPTIONS: Abfrage, welche Anfragetypen unterstützt werden.

- CONNECT: Verbinden mit einer weiteren Instanz (HTTP-Proxy).

- PUT: Upload von neuen Ressourcen durch den Client.

- DELETE: Löschen einer Ressource auf dem Server.

- TRACE: Zurücksenden einer Anfrage zu Debugging-Zwecken, um diese auf Veränderungen hin zu überprüfen

Die aktuelle HTTP-Version ist 1.1 und wird von allen gängigen Browsern implementiert. Die Schreibweise für die HTTP-Version ist »HTTP/Version«, also etwa »HTTP/1.1«. Version 1.1 erfordert gegenüber der Vorgängerversion 1.0 die Angabe eines »Host:«-Headers, womit *virtuelle Hosts* (das sind mehrere Hosts auf einem Server mit derselben IP-Adresse) möglich sind. Die Vorgängerversion von HTTP/1.0 war übrigens HTTP/0.9 von 1991.

2.12.1 Aufbau des HTTP-Headers

Beim Aufbau des HTTP-Headers wird zwischen Request und Response unterschieden. Der Client sendet dabei immer in einer ersten Zeile folgenden Aufbau an den HTTP-Server: »[METHOD] [URL] [HTTP-VERSION]«. Die restlichen Header-Bereiche sollen in dieser kurzen

Einführung nicht beachtet werden und sind (bis auf »Host:«) optional. Eine minimale HTTP/1.0-Anfrage sieht also beispielsweise wie folgt aus: »GET /index.html HTTP/1.0«. Für HTTP/1.1 müsste die Anfrage wie folgt aussehen: »GET /index.html HTTP/1.1« gefolgt von einer Zeile »Host: www.example.com«. HTTP-Requests werden mit zwei Zeichensequenzen, die jweils Carriage Return und Linefeed enthalten (also »\r\n\r\n«), abgeschlossen.

Eine HTTP-URL setzt sich, gemäß RFC 2068, aus den folgenden Bestandteilen zusammen: »http://Host[:Port]/Pfad«, also beispielsweise »http://www.wendzel.de:80/index.html«. Die Angabe des Ports kann im Falle von Port 80 (der Standardport für HTTP) ausbleiben, sodass die Anfrage der URL »http://www.wendzel.de/index.html« völlig korrekt ist.

Der HTTP-Server antwortet auf Anfragen (Requests) mit einer Response der Form: »[HTTP-Version] [Statuscode] [Status-Bezeichnung]«, also etwa: »HTTP/1.1 200 OK« für die erfolgreiche Ausführung (Code 200, Bezeichnung »OK«) eines HTTP/1.1-Requests. Status-Codes im Bereich von 100-199 sind Statusmeldungen (etwa »102 Processing«), im Bereich von 200-299 Erfolgsmeldungen (etwa »200 OK«), im Bereich von 300-399 Umleitungen (etwa »301 Moved Permanently«), im Bereich von 400-499 clientseitige Fehlermeldungen (etwa »400 Not Found« für eine vom Client angefragte Ressource, die nicht auf dem Server existiert) und im Bereich von 500-599 serverseitige Fehlermeldungen (etwa »500 Internal Server Error«).

Bei einer Response werden zudem einige weitere Parameter an den Client geliefert. Dazu zählen etwa Informationen über die Webserver-Software (Produkt, gegebenenfalls dessen Version und geladene Extension-Module), ein Timestamp, Informationen zur Content-Länge, zum Verbindungsverhalten (dazu gleich mehr) und zum Content-Type und seiner Codierung (etwa »text/html, charset=UTF-8«).

Wie gerade erwähnt wird der Client vom Server über den Umgang mit der bestehenden HTTP-Verbindung informiert. Dabei liefert er entweder den Wert »close« oder »keep-alive« zurück. Keep-Alive-Verbindungen werden vom Server nicht sofort nach der Response terminiert, um weitere Verbindungsanfragen ohne erneutes Verbinden zu erlauben (etwa für die in einer HTML-Datei verlinkten/eingebetteten Ressourcen, wie Bilder). Close-Verbindungen werden hingegen direkt terminiert. Einige Beispielanfragen sollen den Aufbau von HTTP-Requests und HTTP-Responses verdeutlichen.

Zunächst sollen mit HTTP/1.0-Methoden abgefragt werden, die der Webserver der Hochschule Augsburg unterstützt. Der Server antwortet mit den entsprechenden Methoden (Zeile »Allow«), Informationen zu seiner Software und weiteren Daten. Die Content-Length ist 0, da keine weiteren Inhalte (etwa Bilder oder eine Webseite) übertragen wurden.

```
swendzel@steffenmobile:~$ telnet www.rz.fh-augsburg.de 80
Trying 141.82.16.40...
Connected to wwwrz.rz.fh-augsburg.de.
Escape character is '^]'.
OPTIONS / HTTP/1.0

HTTP/1.1 200 OK
Date: Mon, 02 May 2011 13:31:42 GMT
Server: Apache/2.2.9 (Unix) mod_ssl/2.2.9 OpenSSL/0.9.7d DAV/2
 mod_fastcgi/2.4.6
```

```
Allow: GET,HEAD,POST,OPTIONS,TRACE
Content-Length: 0
Connection: close
Content-Type: text/html
Connection closed by foreign host.
```

Als nächstes soll dieselbe Anfrage über HTTP/1.1 gestellt werden, wozu der Parameter »Host« angegeben werden muss.

```
swendzel@steffenmobile:~$ telnet www.rz.fh-augsburg.de 80
Trying 141.82.16.40...
Connected to wwwrz.rz.fh-augsburg.de.
Escape character is '^]'.
OPTIONS / HTTP/1.1
Host: www.rz.fh-augsburg.de

HTTP/1.1 200 OK
Date: Mon, 02 May 2011 13:31:49 GMT
Server: Apache/2.2.9 (Unix) mod_ssl/2.2.9 OpenSSL/0.9.7d DAV/2
 mod_fastcgi/2.4.6
Allow: GET,HEAD,POST,OPTIONS,TRACE
Content-Length: 0
Content-Type: text/html
```

Nun möchten wir mit der GET-Methode die Startseite von *www.wendzel.de* abfragen und erhalten als Antwort (hier gekürzt dargestellt) den HTML-Code der Seite mit einer Gesamtlänge von 10217 Bytes.

```
swendzel@steffenmobile:~$ telnet www.wendzel.de 80
Trying 89.110.146.195...
Connected to www.wendzel.de.
Escape character is '^]'.
GET / HTTP/1.1
Host: www.wendzel.de

HTTP/1.1 200 OK
Date: Thu, 16 Jun 2011 19:31:08 GMT
Server: Apache
Last-Modified: Fri, 03 Jun 2011 23:16:17 GMT
ETag: "697004a-27e9-4a4d6f0d09240"
Accept-Ranges: bytes
Content-Length: 10217
Content-Type: text/html; charset=UTF-8

<!DOCTYPE html PUBLIC "-//W3C//DTD HTML 4.01
```

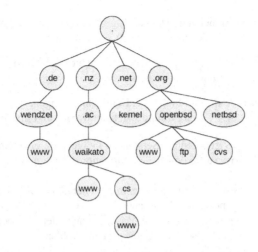

Abbildung 2.14: Hierarchie der DNS-Domains.

```
Transitional//EN"
  "http://www.w3.org/TR/html4/loose.dtd">
<html>
...
...
Connection closed by foreign host.
```

2.13 Application Layer: Domain Name System

Hauptaufgabe des Domain Name Systems (DNS) ist die Übersetzung von Hostnames in IP-Adressen (und vice versa). DNS ist ein hierarchisches System, dessen Ausgangspunkt als ».« (ein Punkt) bezeichnet wird. Die hierarchische Organisation erfolgt in sogenannten *Domains*, die durch Punkte getrennt werden, etwa *whois.denic.de* (Host whois unter der Domain *denic* unter der Domain *de*), siehe Abbildung 2.14.

Hinter der Domain *de* kann ebenfalls ein Punkt stehen, der aber optional ist. Entsprechend ist die Domain »*www.fh-augsburg.de.*« korrekt angegeben. Seit einigen Jahren gibt es auch Umlaut-domains (etwa *müller.de*). Domainnamen müssen mit einem Buchstaben beginnen, können maximal 63 Zeichen beinhalten und dürfen Buchstaben, den Bindestrich (»-«) und Zahlen beinhalten. Es können bis zu 127 Domainlevel erstellt werden. DNS-Namen dürfen nur einmalig vergeben werden. Die obersten Domains der Hierarchieebene werden dabei ls *Top Level Domains* (TLDs) bezeichnet, wobei verschiedene Arten solcher Top Level Domains existieren [131]:

- Länder: .de (Deutschland), .at (Österreich), .us (Vereinigte Staaten), .nz (Neuseeland), .au (Australien)

- Allgemeines: com (kommerzielle Domains), org (Organisationen), gov (Regierungsorganisationen), mil (militärische Organisationen), edu (Bildungseinrichtungen) usw.

- Seit 2000: .biz (Business), .info (Informationen), .name (Namen von Personen), .pro (freie Berufe), .aero (Luftfahrtindustrie), .museum etc.

- Mit Beschluss der ICANN vom Juni 2011: Unternehmenseigene Top-Level-Domains (diese können von der ICANN nach Prüfung abgelehnt werden und sind äußerst kostspielig).[13]

Die Organisation von DNS ist dezentral: Server sind für einen Bereich (eine so genannte *Zone*) zuständig (*authoritative server*) und können die Informationen anderer Server zwischenspeichern (*DNS-Caching*).

Obwohl DNS dezentral organisiert ist, gibt es in der Hierarchie eine oberste Instanz: Die so genannten Rootserver. Es gibt derzeit 13 solcher Rootserver (durch Anycasting existieren in Wirklichkeit über 100 Rootserver), die in der Vergangenheit Ziel von DoS-Angriffen wurden (durch das Caching der regionalen Server konnten größere Probleme im DNS allerdings vermieden werden). Jeder Client darf diese Server direkt anfragen. Aus Gründen der Stabilität laufen die Rootserver mit unterschiedlichen Betriebssystemen (i.d.R. unixartig, etwa Solaris) und unterschiedlicher Serversoftware (i.d.R. jedoch BIND). Die meisten Root-Nameserver stehen in den USA. Rootserver verteilen die Adressen der DNS-Server für die Top-Level-Domains.

2.13.1 Resource Records

DNS kennt sogenannte Resource Records. Diese sind in vier Klassen organisiert, wobei nur die Klasse *IN* (Internet) für dieses Buch relevant ist. Es können dabei bis zu 65536 verschiedene Resource Records (RRs) in DNS definiert werden. Die wichtigsten sind:

- A: IPv4-Adresse für einen Host

- AAAA: IPv6-Adresse für einen Host

- CNAME: kanonischer Hostname

- DNSKEY: öffentlicher Schlüssel einer Zone für DNSSec[14]

- MX: *Mail Exchange* für die Angabe der Mailserver einer Domain samt ihrer Priorität

- NAPTR: Erweiterung der A-Records um zusätzliche Funktionalität, etwa Angabe des verwendeten Protokolls eines Servers

- NS: Nameserver einer Domain

- PTR: Umwandlung einer IP-Adresse in einen DNS-Name (Gegenstück zu A/AAAA)

---

[13]Quelle: *http://www.linux-magazin.de/NEWS/ICANN-stimmt-fuer-neue-Generic-Top-Level-Domains*

[14]DNSSec kann im Kontext dieses Buches nicht ausführlich besprochen werden. Es sei allerdings gesagt, dass es sich bei DNSSec um eine Erweiterung des DNS handelt, die die Nachrichten-Authentizität und -Integrität sicherstellt. DNSSec kümmert sich also, anders formuliert, darum, dass Nachrichten nicht manipuliert werden und zudem sichergestellt ist, dass Nachrichten tatsächlich vom gewünschten Absender stammen.

- RRSIG: Dieser Resource Record ermöglicht die Signatur anderer Resource Records und ist ebenfalls Bestandteil von DNSSec.

- SOA: *Start of Authority*, enthält Informationen zur authoritativen Zone eines DNS-Servers (Kontaktinformation zum Administrator, Standard-Lebenszeitspanne der Resource Records, Refresh-Time und weitere Werte).

- TXT: Freitext

2.13.2 Resolving

Jeder Rechner beinhaltet einen lokalen Resolver. Unter unixartigen Systemen wird ein Resolver über die Datei */etc/resolv.conf* konfiguriert, in der die IP-Adressen von Nameservern angegeben werden, die ein Client ansprechen soll, um einen Resource Record abzufragen. Dabei wird bzgl. der Nameserver eine Unterscheidung hinsichtlich ihres Auflösungsverfahrens getätigt:

- *Iteratives Resolving*: Der Namserver A fragt den ihm bekannten Nameserver B der nächst höheren Instanz nach den gewünschten DNS-Informationen. Sollte der Nameserver B diese Informationen nicht kennen, leitet A die Anfrage an den hierarchisch nächst höheren Nameserver C weiter usw., bis er am Ende einen Rootserver anfragt.

- *Rekursives Resolving*: Nameserver A fragt Nameserver B nach Informationen. Hat Nameserver B diese Informationen nicht, fragt B selbst den nächst höheren Server selbständig an. Das weitere Vorgehen für den Fall, das eine Antwort nicht erhalten wurde, läuft rekursiv.

2.13.3 Der DNS-Header

Der DNS-Header gliedert sich in folgende Headerbereiche, die in Abbildung 2.15 dargestellt sind: Header Section (das ist der eigentliche Protokollheader), Questions Section (gestellte Fragen nach Resource Records), Answer Section (Antworten für gestellte Fragen), Authority Section (Hinweise zu alternativen, zuständigen DNS-Servern für die gestellte Anfrage) und Additional Section (zusätzliche Hinweise in Form weiterer Resource Records).

Ein UDP-DNS-Request kann maximal 512 Bytes groß sein. Für TCP können Streams versendet werden, die nicht unter diese Beschränkung fallen. Während alle Sections, bis auf die Header Section, nur Resource Records beinhalten, ist die Header Section nach einem bestimmten Schema aufgebaut. Sie enthält neben einer ID zur Zuordnung von Anfragen und Antworten, folgende Bestandteile (ebenfalls in Abbildung 2.15 dargestellt):

- *QR-Bit*. Das QR-Bit gibt an, um welche Art DNS-Nachricht es sich handelt; ein 0er-Bit steht für eine Anfrage (Query) und ein 1er-Bit für eine Antwort (Response).

- *Opcode*. Der Opcode gibt die Art der DNS-Anfrage an. Es handelt sich dabei entweder um eine Standardabfrage (*Standard Query*, eine inverse Abfrage *Inverse Query*, die für die Umkehrung (also Negierung) des eigentlichen Requests verwendet wird, um eine Abfrage des Server-Zustands (*Server Status Request*, eine Benachrichtigung (*Notification*) oder um eine Aktualisierung (*Update*).

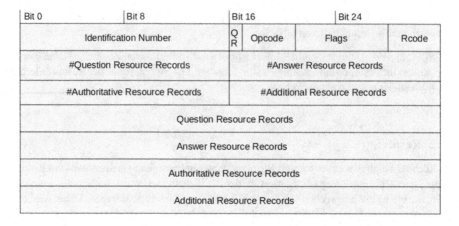

Abbildung 2.15: Der DNS-Header.

- *DNS-Flags*. Weiterhin enthält der DNS-Header eine Reihe möglicher Flags:

    - AA: Dieses Flag (*Authoritative Answer* ist gesetzt, wenn der angefragte DNS-Server autorisiert ist, Antworten im Rahmen der angefragten Domain zu liefern. Ein Server, der eine Anfrage für eine fremde Zone beantwortet (für diese Zone also etwa nur als Caching-Server fungiert), muss dieses Flag nicht setzen.

    - TC (truncated): Nur die ersten 512 Bytes der Response sind enthalten und die restlichen Daten sind abgeschnitten.

    - RD (recursion desired): Zuvor haben wir den Unterschied zwischen iterativem und rekursivem Resolving betrachtet. Setzt ein Client in einer Anfrage das RD-Bit, so fordert er ein rekursives Resolving an.

    - RA (recursion available): Da rekursives Resolving nicht immer verfügbar sein muss, kann ein Server mit dem RA-Flag signalisieren, dass er rekursives Resolving unterstützt.

    - Z-Bit (reserviert)

    - Die beiden Flags AD (*Authenticated Data*) und CD (*Checking Disabled*) stehen im Kontext von DNSSec. Mit gesetztem AD-Flag signalisiert ein DNS-Server, dass eine Überprüfung des RRs stattfand – die enthaltenen Informationen sind authentisiert. Das CD-Flag wird hingegen vom Client verwendet, um dem Server zu signalisieren, dass nicht überprüfte Antworten akzeptiert werden (der Client muss jedoch noch eigenständig Überprüfungen der Resource Records durchführen, weshalb er mit gesetztem CD-Flag dem Server die Arbeit ersparen kann) [8].

- *Rcode*. Dieser Wert gibt den Response-Code an. Die IANA definiert eine Liste möglicher Werte für den Rcode[15]). Die wichtigsten Werte sind:

---

[15] *http://www.iana.org/assignments/dns-parameters*

- 0 (es lag kein Fehler vor)

- 1 (*Format error*, die Nachricht ist nicht interpretierbar.)

- 2 (*Server failure*, ein serverseitiges Problem liegt vor.)

- 3 (*Non-existent domain*, angefragte Domain existiert nicht.)

- 4 (*Not implemented*, ein angefragtes Feature ist nicht verfügbar. Es ist beispielsweise möglich, dass kein rekursives Resolving verfügbar ist, der Client aber in einer Anfrage das RD-Flag setzte.)

- 5 (*Refused*, die Anfrage wurde abgelehnt.)

• *Total Questions*, 16 Bit: Dieser Wert gibt die Anzahl der enthaltenen Anfragen an den Server an.

• *Total Answers*, 16 Bit: Anzahl der enthaltenen Antworten vom Server an den Client.

• *Total Authority Resource Records*, 16 Bit: Anzahl der enthaltenen Hinweise auf authorisierte Server in einer Antwort.

• *Total Additional Resource Records*, 16 Bit: Anzahl der enthaltenen zusätzlichen Resource Records in einer Antwort.

Zusammenfassung

Protokolle des TCP/IP-Modells sind in einer Schichtenarchitektur organisiert. Die Aufgaben der Schichten unterscheiden sich stark, so ist die unterste Schicht etwa für die physikalische Datenübertragung und die darüber liegende Schicht für das Routing verantwortlich. Die dritte Schicht stellt Multiplexing bereit und die oberste Schicht beinhaltet anwendungsspezifische Funktionen. Die wichtigsten Protokolle der TCP/IP-Suite sind das ARP-Protokoll zur Übersetzung zwischen IP-Adressen und Hardware-Adressen, das Internet Protocol (IP) samt Control Protocol (ICMP) sowie die neueren Versionen IPv6 und ICMPv6, die sich auf dem Internet Layer befinden, sowie UDP und TCP auf der Transportschicht, und verschiedene Protokolle der Anwendungsschicht (wie etwa HTTP und DNS). Viele weitere Protokolle existieren, sind aber im Rahmen dieses Buches nicht von nennenswerter Bedeutung.

3 Tunneling-Protokolle

In diesem Kapitel werden diverse Protokolle, die für das Tunneling entworfen wurden, vorgestellt, wobei wir uns auch hier von den unteren Schichten zu den oberen Schichten arbeiten. Dabei werden wir verschiedene Anwendungsfälle betrachten. Zunächst werden einige grundlegende Protokolle für das Tunneling beschrieben. Anschließend stehen die Protokolle für die Umstellung von IPv4 auf IPv6 im Mittelpunkt. Diese Umstellung gilt als besonders anspruchsvoll, da die Netzwerkschicht des Internet bis vor einiger Zeit auf IPv4 basierte. Kurose und Ross sprechen gar vom Haus, dessen Fundament ersetzt wird [71]. Auch kommen wir auf virtuelle private Netzwerke (VPNs) und das Tunneling im Bereich der Gebäudeautomatisierung, sowie SOCKS zu sprechen.

3.1 Serial Line Internet Protocol (SLIP)

Das Serial Line Internet Protocol (SLIP) wurde 1988, allerdings ungenau und mit unvollständigem Quellcodebeispiel, in RFC 1055 [109] beschrieben. Das Protokoll existierte bereits einige Jahre zuvor und ist für heutige Standards veraltet. Dennoch: Das Konzept von SLIP dient dem Verständnis der Thematik und wird aus eben diesem Grund hier erläutert. Das SLIP-Protokoll dient zur Übertragung von IP-Paketen über serielle Verbindungen (etwa über ein Nullmodemkabel). Der Funktionsumfang von SLIP ist äußerst gering. Verwendung fand SLIP hauptsächlich für Einwahlverbindungen.

IP-Datenpakete werden bei SLIP direkt übertragen, das Tunneling basiert lediglich darauf, dass Paket-Anfang und -Ende signalisiert werden. SLIP stellt dazu die beiden Spezialwerte END und ESC bereit. END signalisiert das Ende eines Datenpakets auf der Verbindung, kann aber zusätzlich vor dem Beginn eines neuen Pakets gesendet werden, um eventuell durch Störungen empfangene Daten, die zwischen den eigentlichen Paketen empfangen worden sind, zu verwerfen. Durch dieses Verfahren können zwei END-Signale aufeinander folgen, wodurch IP-Pakete mit einer Größe von 0 Bytes empfangen werden können. Solche IP-Pakete sollten softwareseitig vom SLIP-Interpreter abgefangen werden (andernfalls werden sie vom TCP/IP-Stack des Betriebssystems verworfen).

ESC dient zur Übertragung der beiden Spezialzeichen (END und ESC). Dabei wird zunächst 0333 (oktal, ESC) und anschließend 0334 (somit überträgt man ein END) oder 0333 und anschließend 0335 (somit überträgt man ein ESC) gesendet.

Beispiel: Es soll der String "Hello" über eine SLIP-Verbindung übertragen werden. SLIP sendet dazu: END, H, e, l, l, o, END. Soll stattdessen zwischen beiden "l" Zeichen ein SLIP-END-Zeichen übertragen werden, wird END, H, e, l, ESC, oktal 0334, l, o, END übertragen.

[109] nennt vier Probleme, die bei der Verwendung von SLIP auftreten, und die auch in diesem Buch Erwähnung finden müssen:

1. SLIP kann zwei Hosts nicht über die IP-Adressen des jeweils anderen Hosts informieren.

2. SLIP kennt kein Typ-Feld. Somit kann immer nur IP, aber niemals ein anderes Protokoll, als IPv4, adressiert werden.

3. Es gibt keine Fehlererkennung/-korrektur.

4. Es gibt keine Möglichkeit zur Kompression der Daten während der Übertragung.

Das Problem der Kompression wird durch CSLIP (*Compressed SLIP*) gelöst, es basiert auf der Van Jacobson-Header Compression und ist in [51] beschrieben. Dabei überträgt CSLIP verbindungsabhängige Header. Über eine Bitmaske wird von einem Paket auf das folgende Paket signalisiert, welche Headerbestandteile sich verändert haben. Die Header-Bestandteile, die in der Bitmaske gesetzt sind, werden an die Übertragung der Bitmaske angehängt und stehen in einer vordefinierten Reihenfolge. Somit minimiert CSLIP die Anzahl der Headerbytes pro Paket.

3.2 Das Point-to-Point-Protokoll (PPP)

Das Point-to-Point-Protokoll (PPP) dient als Basisprotokoll für die Remote-Einwahl in ein Netz (etwa über das Telefonnetz), kann in Abwandlungen aber auch dazu verwendet werden, um etwa auf dem Ethernet-Protokoll aufzusetzen. PPP kann verschiedene Protokolle der Vermittlungsschicht (TCP/IP: Internet-Layer) in sich kapseln (etwa IPX und IPv4), ist also dynamisch einsetzbar.

PPP bringt *Link Control Protocols* (LCPs) und *Network Control Protocols* (NCPs) mit sich. Erstere sind für die Initialisierung der Verbindung, sowie die Authentifizierung, die Überwachung der Verbindung (auf Fehler) und das Verbindungsmanagement (etwa Beendigung einer PPP-Verbindung) verantwortlich. Network Control Protocols sind hingegen für Network-Layer-spezifische Operationen (etwa Austausch von IPv4-Adressen) zuständig. Das wichtigste NCP wird in den allermeisten Fällen IPCP (IP Control Protocol), also das NCP für IPv4, sein.

Das Point to Point Protocol wurde erstmals 1989 von Perkins in RFC 1134 beschrieben. Wir beschäftigen uns im Folgenden allerdings mit der 1994 in RFC 1661 beschriebenen Aktualisierung von Simpson [121]. Es existieren mehrere RFCs, die die Zwischenentwicklung von RFC 1134 auf RFC 1661 ausmachen. Außerdem gibt es für RFC 1661 noch eine kleine Aktualisierung in RFC 2153 (*PPP Vendor Extensions*) und die wichtigen Erweiterungen durch RFC 1662 (*PPP in HDLC-like Framing*) und RFC 2516 (*A Method for Transmitting PPP Over Ethernet (PPPoE)*). Im Folgenden wird zunächst PPP an sich und anschließend kurz die Einkapselung in Ethernet beschrieben.

Der eigentliche PPP-Header (ohne Erweiterungen zur Unterbringung in anderen Protokollen, wie etwa Ethernet) ist in Abbildung 3.1 dargestellt.

Das erste Feld (*Protocol*) gibt das in der PPP-Frame eingekapselte Protokoll an (dabei kann es sich auch um ein Network Control Protocol handeln). Im Normalfall handelt es sich dabei um einen 16-Bit Wert. Dieser Protokollwert ist entsprechend der IANA-Liste für PPP-Werte zu wählen [49]. Zuvor wurden entsprechende Werte in RFC 1700 festgelegt [106], das aber mittlerweile als historisch markiert wurde [105]. Beispielsweise steht 0x0021 für IP und 0x002b für IPX. Es ist explizit möglich, dieses Feld auf acht Bits zu reduzieren, doch dazu später mehr.

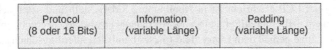

Protocol (8 oder 16 Bits)	Information (variable Länge)	Padding (variable Länge)

Abbildung 3.1: Aufbau eines PPP-Headers.

Im *Information*-Feld ist das eingekapselte Datenpaket enthalten, dessen Typ zuvor im Protocol-Feld angegeben wurde. Das *Padding*-Feld dient, wie üblich, zum Auffüllen des Pakets. Das Padding ist in PPP optional und die Unterscheidung zwischen Padding und eigentlichen Einkapselungsdaten bleibt dem jeweilig eingekapselten Protokoll überlassen [121].

3.2.1 Funktionsweise von PPP

Um eine Verbindung aufzubauen, wird zunächst mit Hilfe eines Link Control Protocols (LCP) der Data Link Layer konfiguriert, woraufhin eine optionale Authentifizierung und die Konfiguration der Protokolle des Network Layers (Vermittlungsschicht) durch ein Network Control Protocol (NCP) erreicht wird [121]. Der Verbindungsabbau wird durch das LCP bewerkstelligt. Eine weitere Unterscheidung zwischen LCP und NCP besteht darin, dass das Aufgabengebiet von LCP sich von den Protokoll-spezifischen Konfigurationen des Network Layers abgrenzt (hierfür kommt das jeweilige NCP in Aktion) [121].

RFC 1661 definiert verschiedene Stadien für eine PPP-Verbindung, die in Abbildung 3.2 dargestellt sind und im Folgenden erläutert werden.

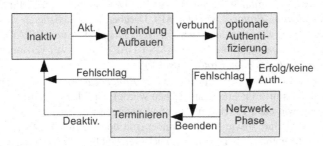

Abbildung 3.2: Stadien, die eine PPP-Verbindung durchlaufen kann, gem. RFC 1661 [121].

Inaktiv (Dead): Bevor eine PPP-Verbindung eingeleitet wurde (und nachdem sie beendet wurde), ist der Status des PPP Inaktiv. Diese Phase geht in den Verbindungsaufbau über, indem die Verbindung physikalisch aktiviert wird (etwa durch eintreffende Daten auf dem Link).

Verbindung aufbauen (Link Establishment): In dieser Phase wird das LCP verwendet, um Konfigurationspakete zwischen den zwei Endpunkten einer PPP-Verbindung auszutauschen. Ein Peer sendet ein "Configure"-Paket, der andere bestätigt es entweder mit einem "Configure-Ack" oder verweigert die Annahme der Verbindung mit einem "Configure-Nak" (falls alle Optionen vom Endpunkt verstanden wurden) bzw. mit einem "Configure-Reject" (falls die Optionen nicht verstanden wurden oder aus einem anderen Grund abgelehnt werden).

Der Aufbau einer LCP-Nachricht ist in Abbildung 3.3 dargestellt und setzt sich aus einem 8-Bit "Code", einem 8-Bit "Identifier", einer 16-Bit Längenangabe, sowie einem optionalen Datenwert variable Länge gemäß dem Längenfeld (dieses beinhaltet allerdings auch die Größe des eigentlichen Headers) zusammen.

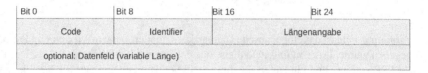

Abbildung 3.3: Aufbau einer LCP-Nachricht, gem. RFC 1661 [121].

Typische Code-Werte sind etwa 1 (Configure-Request), 2 (Configure-Ack), 3 (Configure-Nak), 8 (Protocol-Reject), sowie 9 und 10 (Echo-Request und -Reply). Das Identifier-Feld dient der Zuordnung von Response-Nachrichten zu vorher ausgesandten Request-Nachrichten. Der Wert im Datenfeld (sofern vorhanden) ist Code-spezifisch. So werden im Falle eines *Configure-Requests* (Code 1) beispielsweise die Optionswerte für die Konfiguration im Datenfeld untergebracht. Diese Optionswerte setzen sich ihrerseits wiederum aus einem Typ (etwa 7 Protocol-Field-Compression, also der Komprimierung des Protokoll-Feldes in der PPP-Frame von zwei auf ein Byte), einer Längenangabe und optionalen Daten zusammen. Diese optionalen Daten hängen auch hier wieder von einem anderen Feld (dem Type-Feld) ab. So verlangt der Type 3 (*Authentication Protocol*) beispielsweise die Angabe eines 16-Bit Authentifizierungs-Protokolls (0xc023 für das *Passwort Authentication Protocol*, kurz PAP, und 0xc223 für das *Challenge Handshake Authentication Protocol*, kurz CHAP). Darüber hinaus existieren weitere Protokolle zur Authentifizierung (wie etwa das *Extensible Authentication Protocol* (EAP), das *Microsoft Challenge Handshake Authentication Protocol* (MS-CHAP), das in zwei Versionen existiert, und das *Shiva Password Authentication Protocol* (SPAP)).

Doch zurück zum LCP-Datenfeld. Im Falle eines *Protocol-Rejects* (also einem nicht unterstützten Protokoll, dass im PPP-Frame angegeben wurde) wird das empfangene Protokoll und eine Kopie des abgewiesenen Pakets im Datenfeld untergebracht. Bei *Echo*-Nachrichten (Request und Reply) wird eine 4-Byte Magic-Number (mit optionalen Zusatzdaten) im Datenfeld übertragen. RFC 1661 enthält eine genaue und leicht verständliche Erläuterung zum Aufbau des Datenfeldes für jeden weiteren dort vorgestellten LCP-Code [121].

Authentifizierung (Authentication): Sofern eine Authentifikation gegenüber dem anderen Endpunkt vorgenommen werden soll, muss dies über LCP signalisiert werden. RFC 1661 schlägt vor, die Authentifikation in einer möglichst frühen Phase des Verbindungsaufbaus abzuwickeln [121].

Netzwerkphase (Network-Layer Protocol Phase): Sobald die Verbindung über LCP aufgebaut wurde und ggf. eine Authentifikation stattfand, wird mittels des jeweiligen NPC das Protokoll der Vermittlungsschicht (etwa IP oder IPX) konfiguriert.

Terminieren (Link Termination): Gemäß RFC-Vorgabe kann PPP jederzeit die Terminierung einer Verbindung einleiten, wofür verschiedene Gründe (etwa eine zu schlechte Übertragungsqualität, ein Authentifizierungsfehler und Timeouts) genannt werden [121]. Die Link-

Terminierung wird über LCP eingeleitet (dazu wird ein "Terminate"-Paket übertragen und mit "Terminate-Ack" bestätigt) und mündet erneut im ersten Stadium (Inaktiv/Dead).

3.2.2 IPCP

Das NCP für IPv4 (*IP Control Protocol*, IPCP) ist in RFC 1332 beschrieben [84]. Für IPv6 existiert das in RFC 2472 beschriebene *IPv6CP*. IPCP-Nachrichten werden in der Netzwerkphase des PPP auf dieselbe Weise ausgetauscht, wie LCP-Nachrichten (zu anderen Phasen werden die IPCP-Pakete vom Empfänger verworfen) [84]. Der Protokoll-Wert im PPP-Header wird für IPCP auf 0x8021 gesetzt. Im Gegensatz zum LCP verwendet IPCP zwar praktisch denselben Header, kennt aber weniger Code-Werte (nur Configure-Pakete (sowie Bestätigungsnachrichten für dasselbe), Termination-Requests (mit Bestätigung) und Code-Reject) [84].[1] Gegenüber LCP unterscheiden sich zudem die Optionswerte. Gemäß dem Anwendungszweck das IPCP verfügt es über Optionen, die mit dem Internet Protocol zusammenhängen: *IP-Adresses* (veraltet, durch *IP-Address* ersetzt, 1), *IP-Compression-Protocol* (2), *IP-Adress* (Singular der ersten Option, 3), *Mobile-IPv4* (RFC 2290, 4), sowie vier in RFC 1877 definierte Optionen für die *DNS-Konfiguration* (129-132). Eine aktuelle Liste dieser Werte finden Sie in der IANA-Liste der PPP Numbers [49]. Dort finden sich auch zusätzliche Werte für IPv6CP.

- **IP-Compression-Protocol:** Mit dieser Option kann die Kompression für IP-Header aktiviert werden. Der in RFC 1661 genannte, mögliche Wert für diese Option ist 0x002d (*Van Jacobson Compressed TCP/IP*). Die IANA hat mittlerweile andere Kompressionstechniken (*IP Header Compression* (0x0061) und *Robust Header Compression* (ROHC, 0x0003)) in die Liste der PPP Assigned Numbers aufgenommen [49].

- **IP-Address:** Mit dieser Option kann der Sender entweder angeben, welche IP-Adresse er für eine Konfiguration verwenden möchte, oder dazu den anderen Endpunkt anfragen, eine IP-Adresse bereitzustellen (in diesem Fall muss eine IP-Adresse, die aus Null-Bytes besteht angegeben werden).

- **Mobile-IPv4:** RFC 2290 definiert eine Option für die mobile Konfiguration von Endpunkten des PPP [128]. Ziel ist die Unterstützung mobil agierender Geräte, deren Zugriffspunkte auf das Netzwerk veränderlich sind (somit würde sich also deren IP-Adresse bei erneuter Einwahl ändern). Mit Mobile-IPv4 müssen Applikationen existierende Verbindungen nicht für jede PPP-Einwahl separat in Stand halten.

3.3 Layer 2 Tunneling Protocol (L2TP)

Das Layer 2 Tunneling Protocol (L2TP) ist nicht, wie sein Name vermuten lässt, dazu gedacht, Daten über den Layer 2 zu tunneln, sondern dient dazu, Frames des zweiten Layers eingekapselt entweder über IP, UDP oder andere Packet Switched-Netze zu tunneln. L2TP wird meist dazu verwendet, um eine Kommunikation zwischen zwei LANs, die über ein (öffentliches) TCP/IP-Netz miteinander verbunden sind, zu ermöglichen und wurde erstmals in RFC 2661 vorgestellt

---

[1]Code-Reject-Nachrichten werden ausgesendet, wenn ein Code empfangen wurde, der nicht unterstützt wird.

[136]. In selbigem RFC wird ein expliziter Anwendungsfall genannt, nämlich die Möglichkeit Access Concentrator und NAS (*network access server*) bei PPP zu trennen.[2] Der L2TP Network Server (LNS) stellt dabei den direkten Zugang zum internen Netzwerk her und empfängt seine Daten (in L2TP eingekapselt) vom L2TP Access Concentrator (kurz LAC) oder vom LAC-Client. Der LAC-Client ist in der Lage, selber mit dem LNS zu kommunizieren, ohne dass er dazu ein LAC-System benötigt.[3] Ein typisches Remote-System, dass jedoch über das Telefonnetz[4] (via PPP) Zugriff auf das interne Netz haben möchte, benutzt den LAC als transparenten Tunnelendpunkt. Abbildung 3.4 visualisiert das Prinzip mit den genannten Begriffen gemäß RFC 2661. Neben dem in der Abbildung dargestellten Modell (LAC-LNS) sind auch andere Modelle (LNS-LNS und LAC-LAC) möglich [73].

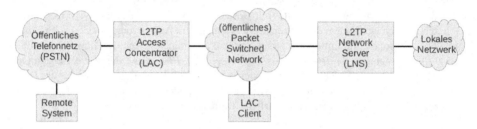

Abbildung 3.4: Zusammenwirken der verschiedenen L2TP-Komponenten.

Die aktuelle Version 3 des L2TP (kurz L2TPv3) wurde in RFC 3931 spezifiziert [73]. L2TP selber setzt in der frühen Version als Application-Layer-Protokoll auf UDP auf und war dazu gedacht, PPP-Frames zu tunneln. L2TPv3 kann hingegen verschiedene Frametypen tunneln und auch direkt auf IP, dem ATM Application Layer, MPLS und weiteren Packet Switched Networks (PSNs) aufsetzen [73].

L2TP stellt für die eigentliche Datenübertragung und die Übertragung von Steuerinformationen zwei verschiedene Headerformate bereit: Den L2TP Data Channel mit entsprechendem L2TP Data Header, der keine Reliabilität[5] aufweist und den L2TP Control Channel mit L2TP Control Header, der Reliabilität mit sich bringt [73]. Während der Data Channel neben dem Data Header den eingekapselten PPP-Frame beinhaltet, hängt am L2TP Control Header eine L2TP Control Message an [73].

3.3.1 L2TP Control Header

Abbildung 3.5 zeigt den L2TP Control Header gemäß RFC 3931, dem sein leicht verständlicher Aufbau leicht anzusehen ist. Dem Control Header folgt bei der Übertragung die eigentliche *Control Message*.

---

[2]RFC 2661: *With L2TP, a user has an L2 connection to an access concentrator (e.g., modem bank, ADSL DSLAM, etc.), and the concentrator then tunnels individual PPP frames to the NAS* [136].
[3]RFC 3931: *Further, an LNS acting as part of a software package on a host is sometimes referred to as an 'LAC Client'* [73].
[4]In der L2TP-Terminologie findet sich dafür der Begriff *public switched telephone network*, kurz PSTN.
[5]Das Konzept der Reliabilität wurde im Zusammenhang mit dem TCP-Protokoll in Kapitel 2 erläutert.

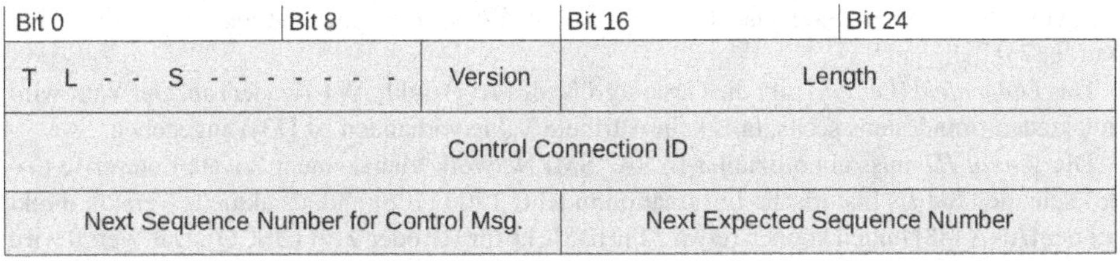

Bit 0	Bit 8	Bit 16	Bit 24
T L - - S - - - - - - -	Version	Length	
Control Connection ID			
Next Sequence Number for Control Msg.		Next Expected Sequence Number	

Abbildung 3.5: Der L2TP Control Header gem. [73].

Der Header beinhaltet einige nicht verwendete Bits (-), die auf Null gesetzt sein müssen. Das erste Bit (*T*) gibt an, ob es sich um einen Control Header (1) oder einen Data Header (0) handelt. Durch die Bits *L* und *S* wird angegeben, ob das Feld *length* beziehungsweise die Sequenznummern-Felder vorhanden sind (L muss gesetzt sein). Die L2TP-Version (Bit 12-15) ist selbstverständlich auf den Wert drei zu setzen. Das Längenfeld gibt die Gesamtgröße der L2TP-Daten in Oktetten an (d.h. ab dem T-Bit) [73].

Eine Control-Connection hat bei L2TP eine *ID* und zur Zuordnung der im Control Header enthaltenen Steuerinformationen wird die ID der Connection im nächsten Feld spezifiziert.

Die erste der beiden Sequenznummern spezifiziert die *Sequenznummer* des Pakets. Sie wird für jedes neue Paket inkrementiert [73], die zweite Sequenznummer gibt hingegen die vom Sender *erwartete Sequenznummer* an, die der Peer beim nächsten Paket an ihn angeben wird, das heißt, die letzte empfangene Sequenznummer wird um den Wert 1 erhöht [73]. Diese Funktionalität dient der Implementierung von Reliability.

3.3.1.1 Attribute Value Pairs

Die beschriebenen Control Header enthalten so genannte *Control Messages*. Control Messages werden als Attribute Value Pairs (AVPs) übertragen und besitzen eine eigene Headerstruktur, die in Abbildung 3.6 dargestellt ist.

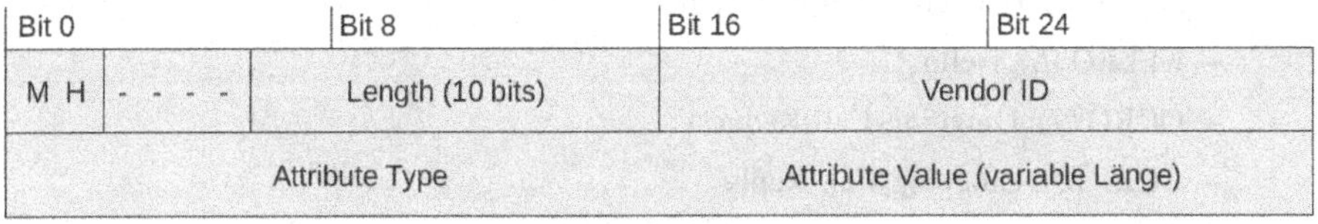

Bit 0	Bit 8	Bit 16	Bit 24
M H - - - -	Length (10 bits)	Vendor ID	
Attribute Type		Attribute Value (variable Länge)	

Abbildung 3.6: Format von Attribute Value Pairs bei L2TP.

Das erste Bit (*M*, *mandatory*), signalisiert die Bedeutung des Attribute Value Pairs. Wenn der Empfänger den AVP-Wert nicht verarbeiten kann (etwa wegen einer unvollständigen oder alten Implementierung), muss, sofern das Flag auf 1 gesetzt ist, die Session bzw. der ganze Tunnel abgebaut werden [113].

Das zweite Bit (*H*, *hidden*) wird hingegen gesetzt, wenn die AVP-Nachricht keinen Klartext, sondern etwa ein verschlüsseltes Passwort beinhaltet, was gemäß RFC voraussetzt, dass zuvor ein symmetrischer Schlüssel ausgetauscht wurde und *Control Message Authentication* aktiviert wurde [73].[6]

Das *Längenfeld* (*Length*) gibt die Gesamtgröße des AVP (inkl. AVI-Header) an. Der Wert wird in Oktetten (mindestens sechs, falls kein Attribute Value vorhanden ist [73]) angegeben.

Die *Vendor ID* muss ein offizieller IANA "SMI Network Management Private Enterprise Code" sein, den Sie als historische Information in RFC 1700 [106] und als aktuelle Version direkt bei der IANA [48] finden können (etwa 2 für IBM, 11 für HP oder 9 für CISCO). Der Wert 0 wird für in RFC 3931 definierte AVPs verwendet. Da nur $2^16 - 1$ verschiedene Hersteller im 16-Bit Vendor ID-Feld angegeben werden können, wurde für die ID 0 der Attribute Type 58 als eine Erweiterungsmaßnahme definiert. Wird diese spezielle Vendor-Attribute-Kombination verwendet, folgt nach ihr statt dem Attribute Value zunächst eine 32 Bit Vendor ID und anschließend Attribute Type und Attribute Value.

Der *Attribute Type* ist herstellerspezifisch, also abhängig von der Vendor ID und spezifiziert die Art der Control Message. Vom Attribute Type hängt der *Attribute Value* ab, dessen Größe durch *Length* spezifiziert wird.

Wie Sie sicherlich schon ahnen werden, gibt es eine ganze Menge an verschiedenen Attribute Value Pairs für L2TP. Beschrieben werden sollen im Folgenden dennoch zumindest die Allerwichtigsten.

- **Message Type** (Attribute Type 0). Dieser Attribute Type besteht aus einem 16 Bit Wert, der einen so genannten *Message Type* angibt. Message Types spielen eine elementare Rolle bei L2TP. Message Types dienen insbesondere der Verbindungssteuerung und der Fehlermeldung. Im Folgenden eine Auflistung der Message Types gemäß RFC 3931 und anschließender Erläuterung:

  - SCCRQ (1), Start-Control-Connection-Request

  - SCCRP (2), Start-Control-Connection-Reply

  - SCCCN (3), Start-Control-Connection-Connected

  - StopCCN (4), Stop-Control-Connection-Notification

  - ACK (20), Explicit Acknowledgement

  - HELLO (6), Hello

  - OCRQ (7), Outgoing-Call-Request

  - OCRP (8), Outgoing-Call-Reply

  - OCCN (9), Outgoing-Call-Connected

  - ICRQ (10), Incoming-Call-Request

  - ICRP (11), Incoming-Call-Reply

  - ICCN (12), Incoming-Call-Connected

---

[6]RFC 3931: *L2TP incorporates an optional authentication and integrity check for all control messages. This mechanism consists of a computed one-way hash over the header and body of the L2TP control message, a pre-configured shared secret, and a local and remote nonce (random value) exchanged via the Control Message Authentication Nonce AVP* [73].

- CDN (14), Call-Disconnect-Notify

- WEN (15) WAN-Error-Notify

- SLI (16), Set-Link-Info

Message Types werden oftmals mit anderen AVPs verbunden, so hängt der später beschriebene **Result Code** etwa mit StopCCN und CDN, der (ebenfalls später beschriebene) **Circuit Error** hingegen mit WEN zusammen.

Die Message Types spielen etwa beim Aufbau einer Control Connection eine Rolle. Eine solche Control Connection wird zwischen zwei L2TP-Tunnelendpunkten aufgebaut, bevor eine L2TP-Session erzeugt werden kann, über die dann die eigentliche Nutzlast gesendet wird. Dabei sendet ein Tunnelendpunkt A SCCRQ an den anderen Endpunkt B, der wiederum mit SCCRP bestätigt. Nachdem A SCCRP empfangen hat, sendet A SCCCN. Die Beendigung der Control Connection wird entsprechend mit StopCCN abgewickelt. Der Empfänger bestätigt mit ACK.

Bei eingehenden Calls (also den Sessions) sendet der Initiator zunächst ICRQ, woraufhin der Empfänger mit ICRP bestätigt und der Call durch ein anschließendes ICCN von A vervollständigt wird. Bei ausgehenden Calls sendet der Initiator hingegen OCRQ, der mit OCRP bestätigt wird. Anschließend wird OCCN gesendet, womit der Call vollständig ist. Eine Session wird mit CDN beendet.

Der Message Type HELLO dient als Keep-alive Nachricht, also zur Aufrechterhaltung der Verbindung und Vermeidung von Verbindungs-Timeouts.

Im Fehlerfall wird WEN gesendet, wobei in diesem Fall zusätzliche Headerbestandteile mit übertragen werden können (Attribute Type 34, s.u.).

SLI kommt hingegen dann zum Einsatz, wenn ein Status-Wechsel im eingebetteten Medium vollzogen wird. Beispielsweise kommt es bei Verwendung von HDLC über L2TP zum Einsatz (vgl. RFC 4349).

- **Result Code** (Attribute Type 1). Dieser Attribute Type kommt dann zum Einsatz, wenn ein Peer etwa darüber informiert werden muss, dass ein nicht unterstütztes AVP empfangen wurde. Result Code-Attribute Types sind mit einem optionalen Error Code (16 Bit) und einer darauf folgenden Error Message verbunden. Wird etwa Result Code 2 (*General Error*) übertragen, wird das Error Code-Feld verwendet, um auf den genauen Fehler hinzuweisen [73]. Auch kann ein Result Code auf eine nicht unterstützte L2TP-Version hinweisen.

- **Host Name** (Attribute Type 7), **Router ID** (Attribute Type 60) und **Vendor Name** (Attribute Type 8). Diese Attribute Types dienen der Übertragung des DNS-Hostnames eines Peers, bzw. eines Router Identifiers (gem. RFC 2072) oder einer Hersteller-Bezeichnung in ASCII-Darstellung [73].

- **Assigned Control Connection ID** (Attribute Type 61). Dieser Attribute Type dient analog der Übertragung der ID einer Control Connection. Eine lokale Session ID wird hingegen mit **Local Session ID** (Attribute Type 63) übertragen. Selbiges gilt für eine entfernte (remote) Session ID mit Attribute Type 64 (**Remote Session ID**). Weitere Attribute Types existieren für analoge Informationen, wie etwa dem Cookie.

- **Circuit Errors** (Attribute Type 34). Hierbei handelt es sich um jeweils 32 Bits große Werte, die die Anzahl der Hardware Overruns, der Buffer Overruns, der Timeout Errors und der Alignment Errors angeben (gezählt wird jeweils die Anzahl der Fehler, die nach dem Aufbau der Session auftraten). Das RFC schlägt vor, die Nachricht nicht öfters, als ein Mal pro Minute zu übertragen [73].

3.3.2 L2TP Data Header

Der L2TP-Data Header setzt sich aus zwei Bestandteilen, dem Session Header und dem Sublayer Header (optional) zusammen. Beide Header sind abhängig vom verwendeten Underlay-Protokoll.[7]

Dem Session Header folgt, wie in Abbildung 3.7 dargestellt, ein optionaler Sublayer-Header und der eigentliche Payload des Tunnels (also etwa eine PPP-Frame).

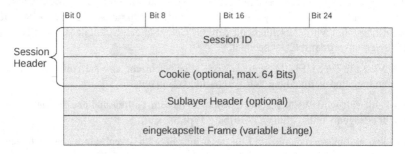

Abbildung 3.7: L2TP Data Header und eingekapselte Frame.

Der Session Header beinhaltet die Felder *Session ID* und *Cookie*. Das Feld Session ID (32 Bits) dient der Identifikation von L2TP-Sessions. Das optionale Cookie-Feld beinhaltet einen Zufallswert variabler Länge (max. 64 Bits) pro Session, der dazu dient, bei redundanten und gerade erst verwendeten Session-Identifiern die Zuordnung zu einer Session zu überprüfen.[8]

3.3.2.1 L2TPv3 über IP und UDP

Wir kommen nun zu einer Tatsache, die im L2TP-Design nicht sonderlich schön gelöst wurde: Die unterschiedliche Handhabung von IP und UDP. Während UDP, wie oben beschrieben, das T-Bit des Control-Headers benutzt, um zwischen Control Header und Data Header zu unterscheiden, überträgt L2TP over IP zunächst eine 32 Bit Session, die nur aus 0er-Bits besteht, um den

---

[7]RFC 3931: *Each type of encapsulating PSN MUST define its own session header* [73]. *Anmerkung: PSN=Packet Switched Network*

[8]RFC 3931: *A well-chosen Cookie may prevent inadvertent misdirection of stray packets with recently reused Session IDs, Session IDs subject to packet corruption, etc.* [73].

Transfer von IP-basiertem Control Headers zu signalisieren [73]. Im RFC wird die Handhabung vom später eingeführten IP-Support aus L2TPv3 damit motiviert, dass vermutet wird, dass es schneller sei, ein ganzes 32 Bit-Wort auf Nullen zu prüfen, als ein einzelnes Bit [73].

Im Falle von UDP werden bei der Datenübertragung nur das T-Bit verwendet, die Version (3) angegeben und, wie beschrieben, die Session ID und ein optionaler Cookie übertragen. Das Length-Feld wird nicht verwendet [73].

3.4 Dual Stacks und IPv6 over IPv4 gemäß RFC 4213

Im Kontext einer noch stark präsenten IPv4-Infrastruktur spezifiziert RFC 4213 gleich zwei Techniken zum Umstieg von IPv4 auf IPv6. Zum einen handelt es sich dabei um Tunneling von IPv6-Paketen über IPv4-Tunnel und zum anderen um Hosts, die zwei Protokoll-Stacks (einen für IPv4 und einen für IPv6) implementieren, den so genannten *Dual Stack*. Im Folgenden sollen die beiden RFC-Spezifikationen erläutert werden. In einem Internet Draft der IETF aus dem Jahre 1994 beschreibt R. E. Gilligan zudem die *Simple Internet Transition*-Mechanismen (SIT) [34], auf denen RFC 4213 letztlich aufbaut. Es lohnt sich dennoch, den alten IETF-Draft zu überfliegen, da Abschnitt neun auf die Übersetzung von Headern (*Header Translation*) eingeht. Da es sich dabei nicht um Tunneling handelt, soll es an dieser Stelle jedoch nur erwähnt werden.

3.4.1 Dual Stack

Beschäftigen wir uns zunächst mit Dual Stack Hosts. Dabei handelt es sich um Computer, die sowohl IPv4, als auch IPv6 senden, empfangen und verarbeiten können. Aktuelle Versionen üblicher Betriebssysteme wie Linux oder FreeBSD unterstützen von Haus aus beide Protokollstacks, auch wenn ein Computer noch nicht für beide Versionen konfiguriert sein muss. Schnittstellen erhalten dann (je nach Konfiguration) sowohl IPv4-, als auch IPv6-Adressen (unter den meisten Betriebssystemen können viele Adressen pro Netzwerkschnittstelle vergeben werden). RFC 4213 weist dabei darauf hin, dass die Autokonfiguration auf Dual Stack Hosts dennoch auf versionsspezifische Weise erfolgen muss (etwa stateless address autoconfiguration über ICMPv6 bei IPv6 oder DHCP bei IPv4) und auch die Resolver-Bibliotheken für DNS A- und AAAA-Records verarbeiten können müssen [93].

3.4.2 IPv6 over IPv4-Tunnel

Um IPv6 über IPv4 zu tunneln (dies ist insbesondere bei der Umstellung auf die neue Version von Bedeutung, da im Normalfall Teilbereiche eines alten Netzes nach und nach auf Version 6 aktualisiert werden), müssen IPv6-Pakete, die ein anderes IPv6-Subnet erreichen sollen, im IPv4-Zwischenpfad als Payload eingekapselt werden. Der einkapselnde IPv4-Header gibt dabei das Protokoll 41 (IPv6) an. Auf den IPv4-Header folgt direkt der IPv6-Header samt Payload. Quell- und Zieladresse für den IPv4-Header sind der Entry-Point und der Exit-Point des Tunnels.

Aus Sicht der IPv6-Hosts, die den IPv4-Tunnel verwenden, wird der gesamte Tunnel als ein IPv6-Hop dargestellt [93] (dies ist analog zum zuvor besprochenen Generic Packet Tunneling bei IPv6). Entsprechend wird im eingekapselten IPv6-Header das Hop Limit nur beim Eintreten in den Tunnel dekrementiert und nicht von Hops im Tunnel bzw. vom Exit-Point [93].

Ein Problem tritt auf, wenn innerhalb des Tunnels ICMPv4-Meldungen auftreten, die den ursprünglichen Sender des IPv6-Pakets betreffen. Falls genügend IPv6-Fehlerinformationen im ICMP-Payload enthalten sind, kann der Entry-Point versuchen, diese Daten an den ursprünglichen IPv6-Sender weiterzuleiten.[9] Exit-Points müssen eintreffende IPv4-Tunnelpakete verwerfen, die nicht vom Entry-Point stammen (wobei auch Interface-Überprüfungen vorgenommen werden sollten um Spoofing zu vermeiden) und dabei keine ICMP-Fehlermeldung aussenden [93]. Außerdem sollen Exit-Points die IPv6-Adressen des entkapselten Headers überprüfen. Die entkapselten IPv6-Pakete sollten verworfen werden, wenn die Quelladresse eine Multicast-, eine Loopback-, eine ::/96-Adresse (IPv4-kompatible IPv6-Adresse) oder eine IPv4-mapped IPv6-Adresse ist (auch in diesem Fall wird keine ICMP-Fehlermeldung versendet) [93].

3.4.3 6to4 (STF) und ISATAP

Die Einkapselung von IPv6 in IPv4 wird auch im Kontext der so genannten *6to4*-Adressen verwendet [9]. Dabei können Hosts in lokalen IPv6-Sites (das sind Netze, die IPv6 verwenden und Dualstack-Hosts beherbergen) innerhalb eines lokalen IPv4-Netzwerks mit Hilfe von 6to4-Routern über das IPv4-Internet mit IPv6-Sites in einem Remote-Netz verbunden werden [18]. Stellt ein Host eine direkte Verbindung zu einem IPv6-Netz her (also nicht zu einer 6to4-Site), spricht man von einem 6to4-*Relay* Router. Hierzu werden spezielle IPv6-Prefixe (2002::/16) an die Sites vergeben, die über das IPv4-Internet kommunizieren möchten. Dieser Prefix wurde von der IANA offiziell reserviert [50]. Jede Site benötigt dabei mindestens eine valide IPv4-Adresse. Das Routing wird ermöglicht, indem die IPv4-Adresse einer Site mit dem IPv6-Prefix zu einer 6to4-Adresse kombiniert wird. Eine solche 6to4-Adresse setzt sich aus dem 16 Bit Präfix (0x2002), der IPv4-Adresse der Site (auch *V4ADDR* genannt), einem *Site Level Aggregator* (SLA, 16 Bits) und einer *Interface-ID* (64 Bits) zusammen [18]. Jede Site verwendet SLA-Wert, die das jeweilige Subnetz identifizieren, da Sites aus mehreren Subnetzen bestehen können. Die Interface-ID gibt hingegen die Hardwareadresse (MAC-Adresse) eines Hosts. Die 6to4-Adresse 2002:8D52:4F08:0001:fe80::20a:5eff:fe49:cd6a würde etwa die IP 141.82.79.8 der SLA 1 mit der MAC-Adresse fe80::20a:5eff:fe49:cd6a identifizieren. Tunnelpakete werden dabei so aufgebaut, wie es bereits besprochen wurde. Die beiden Tunnelendpunkte bilden Quell- und Zieladresse des IPv4-Pakets. Im IPv6-Header stehen hingegen die 6to4-Hosts [9].

Network Address Translation (NAT) sorgt im Zusammenhang mit 6to4 allerdings für ein Problem [9]: Sendet ein 6to4-Host hinter NAT ein Paket an einen externen IPv6-Host, kann dieser das entsprechende Paket empfangen. Die Bestätigung des Pakets wird allerdings an die IPv4-Adresse verschickt, die aus der 6to4-IPv6-Adresse extrahiert wird – dabei handelt es sich um die Inhouse-Adresse des ursprünglichen Senders. Entsprechend wird ein solches Paket nicht durch das Internet geroutet. Das NAT-Problem lässt sich bei Verwendung von Teredo (Kapitel 3.7) lösen.

---

[9]*If sufficient data bytes from the offending packet are available, the encapsulator MAY extract the encapsulated IPv6 packet and use it to generate an ICMPv6 message directed back to the originating IPv6 node [...].* [93]. Außerdem geht das RFC speziell auf die "Packet too big"-Meldung und deren Handhabung ein.

Wie eben erläutert, können 6to4-Sites über IPv4 verbunden werden. Das *Intra-Site Automatic Tunnel Addressing Protocol* (ISATAP) stellt eine weitere Möglichkeit dar, IPv6-Verbindungen von Dual-Stack-Systemen über ein IPv4-Netz zu tunneln. Auch wenn das aktuelle ISATAP-RFC aus dem Jahr 2008 stammt [134], wurde ein erstes experimentelles RFC (4214) bereits 2005 publiziert. ISATAP ist mit 6to4 kombinierbar, kann aber völlig unabhängig von 6to4 betrieben werden [9]. Wenn von ISATAP-Geräten (etwa ISATAP-Node oder ISATAP-Router) gesprochen wird, sind damit Dual-Stack-Systeme gemeint, die RFC-konforme ISATAP-Funktionen implementieren [134]. Die Einkapselung erfolgt bei ISATAP auf die bekannte Weise, die IPv6-Pakete stellen folglich den IPv4-Payload dar. Geklärt werden muss an dieser Stelle allerdings noch die ISATAP-Adressierung.

Verwendung findet bei ISATAP ein eigenes Adressformat, dass je nach Anwendungsfall dem Adressformat von 6to4 oder dem in Abschnitt 3.7 besprochenen Teredo-Adressformat ähnelt. Dabei werden lokale Adressen (*Link-Local-ISATAP-Adressen*) mit dem Präfix FF80::/64 bzw. globale Adressen mit dem Prefix 2002::/16 verwendet [9]. Die automatische Konfiguration von IPv6-Adressen eines ISATAP-Systems erfolgt durch die Einbettung der IPv4-Adresse in die letzten 32 Bits der IPv6-Adresse. Zwischen dem Prefix und der IPv4-Adresse wird der von der Network Working Group für die IPv4-Adresseinbettung vorgesehene 64 Bit-Wert 0000:5EFE (für lokale) beziehungsweise 0200:5EFE (für global eindeutige IPv4-Adressen) gesetzt [133]. Somit ergibt sich beispielsweise für die Einbettung der globalen IPv4-Adresse 141.82.79.8 die ISATAP-Adresse FE80::0200:5EFE:8D52:4F08.

3.5 IPIP und IP-in-IP

Das IP in IP Tunneling-Protokoll wurde 1995 in RFC 1853 definiert, stellt allerdings keinen Internet-Standard dar [122]. Einige Jahre später wurde zudem IP-in-IP in RFC 2003 vorgestellt, das einen ähnlichen Ansatz verfolgt und Teile von IPIP übernahm [99]. Im Folgenden werden wegen ihrer großen Übereinstimmung beide Protokolle besprochen.

IP-in-IP wird insbesondere bei Mobile IP Services verwendet, um (mit Hilfe dynamischen Routings) eine gleichbleibende Adresse für diese mobilen und damit in vielen Netzwerken heimischen Geräte zu gewährleisten. Die Einkapselung ist bei IPIP und IP-in-IP sehr simpel gehalten und in Abbildung 3.8 für IP-in-IP dargestellt.

Der zu tunnelnde IP-Header (inkl. Payload) wird dabei direkt in ein anderes IP-Paket eingekapselt. Man spricht in diesem Zusammenhang vom "inneren" (getunnelten) und "äußeren" (einkapselnden) IP-Header.

Im Falle von *IPIP* kann noch eine optionale Zwischenschicht zwischen äußerem und innerem IP-Header hinzukommen, der eine weitere Einkapselung vornimmt.

Betrachten wir die Handhabung der IP-Headerbestandteile im Zusammenspiel zwischen innerem und äußerem Header gemäß RFC 1853 nun im Einzelnen:

Wird IPv4 in IPv4 getunnelt, werden einige Felder des Headers einfach übernommen, können aber durchaus auch andere Werte annehmen. Die Identification-Number im äußeren Header wird neu generiert, da der innere Header fragmentiert werden kann und die De-Fragmentierung beim Tunnel-Endpunkt und nicht beim eigentlichen Empfänger vorgenommen wird (dieser defragmentiert nur die inneren Header).

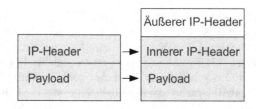

Abbildung 3.8: Einkapselung von IP-Headern in IP-Header mit IP-in-IP gemäß [99].

Das *Don't Fragment*-Flag (DF) wird vom inneren Header übernommen und die innere *TTL* wird beim Eintritts-Hop des Tunnels dekrementiert (somit zählt der Tunnel insgesamt für den inneren Header nur als 1 Hop).

Der äußere *Protocol-Wert* ist bei IP-in-IP 4 (IP); bei IPIP kann eine Tunneling-Zwischenschicht vorkommen, die mit einem entsprechenden Protokollwert angegeben werden muss. Sinngemäß wird selbstverständlich der Tunnel-Endpunkt als Zieladresse des äußeren Headers angegeben. IPv4-*Options* werden nicht übernommen.[10]

3.6 Generic Packet Tunneling bei IPv6

Mit RFC 2473 wurde Ende der Neunziger das Tunneling durch IPv6-Pakete beschrieben [20]. Die Tunneldaten werden dabei direkt als IPv6-Payload übertragen. Das Protokoll bildet folglich eine Art IPv6-Version des zuvor erläuterten IP-in-IP. Abbildung 3.9 zeigt die Einkapselung von Daten in einen IPv6-Tunnel.

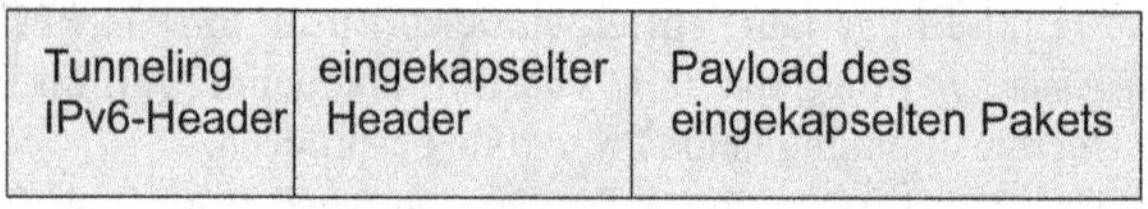

Tunneling IPv6-Header	eingekapselter Header	Payload des eingekapselten Pakets

Abbildung 3.9: Aufbau einer IPv6-Tunneling-PDU.

Interessant ist dabei die Frage, wie ein eingekapseltes IPv6-Paket im Feld »Next Header« des einkapselnden Headers angegeben wird. Tatsächlich wird durch »41« (der offizielle Protokoll-wert von IPv6) der direkt eingekapselte IPv6-Header angegeben. RFC 2473 nennt aber auch die Möglichkeit, den IPv6 Hop-by-Hop-Header[11] beziehungsweise den Destinations-Options Extension Header[12] (Wert 60) zwischenzuschalten (Wert 0).

Terminologisch wird im RFC beim Generic Packet Tunneling über IPv6 zwischen »Outer Tunnels« und »Inner Tunnels« unterschieden. Dabei wird der Tatsache Rechnung getragen, dass

---

[10]Diese Aussage ist allerdings mit einer Einschränkung verbunden: *However, new options specific to the tunnel path MAY be added. In particular, any supported types of security options of the inner IP header MAY affect the choice of security options for the outer header* [99].

[11]Der Hop-by-Hop Extension Header definiert Optionen, die von jedem Hop zwischen Sender und Empfänger verarbeitet werden müssen.

[12]Der Destionation-Options Header enthält Optionen, die nur vom Empfänger zu verarbeiten sind.

bereits getunnelte Pakete nochmals eingekapselt werden können. Der Tunnel »im« Tunnel wird dann als »Inner Tunnel«, der äußere Tunnel als »Outer Tunnel« tituliert. Die Ein- und Ausgangspunkte der Tunnel werden dabei als Entry-Point bzw. Exit-Point bezeichnet. Der Entry-Point eines Inner Tunnel betrachtet – wie beim Tunneling üblich – dabei das gesamte Originalpaket des Outer Tunnel als einzukapselnden Payload für den Inner Tunnel und selbstverständlich ist die Anzahl maximaler Einkapselungen durch die maximale Paketgröße limitiert [20]. Helfen kann in diesem Fall die Fragmentierung der Tunnelpakete (diese muss beim Exit-Point wieder rückgängig gemacht werden). Eine Begrenzung der maximalen Einkapselungen ist aber auch durch die Option »Tunnel Encapsulation Limit« im IPv6 Destination Header möglich, der zwischen dem einkapselnden IPv6-Header und dem eingekapselten Header eingebaut wird [20].

Der gesamte Tunnel wird aus Sicht des eingekapselten Pakets als ein einziger Hop gewertet, man spricht in diesem Zusammenhang auch von einem *single-hop virtual link*. Die Anzahl der im Tunnel enthaltenen Hops ist dabei für Sender und Empfänger transparent [20].

Treten während der Übertragung Fehler auf, wird ICMP eingesetzt, um Fehler an den Entry-Point des Tunnels zu leiten. Da sich, wie in Kapitel 2 erläutert, Teile des Originalpakets im ICMP-Payload unterbringen lassen, ist es auch möglich, die Zuordnung des Pakets zum eigentlichen Sender außerhalb des Tunnels zu ermöglichen. Der Entry-Point kann eine aus dem Tunnel erhaltene ICMP-Nachricht somit an den ursprünglichen Sender des Pakets schicken. Diese Weiterleitung wird allerdings nur durchgeführt, falls der Fehler durch den ursprünglichen Sender verursacht wurde, also auf das eingekapselte Paket zurück zu führen ist.

Zur Absicherung des Tunnels empfiehlt RFC 2473 die Nutzung von IPSec (mehr dazu in Abschnitt 3.9) zwischen Entry-Point und Exit-Point. Zu diesem Zweck müssen die entsprechenden IPv6 Extension Headers (*Authentication Header*, AH bzw. *Encapsulated Security Payload*, ESP) vom Entry-Point eingebaut und vom Exit-Point entfernt werden.

3.7 Teredo

Teredo wurde primär von Christian Huitema (Microsoft) entwickelt und stellt eine Möglichkeit dar, IPv6 in UDP gekapselt, durch NAT-Systeme zu übertragen. Diese Überbrückung des NATs durch UDP (Port 3544) wird zur Herstellung von IPv6-Verbindungen verwendet, da IPv6-Hosts nicht direkt durch ein IPv4-NAT kommunizieren können. Das Protokoll wurde 2006 in RFC 4380 spezifiziert [47].

Die Teredo-Kommunikation basiert letztlich auf der Einführung von drei Komponenten: Dem Teredo-Client, dem Teredo-Server und dem Teredo-Relay. Der Teredo-Client ist das System, das, hinter NAT platziert, auf externe Systeme via IPv6 zugreifen möchte. Der Teredo-Client erhält seine Teredo-Adresskonfiguration vom Teredo-Server, der sich um die Vergabe des sogenannten »Adresspräfix« an den Client kümmert (s. nächster Abschnitt). Der Teredo-Server kann entweder die Kommunikation zwischen zwei Teredo-Clients oder zwischen einem Teredo-Client und einem IPv6-Host initiieren. Die Kommunikation zwischen Teredo-Client und Teredo-Server wird mit IPv4 bzw. IPv6 over IPv4 abgewickelt. Der Teredo-Relay dient hingegen als Gateway für den Teredo-Client, indem er eingekapselten Traffic empfängt und weiterleitet beziehungsweise IPv6-Traffic empfängt und eingekapselt an den Client weiterleitet.

Teredo verwendet eine Form des *Hole-Punchings* für NAT, das ist eine Methode zur Aufrechterhaltung des NAT-Mappings, die als *Teredo-Bubble* bezeichnet wird [47]. Die Aufrechterhaltung des Mappings kommt durch periodisches Senden von Bubble-Nachrichten durch das NAT-System hindurch zu Stande. Dazu wird ein IPv6-Paket in ein UDP-Paket eingekapselt. Der Wert »Next-Header« im IPv6-Header wird auf »59« gesetzt, es gibt also keinen Payload/Next Header. Falls ein Client hinter einem restricted NAT auf einen anderen Client hinter einem restricted NAT zugreifen möchte, muss ein Bubble-Paket über den Teredo-Server ausgetauscht werden, der das Paket weiterleitet [86].

3.7.1 Adressformat

Abbildung 3.10 zeigt das Teredo-Adressformat. Es besteht aus einem 32-Bit Teredo Service-Prefix[13], der IPv4-Adresse des Teredo-Servers (nur bei globalen Teredo-Adressen [9]), einem 16-Bit Feld für Flags, der obfuskierten Angabe des gemappten UDP-Ports und der obfuskierten Angabe der gemappten Client IPv4-Adresse. Es gab bisher nur ein bedeutsames Flag: Das *Cone*-Flag (0x8000, in RFC 5991 wird von der Verwendung abgeraten), alle anderen Flags sind immer auf Null gesetzt[14]. Das Cone-Flag gab an, ob es sich beim NAT-System um ein Cone-NAT handelt. Ein Cone-NAT verwendet eine statische Zuordnung der internen Adressen/Ports zu externen Adressen/Ports und ermöglicht die externe Initiierung einer Verbindung mit dem internen System [86]. Die Bits 3-5 ("Random1") und 8-15 ("Random2") dienen seit RFC 5991 der Auffüllung mit Zufallswerten. Die Zufallswerte werden dazu verwendet, um Angreifern das Erraten von Adressen zu erschweren [135].

Die Obfuskation (also Verschleierung) von Port und IPv4-Adresse des Clients erfolgt durch eine Negation (XOR-Verknüpfung mit 0xffff bzw. 0xffffffff) um Probleme mit NAT-Systemen zu verhindern, die den Payload nach den beiden Informationen durchsuchen und Ersetzungen durchführen [47].

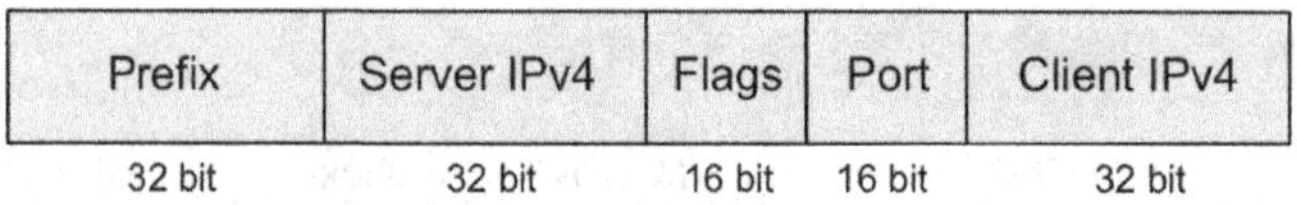

Prefix	Server IPv4	Flags	Port	Client IPv4
32 bit	32 bit	16 bit	16 bit	32 bit

Abbildung 3.10: Aufbau von Teredo-Adressen.

3.7.2 Teredo-Header

Das Tunneling bei Teredo erfolgt, wie zu Anfang erwähnt, in der Form, dass ein UDP-Paket verwendet wird, um das IPv6-Paket, dass zwischen Teredo-Client und Zielhost übertragen werden soll, einzukapseln. Abbildung 3.11 zeigt diesen Paketaufbau gemäß [47]. Die Address-Translation für Quell- und Zieladresse im IP-Header übernimmt dabei NAT [9].

Zwischen UDP-Header und dem eigentlichen IPv6-Header können noch Zusatzinformationen untergebracht werden, die die eigentliche Sendequelle (also die *Herkunftsinformation*) angeben,

---

[13]Es wird »3FFE:831F::/32« als globaler Prefix und »FE80::/64« als Lokalhost-Prefix verwendet [86, 9].

[14]Das Cone-Flag ist durch Bit 0 repräsentiert. Bit 1 ist das Zero-Flag, dass immer Null sein muss. Bit 6 und 7 sind die beiden Flags U und G, die Null sind, um einen nicht-globalen (G) Unicast-Identifier (U) zu signalisieren.

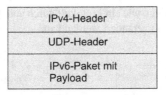

Abbildung 3.11: Aufbau von Teredo-Paketen.

falls mehrere Verbindungen parallel gehandhabt werden bzw. die Herkunft der Nachricht trotz der indirekten Kommunikation bestimmt werden kann [47]. Die eingefügten Zusatzinformationen beginnen mit 16 Null-Bits, um die Unterscheidung zu einer direkten Einkapselung des IPv6-Pakets zu signalisieren. Es folgen 16 Bits für den Ursprungs-Port (*mapped port*) und 32 Bits für die Usprungs-IP (jeweils wieder obfuskiert, *mapped address*) [47].

RFC 4380 integriert zudem die Möglichkeit, eine *Authentifikationsinformation* als Zusatzinformation einzubringen. Dieser Wert dient der Absicherung von Routinginformationen (*Router Solicitation* und *Router Advertisement*, Vgl. Kapitel 2.6.5). Dazu müssen die ersten 16 Bits auf den Wert 0x0001 gesetzt werden. Es folgen zwei 8-Bit-Felder, *ID-Len* und *AU-Len*, die die Länge der folgenden Felder (den *Client-Identifier* für die Angabe einer Client-ID, und *Authentication Value*, ein zuvor berechneter kryptografischer Authentifikationswert) angeben. Die Verwendung der beiden Felder ist optional. Falls die Felder verwendet werden, müssen sich Teredo-Client und -Server gemäß RFC 4380 zuvor auf einen gemeinsamen Client-Identifier, ein gemeinsames Geheimnis (*shared secret*) und einen Identifier für einen Authentifikationsalgorithmus einigen. Die Berechnung des Authentication Value hängt anschließend vom jeweiligen Algorithmus ab.

Ein 8-Byte-*Nonce*-Wert sichert das Verfahren gegen Replay-Angriffe ab (ein Response-Paket mit unterschiedlichem Nonce-Wert wird verworfen [47]). Der Authentifizierungs-Bereich schließt mit einem 8-Bit-Bestätigungswert. Der Client setzt den Wert auf Null, der Server setzt ihn in einer Antwort ebenfalls auf Null, falls der Schlüssel des Clients noch aktuell ist; andernfalls wird ein Wert ungleich Null zurück gegeben [47]. Es ist möglich, die Authentifikation und die Herkunftsinformation zu kombinieren, dazu muss allerdings zunächst der Authentifikations-Header und anschließend der Header für die Herkunftsinformation eingebettet werden [47].

3.8 General Routing Encapsulation (GRE)

Das General Routing Encapsulation-Protokoll wurde 1994 in den RFCs 1701 (generell) und 1702 (IP-Aspekte) vorgestellt [41, 42]. Bei GRE handelt es sich um ein Tunneling-Protokoll, das dafür gedacht ist, diverse Protokolle in sich zu tunneln und dabei selber auf verschiedensten Protokollen des Network Layers (Internet-Schicht im TCP/IP-Modell) aufzusetzen [41]. Es handelt sich also nicht um ein IP-spezifisches Protokoll. In der GRE-Terminologie werden das eingekapselte Datenpaket als *Payload Packet* und der Header des GRE-Daten einkapselnden Protokolls als *Delivery Header* tituliert. Abbildung 3.12 zeigt den ursprünglichen und komplexeren GRE-Header aus RFC 1701. Zum Vergleich zeigt Abbildung 3.13 den neuen Header aus RFC 2784 mit Modifikation aus RFC 2890 [29, 24]. Insbesondere für das Protocol Engineering ist dieser

Vergleich interessant, da er aufzeigt, wie ein Protokoll durch andauernde Diskussion im Rahmen der *Request for Comments* (RFCs) verändert werden kan.

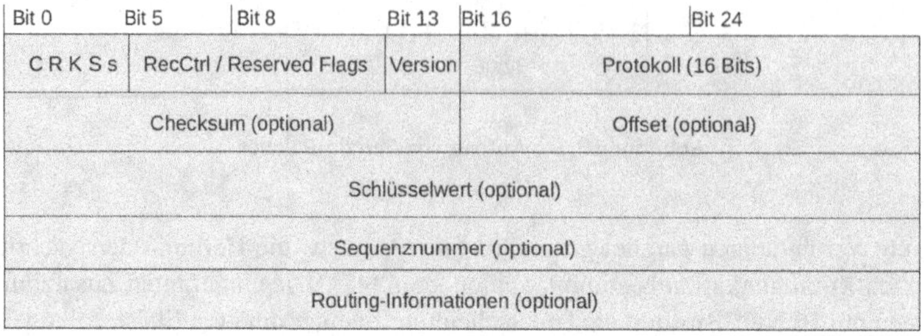

Bit 0	Bit 5	Bit 8	Bit 13	Bit 16	Bit 24
C R K S s	RecCtrl / Reserved Flags		Version	Protokoll (16 Bits)	
Checksum (optional)				Offset (optional)	
Schlüsselwert (optional)					
Sequenznummer (optional)					
Routing-Informationen (optional)					

Abbildung 3.12: Aufbau eines ursprünglichen GRE-Headers (RFC 1701)

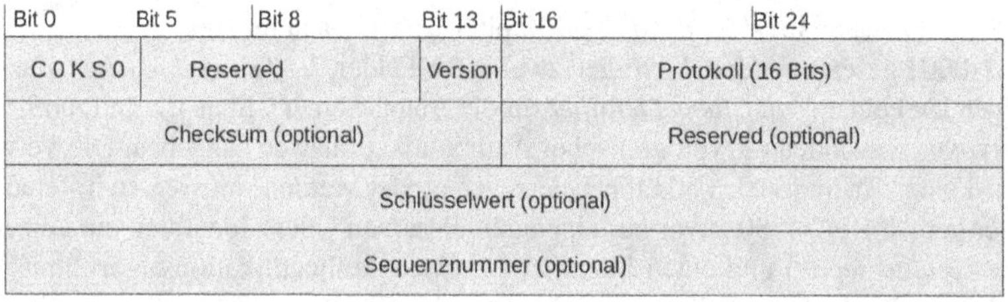

Bit 0	Bit 5	Bit 8	Bit 13	Bit 16	Bit 24
C 0 K S 0	Reserved		Version	Protokoll (16 Bits)	
Checksum (optional)				Reserved (optional)	
Schlüsselwert (optional)					
Sequenznummer (optional)					

Abbildung 3.13: Aufbau des aktuellen GRE-Headers (RFC 2784)

Zu diesem Zweck soll auch eine kurze Beschreibung der vielen Bestandteile des alten Headers geboten werden: Die ersten fünf Bits dienen verschiedenen Flags, die signalisieren, ob das Checksum-Feld (C), das Routing-Feld (R), das Schlüssel-Feld (K, *key*), das Sequenznummern-Feld (S) und das Strict Source Routing-Feld (s) im Header enthalten sind. Die folgenden 3 Bits (5-7) dienen dem Recursion Control ("*the number of additional encapsulations which are permissible [..] SHOULD default to zero*" [41]). Gleichzeitig gehören die Recursion Control Bits aber gemäß desselben RFCs zu den als Nullwert zu übertragenden Bits, die für zukünftige Verwendungen reserviert sind (5-12). Die Versionsinformation ist in den Bits 13-15 gespeichert, wobei sie standardmäßig "000" ist.

Das Protokollfeld enthält den typischen Ethernet-Protokollwert, wie er bereits in Kapitel 2 besprochen wurde (etwa 0x800 für IP und 0x806 für ARP)[15]. Interessanter Weise sind die beiden Felder Checksum und Offset beide präsent, sobald entweder das C-Flag oder das R-Flag gesetzt ist [41], da nur das gesamte Wort (32 Bit) im Paketheader enthalten sein kann.

Die Bedeutung des Checksum-Feldes sollte Ihnen von selbst verständlich sein. Der Offset-Wert gibt das Offset (in 8 Bit-Einheiten) zum ersten Oktet des aktiven Source Route-Wertes

---

[15]Die komplette Liste offizieller Werte für das Protokollfeld finden Sie hier bei der IANA: *http://www.iana.org/assignments/ethernet-numbers*.

an (steht im Zusammenhang mit dem Source Route-Feld). Das Schlüsselfeld *may be used by the receiver to authenticate the source of the packet.* Genauere Angaben hierzu finden sich in RFC 1701 nicht, was aber dem Ansatz des *General* Routing Encapsulation dienlich ist. Das Sequenznummern-Feld sollte ebenfalls selbsterklärend sein (siehe Kapitel 2 zu den Grundlagen).

Das Routing-Feld enthält *n* so genannter *Source Route Entries* (SREs), die sich aus einer *Address Family* (etwa IPv4-Internet), einem Offset, der Länge des Eintrags und einer Adresse zusammensetzen. Um zu signalisieren, dass keine weiteren SRE-Einträge folgen, wird der Address Family-Wert auf Null gesetzt.

Der Header-Aufbau aus RFC 2784: Der Aufbau des neuen Headers macht einige Bestandteile des alten überflüssig. So gibt es zwar noch ein Flag, was anzeigt, ob das Wort mit Checksum (jedoch ohne Offset) vorhanden ist, oder nicht, doch sind die folgenden Flags inklusive der einst reservierten Flags alle standardmäßig Null. Die Komplexität des Headers wurde somit reduziert.

Erneute Einbeziehung alter Felder: Die Erweiterung des Headers um optionale Bestandteile (Schlüssel- und Sequenzwerte, wie sie auch bereits in Abbildung 3.13 dargestellt sind) beschreibt RFC 2890 aus dem Jahr 2000 [24]. Tatsächlich führt dieses RFC die ursprünglich gedachten Bereiche, die aber später wieder entfernt wurden, erneut ein. Entsprechend mussten auch die Flags *K* und *S* wieder ihren Platz einnehmen.

3.9 IPSec

Bei IPSec (*Internet Protocol Security*) handelt es sich um einen aus mehreren Komponenten bestehenden Standard, der verschiedene bedeutsame Features zusätzlich zum eigentlichen Tunneln für IP zur Verfügung stellt:

- *Integrität:* Zum einen handelt es sich dabei um die gewährleistete Integrität der getunnelten Daten via HMAC (*hash based message authentication code*). Dabei wird eine Prüfsumme für den Payload mit dem vereinbarten Schlüssel verschlüsselt. So kann der Absender den Hash-Wert berechnen und der Empfänger diesen prüfen.

- *Authentifizierung:* Hinzu kommt die Authentifizierung der Pakete. IPSec stellt sicher, dass die Daten tatsächlich von dem verschickt wurden, dessen Quelladresse angegeben ist.

- *Replay Protection:* Die Replay Protection bietet Schutz vor dem erneuten Senden eines durch IPSec geschützten Paketes. Realisiert wird dies über den ARS (*Anti Replay Service*), der mit Hilfe von Sequenznummern und Empfangsfenstern – ähnlich wie beim TCP-Protokoll – funktioniert

- *Verschlüsselung:* IPSec bietet zudem die Verschlüsselung der übertragenen Daten an.

IPSec besteht dabei aus dem AH (*Authentication Header*) und dem ESP (*Encapsulating Security Payload*). Beides sind standardisierte Protokolle, die im Folgenden noch einzeln besprochen werden.

AH sichert die Integrität und Authentizität der Daten. Seine Aufgabe ist es jedoch nicht die Vertraulichkeit der Daten – etwa durch Verschlüsselung – zu gewährleisten.

ESP hat hingegen die Aufgabe, die Vertraulichkeit der Daten durch Verschlüsselung zu sichern. Je nach verwendetem Algorithmus kann jedoch auch die Authentizität und Integrität der Daten gewährleistet werden.

Die beiden Protokolle AH und ESP können sowohl einzeln als auch in Kombination verwendet werden. Zudem kann (jeweils optional) die genannte *replay protection* verwendet werden.

3.9.1 Die Tunnel-Modi

IPSec kann in zwei verschiedenen Modi eingesetzt werden:

- Zum einen gibt es den so genannte *Tunnelmodus*. Im Tunnelmodus werden komplette IP-Pakete getunnelt. Das heißt, es wird ein komplett neuer IP-Header für die Zustellung des getunnelten Pakets verwendet.

- Etwas sparsamer in der Übertragung, dafür jedoch weniger Paketheader betreffend, ist der *Transport*-Modus. Hierbei wird der Tunnel nur für die Daten ab dem Transport-Layer verwendet. Der originale IP-Header wird entsprechend zur Zustellung des Pakets verwendet.

3.9.2 Authentication Header

Der Authentication Header bietet, wie Sie bereits erfuhren, die Sicherung der *Integrität* sowie die *Authentizität* der getunnelten Daten. Wie ESP kann auch AH sowohl im Tunnel- als auch im Transport-Modus verwendet werden.

Um die Authentifizierung sicherzustellen, wird eine Prüfsumme über alle sich während der Verbindung nicht ändernden Header-Daten des betreffenden TCP- und IP-Paketes gebildet.

In RFC 2402 ist der Aufbau des Protokoll-Headers folgendermaßen definiert (das Feld für die Sequenznummer ist neu gegenüber dem alten RFC und gewährleistet die oben erwähnte Replay Protection) [64]:

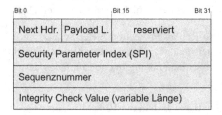

Abbildung 3.14: Der Authentication Header gem. [64].

Das Feld *Next Header* gibt das getunnelte Protokoll an. Je nach Tunnel-Modus ist dies entweder IP oder ein Transport-Layer Protokoll. Das Feld *Payload Length* gibt die Länge des Authentication Headers an. Die Folgenden 16 Bits sind reserviert und werden mit Nullen besetzt.

Der 4 Byte große *Security Parameter Index* (SPI) wird zur Angabe der Security Association verwendet, die weiter unten besprochen wird. Das ebenfalls schon erwähnte Feld *Sequence Number* wird zur Identifizierung des IP-Paketes und zum Schutz vor Replay-Angriffen verwendet. Bei jedem neu versendeten IP-Paket wird dieser Wert inkrementiert – kommt eine Sequenznummer also zweimal vor, liegt entweder ein potentieller Angriff oder aber ein Übertragungsfehler vor.

Der letzte Header-Bereich wird zur Prüfung der Authentizität verwendet, er hat eine Variable Länge (daher das Feld Payload Length) und beinhaltet den *Integrity Check Value* (ICV). Die Länge wird in 32-Bit-Wörtern (IPv4) oder 64-Bit-Wörtern (IPv6) gemessen. Der zur Berechnung der ICV verwendete Algorithmus (in der Regel entweder symmetrisch mit (3)DES oder als Einweg-Hash mit SHA-1 oder MD5) wird in der *Security Assoziation* festgelegt.

Der Einsatz des Authentication Header in Verbindung mit Network Address Translation (NAT) ist leider nicht möglich: Der Grund dafür ist, dass auch der IP-Header mit in die ICV eingerechnet wird und eine Modifikation seitens der NAT als Verfälschung des originalen Paketes vom Empfänger betrachtet werden würde.

3.9.3 ESP

Das ESP (*Encapsulating Security Payload*)-Protokoll (Protokollnummer 50) wird, wie bereits erwähnt, zunächst einmal zur Verschlüsselung der Datenübertragung verwendet [63]. Dabei wird der Payload nach den Daten des EPS-Headers (nicht der ESP-Header selbst) verschlüsselt. Im Tunnel-Modus ist dies das komplette IP-Paket, im Transport-Modus alle Protokolle ab Layer 3. Je nach verwendetem Verschlüsselungsalgorithmus kann ESP aber auch die Authentizität und Integrität der übertragenen Daten sichern.

Da ESP im Gegensatz zum Authentication Header nicht automatisch Authentizität des verwendeten IP-Headers für den Datentransport gewährleistet, kann ESP auch in Netzwerken eingesetzt werden, in denen Network Address Translation angewandt wird.

Die Bedeutung des Security Parameter Index (SPI) und die der Sequence Number sind äquivalent zu der des Authentication Headers.

Es folgt das eingekapselte Paket (bzw. im Transport-Modus der Teil des Paketes ab dem Transport-Layer aufwärts) und ein Padding-Bereich. Dieser Padding-Bereich wird einerseits dazu verwendet, durch den Payload nicht komplett ausgefüllte Wörter zu vollständigen Wörtern zu bilden, und zum anderen, um dahinter eine einheitliche Position für die Felder *Padding Length* und *Next Header* zu schaffen, womit wir auch schon zu diesen Feldern kommen.

Padding Length legt die Länge des *Padding-Bereiches* fest, das *Next Header*-Feld gibt das eingekapselte Protokoll an.

Für den Fall, dass ESP auch zur Authentifizierung der Daten verwendet wird, findet sich hinter dem Feld Next Header noch ein Feld für den Integrity Check Value (ICV), der bereits vom Authentication Header bekannt ist.

3.9.3.1 Authentifizierung und Verschlüsselung

Von Bedeutung ist das Wissen darüber, welche Bereiche in der Datenübertragung mit ESP überhaupt verschlüsselt bzw. authentifiziert werden.

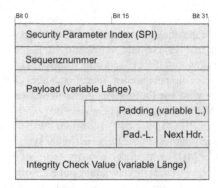

Abbildung 3.15: Der Encapsulating Security Payload-Header gem. [63].

Die *Authentizität* wird für den ESP-Header, den Payload und den ESP-Trailer gewährleistet. Die ICV und der IP-Header vor dem ESP-Header werden also nicht authentifiziert.

Verschlüsselt wird hingegen der Payload-Bereich sowie der ESP-Trailer. Die ICV, der ESP-Header und der vorgestellte IP-Header werden also unverschlüsselt übertragen.

Wie beim Authentication Header, so wird auch hier der Authentifizierungs-Algorithmus von der Security-Assoziation festgelegt. Die Algorithmen basieren entweder auf symmetrischen Verschlüsselungsalgorithmen (z.B. 3DES) oder auf Einweg-Hash Funktionen (z.B. SHA-1).

Weiterhin ist eine Übertragung der Pakete in einer reinen Tunnelfunktionalität möglich. ESP kann nämlich ohne Verwendung eines Verschlüsselungs- oder Authentifizierungs-Algorithmus betrieben werden.

3.9.4 Internet Key Exchange (IKE)

Ein wichtiger Akt bei der Sicherung der Datenübertragung ist die Verteilung der Schlüssel. Kommt ein Angreifer in den Besitz dieser Schlüssel, ist die ganze Verschlüsselung umsonst. Daher sollte über Sicherung und Verteilung solcher Schlüssel genauer nachgedacht werden.

Bei der manuellen Verteilung entsteht bei sehr kleinen Netzwerken ein erträglicher Arbeitsaufwand. Diese Methode ist zu empfehlen, wenn Sie nur wenige Mitarbeiter im Außendienst haben, welche remote über das VPN Zugriff auf Ihr Firmennetzwerk bekommen sollen oder eine geringe Anzahl von Netzwerken via VPN-Gateways verbunden werden sollen.

Die zweite Methode ist die, bei der die automatische Schlüsselverteilung mit Hilfe des *Internet Key Exchange*-Protokolls, kurz IKE, erledigt wird [44]. Eine Weiterentwicklung (IKEv2) existiert, die beispielsweise den Einsatz von NAT (durch NAT-Traversal) ermöglicht [58]. Zur Verteilung der Schlüssel wird in diesem Fall Public Key-Kryptographie verwendet, um nur die öffentlichen Schlüssel über das unsichere Medium (etwa das Internet) übertragen zu müssen.

IKE bietet die Möglichkeit, die Authentifizierung der anderen Systeme auf verschiedene Arten zu ermöglichen: Mit Pre-Shared Keys, mit digitalen Signaturen und mit Public-Key-Verfahren.

IKE ist zudem für die Erzeugung von Security Assoziationen und die Erzeugung der Schlüssel zuständig. Das Protokoll baut dabei auf den Protokollen ISAKMP und Oakley auf.

3.9.5 Security Assoziationen

In einer so genannten *Security Assoziation* (SA) sind die grundlegenden Eigenschaften einer IPSec-Verbindung definiert. Dadurch ist es beispielsweise möglich, verschiedene Sicherheitsstufen über ein und dieselbe Leitung zwischen zwei IPSec-Gateways bereitzustellen. Jede dieser Stufen wird einer entsprechenden SA zugeordnet. Eine Stufe könnte nur Authentifizierung und Integritätsprüfung via des AH verwenden, die andere könnte über dies und eine zusätzliche Verschlüsselung via ESP und replay protection verfügen.

Security Parameter Index: Auch der Verschlüsselungsalgorithmus und die Lebensdauer einer Security-Assoziation sind in selbiger festgelegt. Doch wodurch kann ein IPSec-Gateway unterscheiden, welcher SA ein Paket zugeordnet werden soll. Dies wird mit Hilfe des Security Parameter Index (SPI) realisiert. Der SPI befindet sich im Header der Pakete.[16]

Security Assoziationen: Security Assoziationen werden meist automatisch durch das IKE-Protokoll erzeugt und in der so genannten Security Association Database (SAD) angelegt. In dieser Security Association Database sind Informationen zum Sender und Empfänger, zum verwendeten IPSec-Protokoll (darunter die Sequenz-Nummer, das Anti-Replay Window, der Authentifizierungsalgorithmus und der Verschlüsselungs-Algorithmus), die Lebensspanne der Assoziation, der verwendete Tunneling-Modus, die Path-MTU-Parameter und der Security Parameter Index abgelegt.

Nach Ablauf einer SA-Lebensspanne wird sie durch das IKE-Protokoll wieder verworfen und bei Bedarf automatisch neu erzeugt. Eine manuelle Erzeugung einer Security Assoziation ist, wie bereits erwähnt, ebenfalls möglich, jedoch aufwendiger.

3.9.6 IPSec Security Policys

In einer IPSec Security Policy werden die einzelnen Regeln, die zur Handhabung der den Gateway passierenden Pakete notwendig sind, festgelegt. Man unterschiedet hier zwischen der Flussrichtung der Pakete, d.h. eine Regel kann für ein einkommendes oder aber auch für ein ausgehendes Paket gesetzt werden.

Security Policy Database: Ein Paket kann entweder verworfen werden (*discard*), einfach weitergeleitet werden (*bypass*) oder durch IPSec übertragen werden (*apply*). Diese Regeln werden in der so genannten *Security Policy Database* (SPD) hinterlegt.

3.10 Point-to-Point Tunneling Protocol (PPTP)

Das *Point-to-Point Tunneling Protocol*, kurz PPTP, wurde usprünglich Mitte der 1990er Jahre entwickelt, aber erst 1999 in RFC 2637 beschrieben [39]. Das PPTP dient dazu, PPP über IP-Verbindungen zu tunneln und bietet somit einen ähnlichen Dienst an, wie das zuvor besprochene L2TP. PPTP kommt insbesondere als Protokoll für (meist unverschlüsselte) VPNs zum Einsatz, wenn etwa Firmenniederlassungen verbunden werden sollen oder wenn reisende Mitarbeiter eine Einwahl ins Firmennetz durchführen müssen.

---

[16]Erst durch diesen Parameter kann der Endpunkt feststellen, wie dieses Paket entschlüsselt werden soll.

PPTP teilt die Dienste des Network Access Server (NAS, vgl. Abschnitt 3.3 zum L2TP) auf zwei verschiedene Komponenten, den *PPTP Access Concentrator* (PAC) und den *PPTP Network Server* (PNS) auf.

Der PAC ist in der Lage mehrere Verbindungen zu einem PNS zu tunneln und dient somit als eine Art Multiplexer, der den Eintrittspunkt für den PPTP-Tunnel darstellt, also die Einkapselung von PPP vornimmt. Der PNS entkapselt die mit PPTP getunnelten Pakete hingegen wieder.

Zwischen PPTP-Endnutzer und PAC befindet sich ein (lokales) Netz, etwa ein öffentliches Telefonnetz (*public switched telephone network*, kurz PSTN) und als Protokoll kommt zwischen Endnutzer und PAC das PPP zum Einsatz. Ein PPTP-Endnutzer verwendet den PAC, um auf den PNS zuzugreifen. Eine Authentifizierung des Benutzers wird dabei über das PPP unterstützt und kann sowohl vom PAC, als auch vom PNS implementiert werden. PPTP selber definiert keine Sicherheitsmaßnahmen und die typischen Sicherheitsprobleme eines Tunnels, wie sie in Abschnitt 3.13 besprochen werden, treffen auch auf PPTP zu. Die Authentifizierungsmaßnahmen werden über PPP abgewickelt und eine Verschlüsselung ist nicht für jede Implementierung vorhanden (Microsoft stellt die *Point-to-Point Encryption* bereit).

Der Benutzer kann mit Hilfe des PNS nach optionaler Authentifizierung eine Verbindung zu einem Remote-Netz aufbauen. Wie bereits erwähnt, tunnelt PPTP die beim PAC eintreffenden PPP-Frames über IP und entsprechend muss auch das Netz zwischen PAC und PNS ein IP-Netz sein. Der PNS entkapselt auch den PPP-Payload und leitet ihn in das Zielnetz. Abbildung 3.16 visualisiert das Prinzip der genannten Begriffe des PPTP.

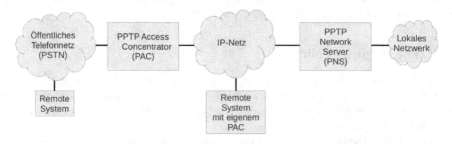

Abbildung 3.16: Das PPTP-Konzept.

Das Tunneling der PPP-Frames zwischen PAC und PNS wird mit Hilfe eines abgewandelten General Routing Encapsulation-Protokolls (GRE) erledigt.[17] Dabei gibt der IP-Header als einge-kapseltes Protokoll das GRE-Protokoll, als Quelladresse die Adresse des PAC und als Zieladresse die Adresse des PNS an [39]. Der GRE-Header gibt wiederum das eingekapselte PPP-Protokoll an. Dieser Aufbau ist in Abbildung 3.17 dargestellt.

Die Abwandlung des PPTP-GRE-Headers (diesen finden Sie in Abschnitt 3.8 abgebildet und erläutert) gegenüber dem normalen GRE-Header ist simpel. Das Sequenznummern-Flag (S) wird auf 1 gesetzt, falls Payload anhängt, andernfalls ist es 0. Außerdem gibt es ein Flag (Bit 8), dass auf dieselbe Weise angibt, ob eine Acknowledgementnummer präsent ist, oder nicht. Der

---

[17]Das eigentliche GRE-Protokoll wurde in Abschnitt 3.8 beschrieben und wird daher an dieser Stelle nicht redundant betrachtet.

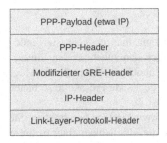

Abbildung 3.17: Die Einkapselung bei PPTP gemäß RFC 2637.

Protokolltyp ist auf 0x880b gesetzt, um PPP zu signalisieren.

Interessant ist das zweite 32-Bit-Word des veränderten GRE-Headers. Es besteht in seinen ersten 16 Bit aus einem »Key«-Wert für die Payload-Länge (exklusive des GRE-Headers) und in den letzten 16-Bit aus einem zweiten Key, der die Call-ID des Gegenübers für die Tunneling-Session angibt [39]. Auf die beiden Keys folgen jeweils optionale 32-Bit Sequenz- und Acknowledgementnummern, die präsent sind, falls die Flags S bzw. A gesetzt sind. Beide Nummern funktionieren auf die übliche und bekannte Weise und werden für jede Tunneling-Session individuell verwaltet.

PPTP-Kontrollverbindung:
Zusätzlich zum Tunnel besteht zwischen beiden Tunnelendpunkten (PAC und PNS) eine Kontrollverbindung zur Erstellung, zum Verwalten und zum Beenden der PPTP-Sessions und des PPTP-Tunnels, die über das TCP (Port 1723) betrieben wird [39]. Das heißt, PPTP muss (ähnlich L2TP) zunächst eine solche Kontrollverbindung zwischen PAC und PNS initiieren, *bevor* Sessions für Calls aufgebaut werden können.

Das Nachrichtenformat der Kontrollverbindung hat einen simplen Aufbau, der die Nachrichtenlänge, einen Wert zur Angabe des Nachrichten-Typs (*Message Type*) und ein *Magic Cookie* enthält. Der Message-Typ ist entweder 1 (*Control Message*) oder 2 (*Management Message*), wobei für das letztere keine Nachrichten definiert wurden [39]. Der Message Cookie ist zudem immer auf den Standardwert 0x1a2b3c4d gesetzt, der nur zur Synchronisations-Überprüfung dient. Entsprechend existieren (wie bei L2TP) »Control Messages« – also die möglichen Nachrichten für Message-Type 1; sie gliedern sich in dieselben Untertypen wie bei L2TP (*Control Connection Management*, *Call Management*, *Error Reporting* und *PPP Session Control*) und tragen praktisch dieselben Bezeichnungen. Für eine Erläuterung der einzelnen Message-Types sei auf Abschnitt 3.3.1.1 verwiesen. Gegenüber L2TP gibt es allerdings den nennenswerten Unterschied, dass die Message-Types ACK, HELLO und OCCN bei PPTP nicht existieren. Darüber hinaus existieren zwei in L2TP nicht bekannte PPTP-Message Types, nämlich *Call-Clear-Request* (Message Code 12) und *Call-Disconnect-Notify* (Message Code 13). Beide Message Types kommen bei Beendigung einer Tunnelverbindung zum Einsatz. Dabei sendet der PAC (nach Empfang der Beendigungsnachricht vom Client) einen Call-Clear-Request an den PNS, um die Beendigung der Tunnelverbindung zu initiieren. Der PNS antwortet mit einem Call-Disconnect-Notify, um diese Nachricht zu bestätigen.

3.11 SOCKS

Bereits Anfang der 90er Jahre erkannte man, dass eine steigende Anzahl an Internet-Anwendungen und zugehörigen Protokollen durch den zunehmenden Einsatz von Firewalls blockiert wurde. Um innerhalb von Netzwerken dennoch eine kontrollierte Möglichkeit zur Kommunikation mit externen Systemen für eigentlich geblockte Protokolle zu bieten, entwickelte man das SOCKS-Protokoll samt zugehörigem Dienst.

Die aktuelle SOCKS-Version 5 wird in [75] beschrieben. Sie bietet als wichtigste Neuerung gegenüber der Vorgängerversion die Möglichkeit einer mehrere Verfahren unterstützenden Authentifizierung an. Zusätzlich können in Version 5 DNS-Namen auf dem SOCKS-Server aufgelöst werden, bei Version 4 musste dies noch der Client erledigen. Ebenfalls neu sind bei SOCKS5 die Unterstützung für UDP und IPv6.

3.11.1 Funktionsweise von SOCKS5

Das SOCKS-Protokoll ist verhältnismäßig einfach gehalten und daher leicht verständlich. Die Kommunikation erfolgt bei SOCKS4 und SOCKS5 auf unterschiedliche Weise und im Folgenden soll die aktuelle SOCKS-Version 5 von 1996 beschrieben werden.

Zunächst verbindet sich der SOCKS-Client mit dem SOCKS-Server (auch SOCKS-Proxy oder SOCKS-Service genannt). Der SOCKS-Server läuft standardmäßig auf Port 1080. Nach einem erfolgreichen Verbindungsaufbau sendet der Client Informationen über die von ihm unterstützten Authentifizierungsmaßnahmen (etwa Username/Password). Das zugehörige Nachrichtenformat besteht aus drei Teilen. Im ersten Byte ist die SOCKS-Version (also 5) enthalten, im zweiten Byte die Anzahl der unterstützten Methoden. Byte 3 (und optional bis zu 254 folgende Bytes) spezifiziert die unterstützten Authentifizierungsmethoden des Clients (der Wert 0x02 steht beispielsweise für die Username/Password-Authentifizierung; dazu gleich mehr).

Daraufhin wählt der Server entweder eine der vorgeschlagenen Authentifizierungsmethoden aus oder lehnt diese ab. Das Nachrichtenformat für die Serverantwort ist dabei simpel: Das erste Byte enthält erneut die SOCKS-Version und ein zweites Byte enthält die Authentifizierungsinformation. Typische Werte für eine Serverantwort sind dabei 0x00 (keine Authentifizierung notwendig), 0x01 (GSSAPI), 0x02 Username/Password und 0xff (keine der vom Client genannten Authentifizierungsmethoden wird akzeptiert). Weitere Werte (0x03 bis 0x7f) werden von der IANA vergeben oder (0x80 bis 0xfe) sind für den Privatgebrauch reserviert [75].

Nachdem die Authentifizierung durchgeführt wurde (hierzu können weitere Netzwerkpakete übertragen werden), überträgt der Client die gewünschte Verbindungsanfrage für einen externen Host an den SOCKS-Server (man spricht von einem "Relay Request" seitens des Clients). Der Relay-Request hat dabei folgenden Aufbau [75]:

Version : Command : Reserved : Atyp : externe Adresse : Ziel-/Empfangsport

Die ersten vier Felder sind jeweils 1 Byte lang, die externe Host-Adresse hat eine variable Länge und der Zielport ist selbstverständlich – passend zu UDP/TCP – 2 Bytes lang. Nach dem obligatorischen Version-Byte folgt ein Byte, das den SOCKS-Befehl angibt. Dabei sind folgende Befehle möglich:

- CONNECT (0x01): Anfrage für den Aufbau einer TCP-Verbindung.

- BIND-Befehl (0x02): Anfrage für die Akzeptanz einer Verbindung durch ein externes System (etwa für FTP-DATA-Transfer, [75]). Nachdem der Verbindungsaufbau seitens des externen Systems stattfand, wird der Client darüber informiert.

- UDP ASSOCIATE-Befehl (0x03): Wie CONNECT, aber für UDP.

Das darauf folgende Byte ist für die zukünftige Protokollerweiterung reserviert. Der Adresstyp legt fest, ob es sich um eine IP-Version-4-Adresse (0x01), eine IP-Version-6-Adresse (0x04), oder einen DNS-Namen (0x03) handelt. Abhängig vom gewählten Adresstyp hat das Feld für die Zieladresse eine unterschiedliche Länge. Entweder beträgt die Länge dieses Feldes 4 Bytes (für eine 32 Bit IP-Version-4-Adresse), 16 Bytes (für eine IP-Version-6-Adresse), oder eine im ersten Byte der Zieladresse angegebene variable Länge für den DNS-Namen. Der Zielport gibt (im Falle von CONNECT) den Port an, auf den sich der SOCKS-Server mit dem in der Zieladresse angegebenen externen Host verbinden soll. Im Falle des BIND-Befehls gibt der Zielport den Port an, auf dem der SOCKS-Server eine Verbindung entgegennehmen soll.

Nachdem der SOCKS-Server die Verbindungsanfrage erhalten hat, kann er diese entweder durchführen oder ablehnen. Das Nachrichtenformat ist dabei fast dasselbe, wie beim Relay Request:

Version : Reply : Reserved : Atyp : Bind-Adresse : Bind-Port

Neu ist nur das "Reply"-Feld. Der darin enthaltene Wert gibt dem Client Auskunft über den Erfolg seiner zuvor gestellten Anfrage. Dabei sind folgende Werte möglich:

- 0x00: Erfolgsmeldung (succeeded)

- 0x01: Ein Fehler des SOCKS-Servers ist aufgetreten (general SOCKS server failure)

- 0x02: Die Durchführung der gewünschten Verbindungsanfrage ist nicht erlaubt (connection not allowed by ruleset).

- 0x03: Das Zielnetzwerk ist nicht erreichbar (network unreachable).

- 0x04: Der Zielhost ist nicht erreichbar (host unreachable)

- 0x05: Die Verbindung konnte nicht aufgebaut werden, etwa weil der Zielport nicht geöffnet ist (connection refused)

- 0x06: Die TTL ist abgelaufen (TTL expired)

- 0x07: Der verlangte Befehl (COMMAND) wird nicht unterstützt (Command not supported)

- 0x08: Der Adresstyp wird nicht unterstützt; etwa bei einer IPv6-Anfrage in einem IPv4-Netz (Address type not supported)

- 0x09-0xff: Nicht verwendet.

Bei einem BIND-Befehl werden die Werte Bind-Adresse und Bind-Port gemäß der vorherigen Client-Anfrage gesetzt. Im Falle eines CONNECT-Requests sind Bind-Adresse und Bind-Port die Adressen des externen Hosts, mit dem eine Verbindung aufgebaut werden sollte.

3.11.2 UDP-Anfragen (gem. [75])

Da UDP ein verbindungsloses Protokoll ist, muss jedes UDP-Datagram einen Request-Header beinhalten. Zusätzlicher Bestandteil des Headers ist eine Fragment-ID. (Der Wert 0x00 gibt an, dass es sich um ein Paket handelt, das auf keine weiteren Fragmente aufgeteilt ist, bei anderen Werten wird im Bereich von 1 bis 0x7f eine De-Fragmentierung auf dem SOCKS-Server, der dafür einen Cache betreibt, durchgeführt.) Das höchstwertige Bit der Fragment-ID gibt an, ob es sich um das letzte Paket einer Fragmentierung handelt. Dem UDP-Request-Header folgt der eigentliche Payload.

3.11.3 Socket-Forwarding

Generell lässt sich sowohl für SOCKS4, als auch für SOCKS5 sagen, dass nach einem erfolgreichen Verbindungsaufbau des Clients über den SOCKS-Server eine Socketverbindung zwischen Client und SOCKS-Server besteht. In diese Datenverbindung können seitens des Clients protokollunabhängig Daten geschrieben werden. Der SOCKS-Server ließt die Daten empfangsseitig aus der Socketverbindung und schreibt diese Daten in die Socketverbindung, die zwischen ihm und dem eigentlichen Ziel der Datenübertragung besteht. Anders formuliert schreibt der SOCKS-Server die Daten an den Empfänger weiter, die vom SOCKS-Client in die Socketverbindung geschrieben werden: [SOCKS-Client] <-> [SOCKS-Proxy] <-> [Zielhost].

3.12 Tunneling im Bereich der Gebäudeautomatisierung

Bereits ab der Mitte des letzten Jahrhunderts wurde versucht, Gebäude durch effiziente Steuerungen energiesparsamer und komfortabler zu gestalten [155]. Man spricht in diesem Zusammenhang von Gebäudeautomation (engl. meist *Building Automation (System)*, kurz BAS). Erste Ansätze in diesem Bereich wurden noch ohne elektronische Hilfsmittel realisiert, doch im Laufe der Zeit kam immer mehr Elektronik und Digitaltechnik für die Steuerung von Gebäuden zum Einsatz, wobei der ursprüngliche Fokus in den Bereichen HVAC (*Heating, Ventilation, Air-Conditioning*) lag, heute jedoch weitaus mehr Komponenten eines Hauses (etwa die Zutrittskontrolle) über entsprechende Technik gesteuert wird [57]. Generell wird dabei zwischen Sensoren (also Messsystemen, etwa für Luftfeuchte und Temperatur in bestimmten Räumen) und Aktuatoren (also Steuerungstechnik, beispielsweise Fensteröffnern und Heizungsreglern) unterschieden.

Im Prinzip bestehen Gebäude-Automatisierungssysteme aus einem zentralen (oder verteilten) Kontrollsystem, dass entweder per Funk oder über Kabel mit verschiedenen Sensoren und Aktuatoren verbunden ist. Während Sensoren Messdaten (etwa Temperatur- und Feuchtigkeitsmessungen) oder Statusdaten (etwa, ob ein Fenster geschlossen ist, oder ob es offen ist) liefern, dienen Aktuatoren dazu, Aktionen durchzuführen (etwa die Stromzufuhr zur Kaffeemaschine abstellen). Zwischen den Sensoren, Aktuatoren und Kontrolleinheiten können Verteiler liegen, die sich um die effiziente Zustellung der Daten kümmern.

Ein Problem stellt im Bereich der Gebäudeautomatisierung die Interoperabilität dar, denn es existieren diverse, miteinander inkompatible Automationssysteme. Ein Automationssystem A kann nicht automatisch mit dem Automationssystem B kombiniert werden, da in beiden Systemen unterschiedliche Protokolle zum Einsatz kommen können [57]. Typische Vertreter für (auch industriell verwendete Systeme) sind der *European Interface Bus* EIB/KNX, BACnet und Zig-Bee. Systeme, die fast ausschließlich im Heimbereich vorkommen, existieren ebenfalls (so etwa das System HomeMatic von eq-3 oder das reine Sensorsystem CurrentCost von der CurrentCost Ltd.).

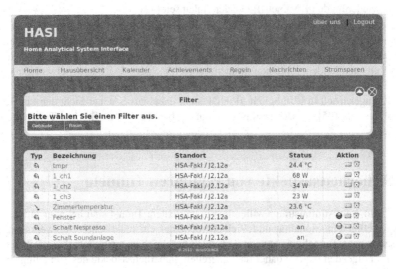

Abbildung 3.18: Das Webinterfaces des Home Analytical System Interface (HASI) abstrahiert zwei verschiedene Systeme zur Gebäude-Automation.

Für das Interoperabilitäts-Problem existieren zwei verschiedene Lösungen. Zum einen kann eine Middleware verwendet werden, die Hardwaredetails abstrahiert (siehe hierzu beispielsweise [80] oder den *Home Analytical System Interface*-Ansatz der Hochschule Augsburg [108],[148]) und auf diese Weise das Problem der Interoperabilität für High-Level-Ansätze umgeht (Vgl. Abbildung 3.18), zum anderen können Tunneling-Mechanismen zum Einsatz kommen, um durch Gateways eine Kommunikation zwischen den einzelnen Automationssystemen zu ermöglichen.

Damit kommt man auch automatisch zum zweiten Ansatzpunkt für Tunneling im Bereich der Gebäudeautomation, nämlich der Anbindung der Automationstechnik an das Internet – schließlich sollen Gebäude auch remote steuerbar sein (insbesondere durch die Smartphones der Bewohner).

3.12.1 KNXnet/IP und BACnet/IP

Nennenswert ist an dieser Stelle das in Europa wohl wichtigste Protokoll (EIB/KNX), dass sich über das Internet-Protokoll tunneln lässt. Der dafür entwickelte Ansatz nennt sich KNXnet/IP (früher EIBnet/IP) [74]. Zu den verschiedenen Diensten, die KNXnet/IP bereitstellt, gehört neben dem Device Management, dem Routing und einigen anderen Diensten auch das Tunneling. Das KNXnet/IP-Tunneling wird dazu verwendet, um eine Management-Verbindung in das KNX-Netz über IP zu übertragen [74] oder zwei KNX-Netze (etwa getrennte Gebäude) via IP miteinander zu verbinden [137]. Durch dieses Verfahren gestaltet sich die Remote-Administration von Gebäuden nicht nur einfacher, sondern auch kostengünstig.

Ein Gateway-Gerät übersetzt dabei KNX-Traffic in IP-Traffic für Ethernet-Netze, über diese anschließend eine Routinganbindung möglich ist. Das Tunneling erfolgt dabei über UDP (Port 3671), das wiederum den KNXnet/IP-Header einkapselt [43].

BACnet stellt hingegen eine besonders im amerikanischen Raum verbreitete Technik zur Gebäudeautomation dar. BACnet beinhaltet eine vierschichtige Protokollarchitektur, die sich in den Physical-, den Data Link-, den Network- und den Application-Layer aufteilt. Als Protokolle der untersten beiden Schichten können dabei verschiedene Systeme, etwa Ethernet samt Ethernet-Frames eingesetzt werden. Allerdings ist auch die Übertragung von BACnet/IP-Frames über UDP, eingekapselt in IP, möglich: IP/UDP stellt dabei aus BACnet-Sicht den Physical- und Datalink-Layer dar [85]. Das Tunneling wird dabei über sogenannte BACnet-Tunneling Router abgewickelt.

3.13 Sicherheitsaspekte von regulären Tunneln

Reguläre, also vom Administrator willentlich eingerichtete Tunnel sind bei aller in diesem Kapitel vorgestellter Funktionalität und Vielheit nicht nur ein praktisches Netzwerk-Instrument. Stattdessen können Tunnel, wie etwa in RFC 4213 beschrieben, auch Sicherheitsrisiken mit sich bringen. Im Folgenden werden daher die generellen Sicherheitsaspekte des Tunnelings beleuchtet. Dabei wird insbesondere auf das Problem des Spoofings hingewiesen. Da bei Einkapselung von einem IPv6-Paket in einem anderen IPv4-Paket (durch falsche Angabe der Quelladresse des eingekapselten IPv6-Paketes) nach dem Entkapseln beim Exit-Point ein Paket vorliegt, das mit einer falschen (etwa »Inhouse«-)Adresse wie ein vertrauenswürdiges (etwa internes) Netzwerkpaket gehandhabt wird [93]. Selbstverständlich kann alternativ auch die Quelladresse des äußeren IPv4-Headers gespooft werden.

Zur Reduktion dieses Problems empfiehlt das RFC, das Ingress-Filtering so zu konfigurieren, dass nur eingekapselte Pakete akzeptiert werden, die von explizit konfigurierten Quelladressen stammen [93]. Auch kann der Authentication Header (AH) bzw. Encapsulating Security Payload (ESP) von IPSec hier helfend zum Einsatz kommen, um Pakete zu signieren, die von einem vertrauensvollen Empfänger kommen.

Auch können Tunnelübertragungen selbstverständlich, wie jeder Netzwerkverkehr, von Dritten mitgelesen werden, sofern diese an einem Punkt ansetzen können, über den die Datenübertragung geroutet wird. Entsprechend empfiehlt sich der Einsatz von Verschlüsselung. Auch hier kann folglich wieder zu IPSec (unter diesem Gesichtspunkt ESP) und vergleichbaren Verfahren geraten werden.

Aus Sicht von Firewall-Systemen bringt Tunneling den administrativen Sicherheitsnachteil mit sich, dass eine Firewall typischerweise nicht jedes eingekapselte Protokoll analysieren kann bzw. nicht für jede mögliche Kapselkombination eine Regel konfiguriert wurde [26]. Diese Tatsache ermöglicht entsprechend das Schleusen von Angriffsdaten durch Firewalls hindurch. Gute Intrusion Detection Systeme können bspw. durch Matching-Verfahren Abhilfe schaffen. Auch können Angreifer Firewalls von Innen heraus umgehen, um Filter-Policies zu umgehen, und so beispielsweise mit einem ICMP-Tunnel Daten exfiltrieren. Dieses Thema wird im nächsten Kapitel behandelt.

Taib und Budiarto motivieren zudem den Einsatz separater Firewall-Systeme zur Absicherung von IPv6-in-IPv4-Tunneln, da sowohl beim Tunnel Entry-Point (Überprüfung auf das korrekte Interface, an dem ein Paket eintrifft), als auch beim Exit-Point (etwa zur Überprüfung auf Veränderungen des Pakets innerhalb des Tunnels bzw. auf durch *Man-in-the-Middle*-Angriffe[18] innerhalb des Tunnels eingefügte Pakete) eine Spoofing-Detection stattfinden sollte [132]. Zudem weisen die Autoren darauf hin, dass durch *nested tunnels* (also mehrfache Einkapselung) Filterregeln, die nur eine eingekapselte Schicht betreffen, nicht genügen.

Zusammenfassung

Für das Tunneling existieren je nach Anwendungsziel verschiedene Protokolle. So lassen sich PPP-Frames etwa durch das L2TP und PPTP über ein IP-Netz tunneln. Auch IPv4-Pakete können getunnelt werden – entweder in anderen IPv4-Paketen oder in IPv6-Paketen. Umgekehrt können IPv6-Pakete in IPv4-Paketen transportiert werden. Einige Protokolle, wie etwa GRE, sind für den Einsatz verschiedener Protokolle, also zum generellen Tunneling, entwickelt worden. Zudem existieren sicherheitsorientierte Protokolle für den Aufbau von VPNs, die ebenfalls Daten tunneln – in diesem Kapitel warfen wir den Blick insbesondere auf IPSec, dass zwei verschiedene Tunneling-Modi kennt: den »Tunnel«-Modus (Einkapselung ganzer IP-Pakete) und den »Transport«-Modus (Einkapselung der Transport-Layer-PDUs).

Ein weiteres Szenario für das Tunneling liegt im Bereich der Gebäudeautomation, um etwa Gebäude remote (über das Internet oder über Smartphones der Bewohner) zu steuern oder zur Administration (etwa bei separaten Firmenniederlassungen) miteinander zu verbinden.

Tunneling ist allerdings keine problemfreie Lösungsstrategie, sondern mit Sicherheitsaspekten verbunden, die bei der Integration von Tunneln bedacht werden sollten. So muss insbesondere die Problematik des Spoofings und die Überprüfung (mehrfach) eingekapselter Header (durch Firewalls oder Intrusion Detection Systems) berücksichtigt werden.

---

[18]Ein Man-in-the-Middle-Angriff (MITM-Angriff) greift in eine Kommunikation an einer Stelle zwischen Sender und Empfänger ein. So könnte ein gehackter Router, über den eine Verbindung läuft, etwa Pakete in eine bestehende Verbindung einschleusen.

4 Geheimes Tunneling

In diesem Kapitel werden verschiedene Möglichkeiten vorgestellt, über die »geheim« getunnelt werden kann. Das heißt, zu tunneln, ohne dass ein Dritter davon erfährt. An entsprechenden Stellen werden die Methoden anhand praktischer Beispiele entsprechender Implementierungen erläutert, um die Praxisnähe zu gewährleisten. Im nächsten Kapitel werden Sie sehen, dass es sich bei den in diesem Kapitel vorgestellten Verfahren bereits um verdeckte Kanäle handelt. Es soll uns in diesem Kapitel allerdings vorerst genügen, die Verfahren ohne den wissenschaftlichen Kontext der verdeckten Kanäle zu verstehen.

Wir werden die einzelnen TCP/IP-Schichten im Folgenden getrennt betrachten und jeweils Möglichkeiten für geheimes Tunneling aufzeigen. Die unterste Schicht findet dabei nur geringe Betrachtung, da geheimes Tunneling im lokalen Netz in der Regel überflüssig ist und erst im Zusammenhang mit Routing seine Sinnhaftigkeit entfaltet.

4.1 Geheimes Tunneling im LAN

Das Tunneling auf dem untersten TCP/IP-Layer gestaltet sich recht simpel. Vorgestellt wurden drei zugehörige Techniken bereits 1987 von Girling, der zum einen das Zeitverhalten von Frames im LAN manipulierte[1] und zum anderen zwei Speicherbereiche innerhalb von Frames manipulieren konnte: das Adressfeld und die Länge des Datenblocks [35].

Um Informationen über das Adressfeld zu versenden, schlug Girling vor, die Kommunikation zwischen einem Sender und mehreren Empfängern passiv durch einen Empfänger der verdeckten Daten überwachen zu lassen (alle Frames müssen dazu allen Hosts im LAN zugänglich sein, wie es bei 10base2 bzw. Hub-basierten Netzen üblich ist) [35]. Der passive Empfänger überwachte dabei den Wechsel der Adresssaten-Werte, die der Sender in den Frames unterbrachte. Auf dieselbe Weise konnte Girling analog die Länge des Datenblocks als geheime Information wahrnehmen, wobei er damals von mindestens 256 möglichen Zuständen sprach [35].

Ein andersartiges Verfahren wurde 2010 von Jankowski et al. in [52] vorgestellt. Dabei werden geheime Informationen dadurch signalisiert, dass Ethernet-Frames mit steganografischen Padding-Inhalten übertragen wurden. Interessant ist dabei der Aspekt, dass Gruppenkommunikation zwischen an der geheimen Kommunikation beteiligten Peers ermöglicht wird. Die Hosts identifizieren sich über Bekanntmachungs-Inhalte im Padding von ARP-Broadcasts und kommunizieren über die Padding-Inhalte, die TCP-Daten beinhalten (das Padding findet dabei allerdings immer in der Ethernet-Frame statt und nicht im TCP- oder ARP-Header).

Im Zusammenhang mit diesen Verfahren steht auch ein von Ji et al. 2009 vorgestelltes Verfahren. Die Autoren erzeugen verdeckten Traffic anhand der Manipulation von Nachrichtenlängen.

---

[1] Den Zeitaspekt von verdeckter Kommunikation werden wir uns in den folgenden Kapitel ansehen. Girling manipulierte die Invervallzeiten zwischen dem Senden von zwei Frames um geheime Informationen zu signalisieren.

Die Technik an sich basiert zwar auf der bestehenden Idee, Nachrichten verschiedener Länge zu übertragen (wie etwa das Verfahren von Girling), nutzt aber im Gegensatz zu alten Verfahren die Eigenschaften des Normaltraffics im lokalen Netzwerk aus, um statistische Auffälligkeiten zu vermeiden [53].

Li et al. haben (in einem zum Zeitpunkt des Verfassens dieses Buches leider unfertigen Report) die Möglichkeit untersucht, Covert Channels in geswitchten LAN-Umgebungen zu erstellen. Dabei wurde ein NetGear ProSafe 24 Port 10/100 Fast Ethernet Switch verwendet, um einen verdeckten Kanal zwischen drei Computern A, B und C aufzubauen. Jeder dieser drei Computer wurde direkt an einen Port des Switches angeschlossen. Zunächst sendete Computer A seine Daten direkt an C und erreichte dabei die maximale Übertragungsrate. Zur Signalisierung verdeckter Informationen wurde anschließend Computer B verwendet, der ebenfalls Traffic an C sendete, wodurch der Durchsatz zwischen A und C sank (somit konnte A die verdeckten Informationen indirekt empfangen) [78]. Ein weiterer Test mit vier Computern A, B, C und D, wobei A an B und C an D sendete und jeder Host an einem unterschiedlichen Port angeschlossen wurde, ergab hingegen, dass beide Datenströme unabhängig von den anderen Datenströmen operierten und somit fast keine Beeinflussung des jeweils anderen Datenstroms möglich war, weil die Zielsysteme nicht denselben Ausgangsport verwendeten [78]. Es konnte jedoch auch gezeigt werden, dass solche portunabhängigen Datenströme bei *maximaler* Netzwerkauslastung durchaus wieder verdeckte Datenübertragungen liefern.

Weitere Möglichkeiten für geheime Kommunikation in LANs finden sich in [154], wobei dort das Padding in IEEE 802.3-Frames und die Möglichkeiten für das Ausnutzen verschiedener Bestandteile anderer Frametypen (etwa IEEE 802.5) dargestellt wird. Ebenfalls in den Kontext des LANs fällt eine von Rios et al. vorgestellte Thematik. Die Autoren fanden Wege, eine geheime Kommunikation über DHCP zu ermöglichen [107].

4.2 Geheimes Tunneling auf dem Internet Layer

Generell lässt sich sagen, dass im Internet Layer (also für IPv4 und IPv6) ein Tunneling auf vielfache Weise möglich ist. Die Header beider Protokolle bieten unterschiedlichste Versteckmöglichkeiten für geheime Informationen. Die gewählte Platzierung geheimer Daten ist dabei abhängig von der jeweiligen Umgebung: Werden in einem Netz etwa QoS-Werte gesetzt und verwendet, können diese nur beschränkt für geheime Informationen mitverwendet werden. Die folgenden Auflistungen sind aus den Veröffentlichungen [111], [126], [6], [76] und [89] zusammengestellt.

Üblicherweise werden in IPv4 die Type of Service-Bits, der Identifier (16 Bits), das reserved Flag, der Fragment-Offset (durch Modulation der Fragmentgrößen [89]) die Time to Live (TTL, 8 Bits) und Options zur Unterbringung von Geheimdaten benutzt. Während einige Werte mit höherer Wahrscheinlichkeit überschrieben werden (etwa die TTL) als andere (etwa der Identifier), muss selbstverständlich auch in diesem Fall nach der Auffälligkeit der Unterbringung differenziert werden. Ein gesetztes Reserved-Flag ist relativ auffällig (bringt aber nur 1 Bit an Speicherplatz), wohingegen im Identifier 16 mal so viele Daten untergebracht werden können, aber dieser in der Regel weniger auffällig als das Setzen des Reserved-Flags ist. Besonders auffällig sind IP-Options. Im Falle der TTL lässt sich bei kurzen Routen zwischen Sender und

Empfänger ein guter Kompromiss gegen das Überschreiben von Daten finden, denn auf typischen Internet-Routen werden in der Regel weniger als 40 Hops passiert. Somit können die höherwertigen Bits mit höherer Sicherheit für geheime Informationen verwendet werden. Bringt man in diesen höherwertigen Bits allerdings den Wert 0 unter, ist die Wahrscheinlichkeit dafür, dass das Datagramm nicht sein Ziel erreicht, (abhängig von der jeweiligen Route) selbstverständlich gesteigert.

In IPv6 werden in etwa dieselben Felder verwendet, wie bei IPv4, nämlich die Traffic Class (bei IPv4: ToS-Werte), das Flow Label, der Hop Limit-Wert (bei IPv4: TTL) und entsprechende Erweiterungsheader (bei IPv4: Options). [76] nennt hier beispielhaft den Routing Extension-Header. Auch das bloße Vorhandensein eines Erweiterungsheaders und deren Reihenfolge kann zur Übertragung geheimer Informationen verwendet werden (dies gilt analog auch für IPv4). Solcherlei zeitliche Aspekte lernen Sie im nächsten Kapitel kennen.

4.3 Geheimes Tunneling über ICMP

Selbstverständlich begrenzen sich die Tunneling-Möglichkeiten nicht auf den Internet-Layer. Auch das ICMP-Protokoll bietet diverse Möglichkeiten für die Unterbringung geheimer Daten [123]. Ein bekanntes Beispiel hierfür bietet das Tool *Ping Tunnel*[2], das Daten im Payload der ICMP Echo-Request/-Response unterbringt [130]. Ping Tunnel bettet in die Echo-Nachrichten zudem ein internes Kommunikationsprotokoll ein, mit dessen Hilfe Reliability erreicht werden kann (über interne Sequenznummern und Acknowledgement-Messages). Ping Tunnel besteht aus zwei Komponenten: einem Proxyserver und einem Client. Dabei dient der Proxyserver dazu, über ICMP eintreffende Nachrichten (diese werden über einen Zugehörigkeits-Identifier, der im internen Protokoll von Ping Tunnel enthalten ist, identifiziert) an ein Zielsystem weiterzuleiten. Der Ping Tunnel-Client verbindet sich wiederum mit dem Ping Tunnel-Server, nimmt aber lokal TCP-Verbindungen entgegen, die er über den Proxy zum Zielsystem weiterleitet. Im Folgenden sehen Sie einen Beispielaufruf. Der Rechner "cc" dient dabei als Proxyserver und der Rechner "client" als Ping Tunnel-Client, der die Anweisung bekommt, Nachrichten an *www.wendzel.de*, Port 80 weiterzuleiten und auf Port 10000 eine lokale TCP-Clientverbindung entgegenzunehmen.

```
cc# ptunnel
[inf]: Starting ptunnel v 0.71.
[inf]: (c) 2004-2009 Daniel Stoedle, <daniels@cs.uit.no>
[inf]: Security features by Sebastien Raveau,<sebastien.raveau@epita.fr>
[inf]: Forwarding incoming ping packets over TCP.
[inf]: Ping proxy is listening in privileged mode.

client# sudo ptunnel -p cc.informatik.hs-augsburg.de -lp 10000 \
-da www.wendzel.de -dp 80
[inf]: Starting ptunnel v 0.71.
[inf]: (c) 2004-2009 Daniel Stoedle, <daniels@cs.uit.no>
```

---

[2]Ping Tunnel finden Sie unter *http://www.cs.uit.no/~daniels/PingTunnel/*.

```
[inf]: Security features by Sebastien Raveau,<sebastien.raveau@epita.fr>
[inf]: Relaying packets from incoming TCP streams.

client$ telnet localhost 10000
Trying ::1...
Trying 127.0.0.1...
Connected to localhost.
Escape character is '^]'.
HEAD / HTTP/1.0

HTTP/1.1 200 OK
Date: Fri, 12 Aug 2011 17:13:15 GMT
Server: Apache
Last-Modified: Thu, 11 Aug 2011 16:09:36 GMT
ETag: "697004a-2a59-4aa3d05ed3000"
Accept-Ranges: bytes
Content-Length: 10841
Connection: close
Content-Type: text/html; charset=UTF-8
X-Pad: avoid browser bug

Connection closed by foreign host.
```

Weitere Implementierungen für ähnliches ICMP-Tunneling sind LOKI2[21] (unterstützt zudem UDP; ein Protokollwechsel ist während der Laufzeit möglich) und vstt[3] (unterstützt mehrere Protokolle, allerdings nicht parallel).

Ray und Mishra zeigten, dass es möglich ist, im Timestamp-Wert von Echo-Nachrichten in den least significant Bytes unterzubringen, um ein mit Linux-Systemen statistisch gleiches Verhalten der Nachrichten zu erzeugen [104]. Mit diesem Verfahren konnten die Autoren 6 Bytes (davon 1 Byte für ein internes Protokoll und 5 Bytes für Payload) pro Paket übertragen.

Es ist bekannt, dass bereits große DDos-Attacken mit Hilfe von ICMP Covert Channels koordiniert wurden [123]. [124] setzt sich mit dem Problem des unerwünschten ICMP-Tunnelings auseinander.

Neben den ICMP Echo-Types können die Werte im Type- und Code-Feld auch direkt für geheime Kommunikation verwendet werden. Zudem sind die Inhalte diverser anderer ICMP-Nachrichten mit entsprechenden Inhalten versehbar [123, 13].

4.4 Geheimes Tunneling über TCP und UDP

Selbstverständlich lassen sich generell alle Felder von TCP und UDP für verdeckte Kommunikation ausnutzen. Das gilt wohl für praktisch alle Protokolle. Wie bei den anderen besprochenen Ansätzen werden wir uns hier allerdings auf die geschickten Verfahren (diese liegen insbesondere

---

[3]Dieses Programm finden Sie unter *http://www.wendzel.de*.

für TCP vor) konzentrieren. In der Hacking Community kam etwa das Verfahren auf, einzelnen UDP/TCP-Ports unterschiedliche Code-Wörter zuzuweisen [15].[4]

2002 zeigten Giffin et al. eine Möglichkeit auf, über TCP-Timestamps zu kommunizieren [33]. TCP-Timestamps sind ein optionaler Bestandteil des TCP-Headers. Für den verdeckten Kanal wird dabei eine minimale Verzögerung zur Modifikation des Least Significant Bits (LSB) verwendet. Die Proof-of-Concept-Implementierung arbeitet dabei mit SHA-1 zusammen und sorgt dafür, dass keine höherwertigen Bits gekippt werden müssen, um die Detektierbarkeit des Kanals so gering, wie möglich, zu halten [33].

Eine sehr bekannte Weise, durch TCP-Verbindungen geheim zu tunneln, besteht in der Ersetzung der *Initial Sequence Number* (ISN) des Headers. Dafür wird im TCP/IP-Stack eine Übersetzungsschicht integriert, die zwischen tatsächlicher und geheimer ISN konvertiert. Zwar stehen so nur 4 Bytes (Größe des ISN-Feldes) pro gesamter Verbindung bereit, doch kann so ein passiver verdeckter Kanal erzeugt werden (mehr dazu in Kapitel 5.4.3). Ursprünglich wurde die Verwendung des ISN-Felds von Rowland vorgeschlagen [111], später zeigte Rutkowska an diesem die passiven Kanäle.[5]

Rowland hat 1997 ein ebenfalls auf der ISN aufsetzendes Verfahren beschrieben, bei dem Spoofing (also das Fälschen der Absenderinformation) zum Einsatz kommt [111]. Das Ziel von Rowlands Verfahren besteht neben der Geheimhaltung der Kommunikation zudem in der Abschirmung des Senders. Zum Einsatz kommt neben dem eigentlichen Sender und dem Empfänger der verdeckten Kommunikation auch ein *Bounce Server*, der vom Sender verwendet wird, um Nachrichten an den Empfänger zu senden. Die Funktionsweise ist einfach zu verstehen: Zunächst schickt der Sender ein gespooftes TCP-Paket an den Bounce Server. Das Paket enthält die Absenderadresse des Empfängers und versteckte Informationen in der Sequenznummer. Der Bounce Server wird auf das Paket antworten und dabei die Sequenznummer um 1 erhöhen und als Acknowledgement-Nummer in das Antwortpaket setzen. Dieses Paket sendet der Bounce Server an den vermeintlichen Sender der Nachricht (also den Empfänger) zurück, der somit die geheime Information über diesen indirekten Weg erhält und aus dem Paket extrahieren kann. Problematisch ist das Verfahren vor allen Dingen wegen des durchaus auffälligen Spoofings.

4.5 Geheimes Tunneling über Plaintext-Protokolle

Besonders einfach ist das geheime Tunneling im Falle von Protokollen mit Plaintext-Headern. Zu diesen Protokollen zählen beispielsweise HTTP und NNTP. Durch den Header und die Befehlsstruktur dieser Protokolle (oftmals sind Angaben nicht case-sensitive und erlauben viele übliche Variationen), ergeben sich viele Möglichkeiten, geheime Informationen zu platzieren.

Das HTTP-Protokoll kennen Sie bereits aus Kapitel 2.12. Noch nicht besprochen haben wir an dieser Stelle die Möglichkeiten der geheimen Datenübertragung durch dieses bedeutende Protokoll des modernen Internets. Verdeutlicht werden können diese Möglichkeiten allein schon durch die Angabe einer URL. So könnte ein Angreifer »/secret« anfragen, was relativ einfach zu de-

---

[4]Vergleiche hierzu auch Abschnitt 4.7, in dem *Protocol Channels* erläutert werden und in dem dieses spezielle Verfahren eingeordnet wird (insb. Abschnitt 4.7.4).

[5]Fälschlicher Weise wird oft angenommen, die eigentliche Ausnutzung des ISN-Feldes würde von Rutkowska stammen, was wohl daran liegen dürfte, dass Rutkowskas Verfahren in Hackerkreisen besonders hohe Bekanntheit erlangte.

tektieren wäre. Besser wäre da schon, ein Angreifer würde geheime Informationen in Werten unterbringen, die nicht sofort auffällig sind. Dazu zählt etwa die Angabe der erwünschten Sprachen im HTTP-Request. Auch möglich ist die Angabe verschiedener Browser samt verschiedener Versionsnummern – Firefox könnte für ein 1er Bit stehen, Internet Explorer für ein 0er-Bit und Opera beispielsweise für »001«. Genauso ist es denkbar, durch Cookie-Werte und sämtliche andere Headerbereiche zu tunneln.

Bei anderen Plaintext-Protokollen, die eine befehlsartige Interaktion mit dem Server durchführen (etwa POP3, SMTP und NNTP) können durch Groß- und Kleinschreibung verdeckte Informationen übertragen werden. Auch Parameter-Angaben (etwa die Ranges für Usenet-Postings) können als Repräsentant für verdeckte Informationen dienen. Gleichzeitig können verdeckte Kanäle in diversen Bestandteilen der Mail- bzw. Posting-Header auf dieselbe Weise, wie sie gerade für HTTP genannt wurden, untergebracht werden. So simpel die Möglichkeiten sind, so vielzählig sind sie auch. Das folgende Listing illustriert die genannten Variationen für das NNTP-Protokoll.

```
$ telnet localhost 119
Trying ::1...
Trying 127.0.0.1...
accepting tcp connection.
Connected to localhost.
Escape character is '^]'.
200 WendzelNNTPd-OSE (Open Source Edition) 2.0.1 'Vienna'  - (Feb 17
2012 15:53:13 #2382) ready (posting ok).
listgroup alt.wendzelnntpd.test
client sent 'listgroup alt.wendzelnntpd.test
'
211 Article list follows
1
2
3
4
5
...
23
24
25
.
xover 1-2
224 overview information follows
1 Test-Nachricht Steffen Wendzel
    <....@rz.fh-augsburg.de>Fri, 17 Feb 12 17:26:59 +0100
    <cdp1@.....informatik.hs-augsburg.de> 508 3
2 Re: Test-Nachricht nobo dy <o_0@.......de>
    Fri, 17 Feb 12 17:36:36 +0100
```

```
<cdp2@dialin170-147.RZ.FH-Augsburg.DE>
<cdp1@.......informatik.hs-augsburg.de> 657 11
.
QuIT
205 closing connection - goodbye!
```

4.6 Protocol Hopping Covert Channels

Neben den bisher besprochenen Varianten des geheimen Tunnelings, bei dem es sich bereits um verdeckte Kanäle (Covert Channels) handelt, die wir im nächsten Kapitel genauer betrachten werden, gibt es zwei komplexere Techniken, die protokollübergreifend agieren: Protocol Hopping Covert Channels und Protocol Channels. Zunächst soll der Begriff des »Protocol Hopping Covert Channels« exakt definiert werden; anschließend wird die Definition erläutert.

(Protocol Hopping Covert Channel) Protocol Hopping Covert Channels sind verdeckte Kanäle, die Speicherattribute ausnutzen (sog. *storage channels*) und während der Übertragung von versteckten Daten das Übertragungsprotokoll wechseln [145, 146].

Einem solchen Protocol Hopping Covert Channel steht eine Menge P_n an Protokollen zur Verfügung, die er derart ausnutzen kann, wie es in den vorherigen Abschnitten besprochen wurde. So könnte etwa ein Protokoll auf TCP basieren und die ISN ausnutzen und ein anderes Protokoll ein Feld des HTTP-Headers ausnutzen. Soll etwa die Bitfolge B über einen Protocol Hopping Covert Channel übertragen werden, und ist festgelegt, dass pro Paket des Protokolls P_n maximal A_n versteckte Bits übertragen werden können, dann läuft die Übertragung folgendermaßen ab:

1. Ein erstes Paket eines Protokolls P_1 wird verschickt. Es enthält von den zu übertragenden Daten maximal A_1 Bits. Falls die Bitfolge weniger Bits als A_1 beinhaltet, werden weniger Bits übertragen und die Übertragung ist beendet. Andernfalls wird Schritt 2 behandelt.

2. Ein weiteres Paket eines Protokolls P_2, wobei P_2 ein bereits verwendetes Protokoll sein kann, wird verschickt, das die nächsten maximal A_2 Bits enthält.

3. Schritt 2 wird wiederholt, bis alle Bits der Bitfolge B übertragen wurden.

Ein konkretes Beispiel wird durch Abbildung 4.1 veranschaulicht. Hierbei wird ein Protocol Hopping Covert Channel mit drei Protokollen (HTTP, DNS und ICMP) verwendet und es können pro Paket jeweils vier Bits versteckt übertragen werden. Die zu übertragende Bitfolge "0100 1010 1010 1010" muss entsprechend auf vier Pakete aufgeteilt werden.

4.6.1 Erste Implementierung mit manueller Steuerung

Erstmalig kam eine solche Technik im LOKI2-Code in primitiver Form zum Einsatz [21]. Der Autor »daemon9« stellt darin einen Code vor, der sowohl über das ICMP- als auch über das UDP-Protokoll senden kann. Im Code wurde ein spezieller »/swapt«-Befehl implementiert. Wird dieser Befehl ausgeführt, dann wechselt das Programm das Übertragungsprotokoll. Das nächste Listing zeigt auszugsweise die entsprechenden Codezeilen des LOKI2-Codes; sobald im Empfangsbuffer der »/swapt«-String gefunden wird, sendet der Prozess ein eigenes Signal bei dessen

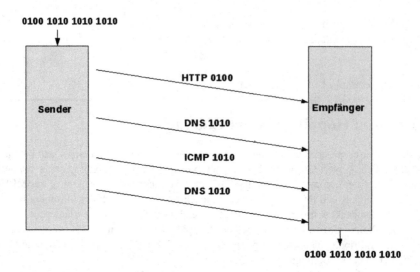

Abbildung 4.1: Funktionsweise eines Protocol Hopping Covert Channels

Empfang die `swap_t()`-Funktion aufgerufen wird, die das Protokoll ändert. Durch dieses Feature kann der LOKI2-Code als manuell steuerbarer Protocol Hopping Covert Channel betrachtet werden.

```
#define SWAP_T      "/swapt"         /* Swap protocols          */
...

int main(int argc, char *argv[])
{
    ....
    if (signal(SIGUSR1, swap_t) == SIG_ERR)
        err_exit(1, 1, verbose, L_MSG_SIGUSR1);
    ...
}

/*
 *  Parse escaped commands (server-side version)
 */

void d_parse(u_char *buf, pid_t pid, int ripsock)
{
    ....
    if (!strncmp(buf, SWAP_T, sizeof(SWAP_T) - 1))
    {
```

```
        if (kill(getppid(), SIGUSR1))
            err_exit(1, 1, verbose,
                "[fatal] could not signal parent");
        clean_exit(0);
    }
    ...
}

void swap_t(int signo)
{
    ...
    close(tsock);

    prot = (prot == IPPROTO_UDP) ? IPPROTO_ICMP : IPPROTO_UDP;
    if ((tsock = socket(AF_INET, SOCK_RAW, prot)) < 0)
        err_exit(1, 1, verbose, L_MSG_SOCKET);
    pprot = getprotobynumber(prot);
    sprintf(buf, "lokid: transport protocol changed to %s\n",
        pprot -> p_name);
    fprintf(stderr, "\n%s", buf);
    ...
}
```

Dass das Feature des Protokollwechsels so unbeachtet blieb, liegt aller Wahrscheinlichkeit nach daran, dass der Autor selbst kaum etwas darüber schrieb und das Feature als unfertig bezeichnete: *Swapping protocols is broken in everything but Linux. I think it has something to do with the Net/3 socket semantics. This is probably just a bug I need to iron out. Quite possibly something I did wrong. (...) Nevermind the fact that the server isn't doing any synchronous I/O multiplexing, consequently, swapping protocols requires a socket change on everone's part. This is why this feature is 'beta'* [21]. Auch Goltz geht in seiner Untersuchung des LOKI2-Codes nicht auf das Feature des Protocol Swappings ein [36].

4.6.2 phcct

Mit dem Proof-of-Concept-Code »phcct« konnte ein erster automatischer Protocol Hopping Covert Channel implementiert werden. Gegenüber dem LOKI2-Code konnte phcct den Protokollwechsel transparent (also ohne Wissen des Anwenders) und selbstständig durchführen. Außerdem verwendet das Programm ein internes Steuerprotokoll zur Sortierung von eingehenden Paketen. Das Programm wurde in [145] vorgestellt.

4.6.3 Anpassungsfähige Covert Channels

Im Dezember 2008 wurde in [158] eine den Protocol Hopping Covert Channels ähnliche Idee vorgestellt. Interessant und neu ist das dort besprochene Kommunikationsprotokoll zur Einrichtung einer geheimen Kommunikation. Dieses Kommunikationsprotokoll besteht aus zwei Phasen: In der ersten Phase (*Network Environment Learning Phase*) lernen die Systeme, die miteinander verdeckt kommunizieren sollen, die von den anderen Systemen sowie die vom eigenen System benutzten Netzwerkprotokolle kennen. Das System mit der Nummer n wird dabei mit A_n und die vom System verwendeten Netzwerkprotokolle mit P_n bezeichnet. Als gemeinsame Kommunikationsbasis wird anschließend die Schnittmenge der von zwei Hosts verwendeten Netzwerkprotokolle ausgesucht.

Benutzt System A_1 etwa die Netzwerkprotokolle $P_1 = \{DNS, HTTP, OSPF\}$ und das eigene System A_2 die Netzwerkprotokolle $P_2 = \{DNS, Telnet, HTTP\}$, so einigen sich beide Hosts auf eine gemeinsame Kommunikationsbasis, die sich aus der Schnittmenge $P_1 \cap P_2 = \{DNS, HTTP\}$ zusammensetzt. Des Weiteren wird von der gebildeten Schnittmenge die Menge der nicht gerouteten bzw. geblockten Netzwerkprotokolle (P_b) abgezogen, sodass letztlich $(P_1 \cap P_2) \not\subseteq P_b$ verwendet wird. Der gesamte Ansatz verläuft passiv und wird in Kapitel 7.4.4 noch im Detail analysiert.

In der zweiten Phase des Protokolls, der *Communication Phase*, wird anschließend die Kommunikation über die in der ersten Phase ausgewählten Netzwerk-Protokolle abgewickelt. Parallel läuft der Prozess der Network Environment Learning Phase weiter, um Veränderungen in den Mustern der Protokollnutzung dynamisch zu erkennen und die Schnittmenge der verwendeten Protokolle ggf. anzupassen.

4.7 Protocol Channels

Den Protocol Hopping Covert Channels als eine Spezialform untergeordnet ist eine weitere Art von Covert Channels, deren Einführung nicht vergessen werden soll: Die *Protocol Channels* [144, 146]. Protocol Channels übertragen Informationen lediglich durch das von einem Datenpaket benutzte Protokoll, verfügen im Gegensatz zu den Protocol Hopping Covert Channels also über keine ausgenutzten Attribute.

(*Protocol Channel*) Ein Protocol Channel ist ein verdeckter Kanal, bei dem Daten *ausschließlich* durch die Information des verwendeten Protokolls gesendeter Pakete übertragen werden (1). Ein Protocol Channel enthält *keine* statischen Identifikationsmerkmale (2). Bei den verwendeten Protokollen muss es sich um für das jeweilige Netzwerk typische, d.h. unauffällige, Protokolle handeln (3).

Diese Definition mit ihren drei Aussagen soll im Folgenden detailliert begründet und erläutert werden. Zunächst wird zu diesem Zweck die grundlegende Funktionsweise von Protocol Channels betrachtet um *Aussage (1) der obigen Protocol Channel-Definition* zu erläutern.

Im Protocol Channel wird verschiedenen Protokollen eine eindeutige Bitkombinationen zugeordnet. Jede Bitkombination entspricht genau einem Protokoll; es ist allerdings auch denkbar, dass mehrere Protokolle für dieselbe Bitkombination stehen, was an dieser Stelle jedoch keine Rolle spielt.

Um eine Übertragung von Bits zu ermöglichen, werden mindestens zwei Zustände, also zwei unterschiedliche Protokolle, benötigt. So könnte etwa dem HTTP-Protokoll der erste Zustand (Bit: 0) und dem DNS-Protokoll der zweite Zustand (Bit: 1) zugeordnet werden. Optimaler Weise stehen mehr als zwei unterschiedliche Protokolle zur Verfügung, sodass ein Protokoll mehr

Protokoll	Zustand	Übertragene Bits
HTTP	1	00
DNS	2	01
ICMP	3	10
POP3	4	11

Tabelle 4.1: Beispiel für Bitübertragung durch einen Protocol Channel

als nur ein Bit repräsentiert. Bei vier Protokollen würden dementsprechend vier verschiedene Zustände pro zu übertragendem Datenpaket zur Wahl stehen, wodurch sich zwei Bits repräsentieren ließen. Tabelle 4.1 zeigt dies am Beispiel von vier Protokollen. Wendet man diese vier Protokolle nun zur Übertragung der Bitkombination "00 01 01 11" an, wie dies in Abbildung 4.2 veranschaulicht wird, so wird folgende Paketkombination in der genannten Reihenfolge an den Empfänger des Protocol Channels geschickt: HTTP, DNS, DNS, POP3.

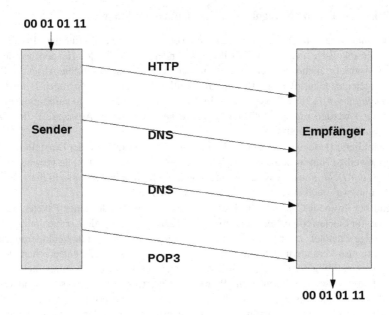

Abbildung 4.2: Beispiel eines Protocol Channels

4.7.1 Weitere Eigenschaften der Protocol Channels

Vergleicht man Protocol Channels mit typischen Storage Channels, etwa dem Verstecken von Daten im IPv4 TTL-Feld oder im Payload eines ICMP Echo-Requests, dann fallen die beson-

Schicht	Protokoll	Feldbezeichnung
Network-Access	Ethernet	Ether-Type
Network-Access	Point-to-Point Protocol (PPP)	Protocol
Internet	IPv4	Protocol
Internet	IPv6	Next Header
Internet	ICMPv4	ICMP Type
Transport	TCP, UDP	Quell-/Zielport

Tabelle 4.2: Besonders verbreitete Protokolle, die sich für Protocol Channels eignen und ihre Identifier für eingekapselte Protokolle.

deren Eigenschaften von Protocol Channels auf, die im Folgenden erläutert werden. Dabei wird parallel auch auf die Aussagen (2) und (3) der obigen Protocol Channel-Definition eingegangen.

4.7.1.1 Pakete sind nicht von regulären Paketen unterscheidbar

Protocol Channels manipulieren *ausschließlich* eine einzige Information (die des »Protocol Identifiers«) in Protokoll-Headern (Vgl. Tabelle 4.2). Andere Bereiche des Headers werden nicht manipuliert, somit ist auch kein Identifikationsmerkmal (etwa eine gefälschte Absender-Adresse oder ein festgelegtes Identifikations-Bit) im Protokollheader enthalten (*Aussage (2) der Protocol Channel-Definition 4.7*). Der Protocol-Identifier dient dabei nicht als Identifikationsmerkmal, da er verändert werden muss, um Daten zu verstecken und zudem Aussage (3) der *Protocol Channel-Definition* gelten muss.

Die manipulierte Header-Information stimmt anschließend exakt mit der Darstellung überein, die für das jeweilige Netzwerk unauffällig ist, da übliche Netzwerkprotokolle verwendet werden (*Aussage (3) der Definition*). Aussage (2) und (3) der Definition hängen also in ihrer Bedeutung voneinander ab, was noch etwas genauer erläutert werden sollte:

Während bei Protocol Channels die Protocol Identifier im Header eines Paketes immer auf die gleichen, für das jeweilige Netzwerk üblichen, Werte gesetzt werden, sorgen andere Varianten von Storage Channels zwar für ebenfalls sehr schwer zu detektierende Veränderungen (etwa IP TTL-Feld), also Veränderungen, die *Aussage (2) der Definition* nicht entsprechen, doch sind diese durchaus auffällig.[6] Kümmert sich der Benutzer des Protocol Channels nicht um diese Eigenschaft, also verwendet er unübliche Protocol-ID-Werte, dann geht diese besondere Eigenschaft verloren und die *Aussage (3) der Definition* ist nicht mehr erfüllt, weshalb es sich nicht mehr um einen echten Protocol Channel handelt. Entsprechend wäre der Channel über unübliche Werte im Protocol-Header detektierbar.

Aussage (2) und (3) bringen in Kombination für den Protocol Channel also überhaupt erst den eigentlichen Nutzen: Sie machen den Protocol Channel fast undetektierbar, da er sich nicht ohne statistische Mittel oder Machine Learning von regulärem Traffic unterscheiden lässt.

---

[6]Beispielsweise ist ein Storage Channel, der die IPv4 TTL benutzt, dadurch detektierbar, dass ein Empfänger eine TTL mit niedrigem Wert vorfindet, obwohl der Sender vielleicht nur einen Hop entfernt und keine lange Alternativroute vorhanden ist.

4.7.1.2 Implementierung auf verschiedenen Layern möglich

Ein Protocol Channel kann im Gegensatz zu festgelegten Verfahren (etwa Nutzung des ICMP Payloads, der TCP ISN, des Domain-Names bei DNS oder der IPv4 TTL) auf verschiedensten Layern implementiert werden. Es muss lediglich im jeweiligen Protokoll-Header die ID für das eingekapselte Protokoll ausgewertet werden können. Das bedeutet, dass ein Protocol Channel seine Information in jedem Protokoll einbringen kann, das ein eingekapseltes Protokoll beinhaltet und dessen Typ angibt. Tabelle 4.2 zeigt beispielhaft die Werte, die ein Protocol Channel bei verschiedenen Protokollen manipulieren darf. Dabei ist zu beachten, das es nicht festgelegt ist, dass auf einem TCP- bzw. UDP-Zielport ein bestimmtes Protokoll verwendet wird, es könnte auch ein HTTP-Server auf dem Port des POP3-Protokolls Verbindungen entgegennehmen. Für einen Protocol Channel eignet sich die Portinformation jedoch trotzdem, da empfangsseitig nur ihr Wert ausgewertet wird und das tatsächlich verwendete Protokoll nebensächlich ist.

4.7.1.3 Indirekter Empfang verdeckter Informationen

Zum Senden/Empfangen von Informationen durch Protocol Channels muss nicht immer direkt auf die Protocol Identifier-Information des zugrunde liegenden Layers zugegriffen werden können. Es genügt ein indirekter Zugriff. Dies lässt sich durch folgendes Beispiel beweisen: Zwischen Sender und Empfänger werden zwei Protokolle (HTTP, Port 80 und UDP, Port 53) für den Protocol Channel verwendet. In diesem Fall kann der Empfänger einen Stream-Socket an Port 80 und einen Datagram-Socket an Port 53 binden. Der Betriebssystemkern kümmert sich um die Auswertung der Portnummern von TCP (die die eigentliche Information, also das verwendete Protokoll, beinhalten) und der Empfänger wartet schlicht auf neu eintreffende Pakete, ohne direkten Zugriff auf die Portwerte in den Headern des Transport-Layers zu erhalten. Der Sender kann analog mit solchen Sockets arbeiten.

4.7.1.4 Gleichzeitige Verwendung verschiedener Layer

Wie bereits erwähnt, kann ein Protocol Channel auf verschiedenen Layern implementiert werden. Daraus schließt sich eine weitere Eigenschaft der Protocol Channels: Ein Protocol Channel kann gleichzeitig Protokolle verschiedener Layer zur Informationsübertragung verwenden. Dazu muss der Empfängerprozess lediglich Paket Capturing auf verschiedenen Ebenen betreiben. Etwa kann der Sende-Prozess sowohl ICMP (die entsprechende Information ist dann im Internet-Layer (und zwar in der IP Protocol ID) enthalten) als auch HTTP (die Information ist dann im TCP Quell- bzw. Ziel-Port enthalten) benutzen.

4.7.2 Nutzungsprobleme

Zwar bieten Protocol Channels ihren Anwendern einige wichtige Vorteile, frei von Problemen sind sie allerdings nicht. Es ergeben sich bei genauer Betrachtung sogar einige sehr bedeutsame Probleme, die im Folgenden erläutert werden.

4.7.2.1 Empfangsbestätigungen und andere Sicherungen

Durch den geringen Platz, den Protocol Channels für die Übertragung von Nachrichten bereitstellen (typischer Weise 1 Bit oder 2 Bits), ist es nicht ohne weiteres möglich, Korrekturinformationen unterzubringen. Hierzu zählen etwa eine Checksum, die Angabe von Nachrichtenlängen, und die Integration von Sequenznummern zur Sortierung von Paketen.

Der Anfang einer neuen Nachricht könnte theoretisch mit einer Preamble signalisiert werden, diese allerdings würde zusätzlichen Traffic und damit zusätzliche Aufmerksamkeit erzeugen, was für verdeckte Kommunikationskanäle nicht akzeptabel ist.

Die Bestätigung von Paketen mit ACK-Flags ist ebenfalls nicht möglich, da das Verhalten von Protocol Channels dabei analog zum Zwei-Armeen-Problem (also der Frage: *Ist die Bestätigungsnachricht angekommen, oder ging sie unterwegs verloren?*) ohne endgültige Sicherheit verlaufen würde (eine Sequenznummer hat schließlich ebenfalls kaum Platz und so können bestätigte Pakete auch nicht identifiziert werden). Da Protocol Channels zudem keine Header-Bereiche als ACK-Flags benutzen dürfen, um der obigen Definition zu entsprechen, müsste die Bestätigung von Paketen äußerst minimal (nämlich etwa durch das Zurücksenden empfangener Pakete, die genauso verloren gehen können, wie die zuvor empfangenen Pakete) geschehen. Durch die damit einhergehende erhöhte Verlustwahrscheinlichkeit der Bestätigungspakete und die wiederum damit verbundene Zusatzgefahr einer Desynchronisierung (dazu in den nächsten Absätzen mehr), ist das Versenden von ACK-Paketen in Protocol Channels keineswegs nützlich.

4.7.2.2 Störungen durch eigentlichen Traffic (Rauschen)

Ein weiteres Problem stellt die *eigentliche Kommunikation* im Netzwerk, also die Kommunikation, die nicht zum Protocol Channel gehört, dar. Ein Empfänger von Protocol Channel Daten hat keine Möglichkeit, zwischen Daten des Protocol Channels und denen der eigentlichen Kommunikation zu unterscheiden (es sei denn, Identifikationsinformationen, die die Definition brechen würden, wären enthalten). Problematisch ist dies, da sobald ein Paket, dass nicht vom Sender verschickt wurde, jedoch beim Empfänger als Teil des Protocol Channels empfangen wird (etwa, weil ein anderer Host ein Paket eines entsprechenden Typs an den Empfänger oder via Broadcast sendet), die komplette nachfolgende Kommunikation desynchronisiert, da ein unpassendes Bit die Reihenfolge der Folgebits des Protocol Channels zerstört.[7] Eine Detektionsmöglichkeit von Übertragungsfehlern über ein Parity-Bit ist möglich, jedoch können selbstverständlich auch die Parity-Pakete verloren gehen.

Zwar könnten Identifikationsmerkmale in den Header-Bereichen der verwendeten Protokolle untergebracht werden, um zugehörige Pakete eindeutig identifizieren zu können[8], doch dies würde mehr Aufmerksamkeit erzeugen (etwa: immer gleicher Wert in einem Bereich einer Nachricht, wie bei "Ping Tunnel") oder Abhängigkeiten aufbauen (etwa: die Quell-Adresse der Pakete muss immer Adresse X entsprechen); und es würde von der Protocol Channel-Definition abweichen, d.h. es würde sich nicht mehr um einen Protocol Channel handeln.

---

[7] Das gilt ebenso für die nicht empfangenen Pakete, die ein »Loch« in die Bitfolge reißen würden.

[8] Dies wird beispielsweise von dem Programm "Ping Tunnel" getan, dass eine "magic number" in Pakete einbaut [130].

4.7.2.3 Desynchronisierung durch Angreifer

Wie bereits besprochen, können Protocol Channels durch verlorene Pakete und durch fälschlicherweise als zugehörig interpretierte Pakete desynchronisiert werden. Würde ein Angreifer (ggf. durch nichttechnische Maßnahmen, wie Erpressung) in Erfahrung bringen können, dass zwischen Alice und Bob ein Protocol Channel aufgebaut wurde, so könnte er den Channel desynchronisieren, indem er Pakete in den Protocol Channel injiziert.

Ein solcher Angriff würde folgendermaßen ablaufen und wäre relativ einfach möglich: Der Angreifer muss alle Pakete eines Netzwerks für einen gewissen Zeitraum überwachen und dadurch herausfinden, welche Protokolle verwendet werden. Anschließend schickt er jeweils ein Paket jedes benutzten Protokolltyps in das Netzwerk (entweder über Broadcast oder an jeden einzelnen Host). Durch diesen Angriff wird ein im Überwachungszeitraum aktiver Protocol Channel zwangsläufig desynchronisiert.

4.7.2.4 Fragmentierung

Fragmentierung muss als weiteres Problem betrachtet werden. Sendet ein Host ein Paket des Protokolls X, dann besteht durch Fragmentierung die Möglichkeit, dass mehr als ein Paket gleichen Typs beim Empfänger ankommt. Als Folge dessen würde die Bitkombination des Paketes mehrmals hintereinander empfangen werden. Dieses kann durch Überprüfung auf fragmentierte Pakete seitens des Empfängers verhindert werden, vergrößert allerdings den Implementierungsaufwand.

Als Lösung für dieses Problem kann der Sender versuchen, möglichst kleine Pakete zu senden, die nicht fragmentiert werden. Im Falle von IPv4 kann zudem das "More Fragments"-Flag überprüft werden und die zugehörige Indentification-Number für spätere Vergleiche zwischengespeichert werden (sodass doppelte Pakete aussortiert werden) [143].[9] Alternativ kann der Empfänger auf einer höheren Abstraktionsebene arbeiten, die die Fragmentierung aufhebt (etwa im Application-Layer mit Stream-Sockets, an die das Betriebssystem nur defragmentierten Payload liefert).

4.7.3 pct

Für Protocol Channels existiert die Proof-of-Concept-Implementierung »pct« [144, 146]. Das Programm initiiert einen unidirektionalen Protocol Channel zwischen zwei Hosts, die über Ethernet miteinander verbunden sind (auch über das Loopback-Device kann kommuniziert werden). Der Protocol Channel wird hierbei über zwei Protokolle (ICMP und ARP) umgesetzt. ARP-Pakete repräsentieren dabei ein 0er-Bit und ICMP-Pakete ein 1er-Bit. Um möglichst wenig Daten übertragen zu müssen und die von pct erzeugte Aufmerksamkeit gering zu halten, wurde eine 5-Bit-Kodierung der wichtigsten Zeichen (alle Großbuchstaben ohne Umlaute sowie einige Sonderzeichen) implementiert. Dies genügt zur Nachrichtenübertragung, da Kleinbuchstaben

---

[9]Im Falle von IPv6 ist zunächst zu überprüfen, ob als "Next Header" der "Fragment Extension Header" im Paket enthalten ist. Allerdings kommt erleichternd hinzu, dass IPv6-Pakete nicht mehr von Routern, sondern nur noch vom Sender fragmentiert werden [143]

Zeichen	Code	Zeichen	Code	Zeichen	Code	Zeichen	Code
A	00000	B	00001	C	00010	D	00011
E	00100	F	00101	G	00110	H	00111
I	01000	J	01001	K	01010	L	01011
M	01100	N	01101	O	01110	P	01111
Q	10000	R	10001	S	10010	T	10011
U	10100	V	10101	W	10110	X	10111
Y	11000	Z	11001	(Leerzeichen)	11010	_	11011
-	11100	$	11101	.	11110	,	11111

Tabelle 4.3: Die von pct verwendete Kodierung.

großgeschrieben; Umlaute durch AE, OE und UE; ß durch SS; und Zahlen durch Zahlwörter repräsentiert werden können.[10] Tabelle 4.3 stellt die Zeichenkodierung der Daten vor. Nach jedem fünften Bit (also jedem übertragenen Zeichen) wird ein Parity-Bit gesendet, um Fehler detektieren zu können.

4.7.3.1 Verwendung

Zunächst muss beim Empfänger-System "pct_receiver" gestartet werden. Übergeben wird die Bezeichnung der Netzwerkschnittstelle, auf der Daten entgegengenommen werden (etwa eth0):

```
$ sudo ./pct_receiver eth0
RECEIVING MESSAGES - PRESS CTRL-C TO FINISH
```

Nachdem dieser Schritt getan ist, muss das Sendeprogramm "pct_sender" gestartet werden. Es müssen folgende Parameter in dieser Reihenfolge übergeben werden:

- Netzwerk-Interface, über das verschickt werden soll

- Quell-IP-Adresse

- Ziel-IP-Adresse

- Quell-MAC-Adresse

- Ziel-MAC-Adresse

- Startwert für die ICMP-Sequenznummer[11]

- Die zu übertragende Nachricht.

---

[10] Kleinbuchstaben werden vom Sendeprogramm automatisch als Großbuchstaben übertragen.

[11] Ein immer gleicher Startwert würde das Programm leicht detektierbar machen, da nach dieser Sequenznummer von NIDS-Systemen Ausschau gehalten werden kann. Ein typischer Startwert für die ICMP-Sequenznummer auf Linux 2.6-Systemen ist 0x053c.

Hinweis: Die CPAN-Module CPAN/Net::RawIP und CPAN/Net::ARP werden zur Ausführung des Codes benötigt. Außerdem werden root-Rechte vorausgesetzt, da ohne diese Rechte keine Rawsocket-Pakete verschickt werden können.

Der folgende Beispielaufruf überträgt den String "Hallo". Dabei ist für jedes zu übertragene Zeichen die entsprechende Bitkombination zu sehen, die übertragen wird (hier für das Zeichen "H": 00111) und die Abfolge der einzelnen Pakete, die zu diesem Zweck verschickt werden (hier: ARP, ARP, ICMP, ICMP, ICMP):

```
$ sudo perl ./pct_sender.pl eth0 192.168.2.22 192.168.2.21 \
  00:1d:09:35:87:c4 00:17:31:23:9c:43 0x053c "Hallo"
sending payload[0]=H
sending=00111
sending bit 0=0 ARP
sending bit 1=0 ARP
sending bit 2=1 ICMP
sending bit 3=1 ICMP
sending bit 4=1 ICMP
Seqnr now=1343
...
```

Beim Empfänger treffen nun die Pakete ein. Sobald der Benutzer STRG+C drückt, wird ein Signal ausgelöst, das den Empfang beendet und den Empfangspuffer ausgibt. Die empfangenen Zeichen werden allerdings schon vorher dargestellt. Das nächste Listing zeigt die Ausgabe von "pct_receiver":

```
  val=7  = H
  val=0  = A
  val=11 = L
  val=11 = L
  val=14 = O
^CReceived signal 2
Received Message: HALLO
```

Sollte der 512-Bytes große Empfangspuffer beim Empfänger zwischenzeitlich volllaufen, wird der bereits empfangene Text ausgegeben, der Empfangspuffer bereinigt und der Empfang weiterer Daten eingeleitet.

4.7.3.2 Analyse

Der Code ist anfällig für einen Teil der in Abschnitt 4.7.2 erläuterten Protocol Channel-typischen Nutzungsprobleme. Dazu gehört das Problem, verloren gegangene Pakete nicht erneut zu erhalten (aller anschließend empfangene Traffic ist unbrauchbar, da die Bitkombinationen durch Fehlen eines Bits verrückt werden) sowie das Problem des sonstig auf der empfangsseitigen Netzwerk-Schnittstelle vorhandenen Traffics, den der Empfänger als Teil des Protocol Channels interpretiert, wenn es sich um ARP- bzw. ICMP-Echo Request-Pakete handelt.

Um diese Fehler detektieren zu können, wurde der Implementierung von pct ein Parity-Bit hinzugefügt, dass nach jedem fünfstelligen Zeichen-Code als sechstes Bit übertragen wird. Beinhaltet der gesendete Code eine ungerade Zahl 0er-Bits, wird ein 1er-Parity-Bit übertragen, anderenfalls ist das Parity-Bit 0. Sofern innerhalb der ersten fünf Bits eine ungerade Anzahl an Bits verfälscht wird, wird folglich, wenn das Parity-Bit nicht auch verfälscht wird, ein Fehler erkannt.

Von einer zweidimensionalen Parity-Prüfung wurde abgesehen, da die dafür zusätzlich zu übertragenen Bits ebenfalls verfälscht werden könnten und der zusätzliche Traffic (und die damit erhöhte Detektionswahrscheinlichkeit) nicht zielführend ist.

Natürlich könnten als Lösung des Problems auch Informationen, wie die Quell-Adresse ausgewertet und somit die Qualität des Channels verbessert werden, dann jedoch würde der Sender immer von der gleichen Adresse aus Daten schicken müssen. Dies ist durchaus eine vertretbare Einschränkung, widerspricht aber der *Aussage (2) der Protocol Channel-Definition* (es dürfen keinerlei feste Identifikationsmerkmale im Channel vorkommen).

Um dem ebenfalls angesprochenen Problem der Fragmentierung zu entgehen, ist die Entscheidung für die zu verwendenden Protokolle auf ARP- und kleine ICMP Echo-Request-Pakete gefallen. Genau genommen stellt damit ICMP und nicht IP das ausgenutzte Protokoll bereit, da der ICMP-Type das entscheidende »Protokoll« angibt.

Beide Strategien, die Verwendung von Protokollen, die nicht fragmentiert werden, und die Verwendung des Parity-Bits, machen pct zu einem tatsächlich praktisch anwendbaren Programm. Problematisch ist jedoch die enorm schnelle Desynchronisierung der Verbindung, sobald ein ARP-Paket eines anderen Hosts verschickt wird; ICMP Echo-Request-Pakete sind hingegen nicht in so großer Zahl, wie ARP-Reply Pakete, anzutreffen. Starten Sender und Empfänger zeitlich abgestimmte Übertragungen, und unternehmen sie eventuell mehr als einen Versuch, dann sind die Chancen für eine erfolgreiche Datenübertragung hoch. Bezahlt wird dieser Nutzungsgrad jedoch auch mit der verloren gegangenen Routing-Fähigkeit der ARP-Pakete.

4.7.4 Vergleichbare Techniken

Es gibt einen vergleichbaren Ansatz von Tyler Borland, der parallel zur Entwicklung der Protocol Channels aufkam. Beschrieben wurde dieser Ansatz in einem Blogposting [15]. Borland überträgt dabei Zeichen, die durch die Wahl der Quell-/Zielports von TCP bzw. UDP repräsentiert werden. Borland verwendet zur Implementierung des Kommunikationskanals das Programm »hping3«.

Da dieser Channel jedoch Identifikationsmerkmale verwendet (Kennzeichnung des Payloads durch den »–sign«-Parameter) bzw. andere Header-Bereiche als die Portnummern verändert (nämlich die IPv4-TTL), entspricht Borlands Ansatz nicht den ersten beiden Sätzen von Protocol Channel-Definition, könnte allerdings als eine Form der Protocol Channels (Vgl. Tabelle 4.2) betrachtet werden.

4.7.5 Ausblick

In Kapitel 7.5 wird eine Technik zur Limitierung der Protocol Channels vorgestellt, bei der eine künstliche Verzögerung eingeführt wird.

Zusammenfassung

Geheimes Tunneling, bei dem es sich bereits um eine Form der verdeckten Kanäle (nämlich verdeckte Speicherkanäle) handelt, kann auf vielfältige Weise umgesetzt werden. Ausgenutzt werden können dabei etwa Padding-Bits in Ethernet-Frames, aber auch diverse ungenutzte Header-Bits in einer Vielzahl an Protokollen wie TCP, IPv4, IPv6 und DNS. Auch das HTTP-Protokoll – samt weiterer Plaintext-Protokolle – ist ausnutzbar.

Protocol Hopping Covert Channels verwenden mehrere Netzwerkprotokolle, bei denen sie die bekannten Möglichkeiten zur geheimen Unterbringung von Daten anwenden. Der zu übertragende Payload wird auf die verschiedenen Protokolle aufgeteilt.

Protocol Channels kommunizieren im Gegensatz zu Protocol Hopping Covert Channels nur durch Protokoll-Informationen, wobei einzelne Protokolle festen Bitkombinationen zugeordnet werden.

5 Grundlagen verdeckter Kanäle

Bisher wurde erläutert, wie legitimes Tunneling in den typischen, dafür vorgesehenen Netzwerkprotokollen funktioniert. Bevor wir im nächsten Kapitel das *geheime Tunneling* über verdeckte Kanäle besprechen, sollen in diesem Kapitel die dafür notwendigen Grundlagen erläutert werden.

Wenn Alice und Bob *geheim* miteinander kommunizieren, dann ist der wichtigste Faktor bei ihrer Kommunikation nicht der, dass die übertragenen Informationen verschlüsselt oder schnell übertragen werden, sondern der, dass kein Dritter von der Datenübertragung, also der geheimen Kommunikation, erfährt. Erreicht wird dieses Ziel durch den Einsatz von Information Hiding-Techniken (also etwa durch das Verstecken von Daten in Bildern oder in Videodateien durch Steganographie).[1] In unserem Fall betrachten wir dabei eine Spezialform des Information Hidings, nämlich die verdeckten Kanäle, mit denen Alice und Bob über eine Netzwerkverbindung kommunizieren sollen. Verdeckte Kanäle gibt es auch auf lokalen Systemen, doch wird diese Tatsache nur kurz Betrachtung finden, da sich das Augenmerk des Buches auf Netzwerke konzentriert.

5.1 Was ist ein verdeckter Kanal?

Der Begriff *Covert Channel* (dt. *verdeckter Kanal*) wurde 1973 von Lampson eingeführt. Ein verdeckter Kanal ist demnach ein Kommunikationskanal, der gar nicht für eine Kommunikation vorgesehen war: *Covert Channels, i.e. those not intended for information transfer at all, such as the service programm's effect on the system load* [72]. Zehn Jahre später führte Simmons das so genannte Prisoner's Problem ein [120], das nicht mit dem *Prisoner's Dilemma* der Spieltheorie zu verwechseln ist.[2] Bei Simmons Prisoner's Problem setzen sich zwei Gefangene das Ziel eines gemeinsamen Ausbruchs. Zur Umsetzung des Ausbruchs müssen sich beide Gefangene auf einen Ausbruchsplan einigen, können dies aber nicht direkt tun, da ihre Zellen voneinander getrennt sind. Durch den Wärter W können dabei Informationen ausgetauscht werden. Selbstverständlich kann der Wärter alle Informationen mitlesen (dann ist er ein so genannter passive warden) und ggf. verändern (active warden). Die beiden Gefangenen müssen folglich über eine Art Geheimsprache (etwa Abknicken von Rändern eines legitim wirkenden Briefes) Informationen über den Ausbruch an den jeweils anderen Gefangenen senden. Erfährt der Wärter vom Ausbruchsplan, fliegen die beiden Gefangenen auf und dürfen keine Nachrichten mehr austauschen.

Das Prisoner's Problem eignet sich sehr gut zur Beschreibung genereller verdeckter Kanäle (Vgl. [160]), denn je nach Kontext müssen nur einzelne Begriffe angepasst werden: Ersetzen wir

---

[1] Eine generelle Einführung in das Thema Information Hiding findet sich in [101] und eine Einführung in das Thema der Steganographie bietet [114].

[2] Bei dem so genannten *Prisoner's Dilemma* geht es darum, dass Gefangene gegenseitig über sich aussagen können (und dafür eine Prämie erhalten) oder durch Verschweigen von Wissen über die Tat die mögliche Haftstrafe für sich selbst/für den jeweils anderen reduzieren. Die Gefangenen können sich nicht absprechen.

die beiden Gefangenen durch Sender und Empfänger und den Wärter durch einen Administrator, der ein Netzwerk überwacht, und ersetzen wir zudem den Austausch der Nachrichtenbriefe durch Netzwerkpakete, so gelangen wir automatisch zu einem verdeckten Kanal im Netzwerk: Beteiligte Partner des verdeckten Kanals tauschen dabei legitim wirkende Netzwerkpakete aus, die allerdings unauffällige Geheiminformationen enthalten, deren Interpretationsnotwendigkeit nur den Beteiligten bekannt ist.

Verdeckte Kommunikation ist also entsprechend als Alternative zur Datenverschlüsselung zu betrachten. Dies ist genau dann der Fall, wenn es um die Übertragung von Informationen geht, die kein Dritter lesen können soll. Verdeckte Kommunikation verschlüsselt geheime Daten nicht, sondern versteckt diese. Eine Kombination aus verdeckter Kommunikation und Datenverschlüsselung ist jedoch möglich.

5.2 Anwendungsgebiete verdeckter Netzwerkkanäle

Verdeckte Kanäle sind ein Themengebiet des Information Hiding und kommen, im Gegensatz zur *Verschlüsselung*, dann zum Einsatz, wenn die bloße Existenz einer Datenübertragung geheimgehalten werden muss (und nicht ausschließlich ihr Inhalt) [160]. Dass über die Anwendung der verdeckten Kanäle geschwiegen wird, liegt in ihrer Natur, da der, der über ihre Nutzung kommuniziert, sich verrät und seine verdeckte Kommunikation damit in Gefahr bringt [23]. In Veröffentlichungen werden vor allen Dingen Geheimdienste als mögliche Anwender genannt [117]. Weiterhin werden in diesem Zusammenhang die Kommunikation innerhalb von Parteien, die Kommunikation von Würmern, die Kommunikation zwischen Unternehmen und die geheime Kommunikation von Journalisten in überwachten Netzwerken genannt [79, 160]. Ein weiteres Anwendungsgebiet findet sich bei Whistel und Turner, die zwar nicht im Detail auf den entsprechenden Covert Channel eingehen, aber dennoch darauf hinweisen, dass geheime Absprachen zwischen böswilligen Agenten in Multi-Agenten-Systemen (MAS) über dieselben abgewickelt werden können [152].

Giani et al. weisen auf das Problem der Exfiltration vertraulicher Daten hin, die ein großes Risiko für Unternehmen darstellt und durch verdeckte Kanäle unbemerkt stattfinden kann [32]. Die Autoren betrachten dabei unterschiedliche Exfiltrationsmedien (Papier, CDs, DVDs und – im Kontext des vorliegenden Buches von besonderer Bedeutung – verschiedene Netzwerkverbindungen). Da es keine formale Definition für "Covertness" (also die Versteckheit einer geheimen Übertragung) gibt, wird eine informelle Beschreibung betrachtet, diese zu bewerten. Demnach steigt die Covertness mit der Kapazität des verwendeten Mediums und sinkt mit der Übertragungsrate, sie ist also proportional zu [32]:

$$Covertness \propto (Capacity - TransmissionRate) \qquad (5.1)$$

Als Beispiel nennen Giani, Berk und Cybenko einen Benutzer, der vertrauliche Daten ausdruckt um sie zu exfiltrieren. Druckt der Benutzer viel oder gar ständig, ist dies auffälliger, als wenn er nur wenige Seiten pro Tag druckt. Hingegen hat eine DVD eine höhere Kapazität, als ein Drucker, und trotz höherer Transmission Rate kann bei einer DVD eine geringere Covertness erreicht werden, als bei Druckaufträgen.

Fisk et al. haben die Möglichkeiten für ein TCP/IP-basiertes Information Leaking einer großen Internetseite mit 500 Mio. Netzwerkpaketen pro Tag ausgerechnet. Dabei sind sie auf ein Volumen von 4 GByte/Tag an heimlich aus dem Unternehmen schleusbaren Daten gekommen [30]. Entsprechende Covert Channel-Techniken wurden in diversen Veröffentlichungen, erstmals jedoch durch Rowland [111], beschrieben.[3] Parallel entwickelte die Hacking-Community diverse Proof-of-Concept-Codes, die ähnliche Techniken anwendeten (oftmals hatten diese primär das Ziel, Firewalls zu umgehen [56]). Mithilfe einiger Methoden, wie sie in diesem Buch analysiert werden, können entsprechende Maßnahmen gegen solche und ähnliche Formen des heimlichen Informationsabflusses umgesetzt werden. Dabei konzentriert sich dieses Buch selbstverständlich nicht auf generelles Information Leaking im Sinne der allgemeinen Steganographie, die etwa Bilder und Videodaten mit einbezieht, sondern ausschließlich auf die erwähnten verdeckten Kanäle.

McHugh zeigt die Bedeutung der Analyse von verdeckten Kanälen bereits auf und unterscheidet dabei fünf verschiedene Zielgruppen [82]: Personen, die ein System evaluieren und die Designated Accreditation Authority (DAA), Software-Entwickler, die verdeckte Kanäle vermeiden wollen, und Software-Einkäufer, sowie Endanwender: Evaluierende Personen müssen sich laut McHugh mit der Analyse verdeckter Kanäle auskennen, um die von Entwicklern getroffenen Gegenmaßnahmen (auch im Design) bewerten zu können. Die Designated Accreditation Authority benötigt entsprechendes Wissen, um kompetent über die Zulassung eines Systems entscheiden zu können und dabei betriebliche Risiken abzuwägen. Entwicklern sollte bekannt sein, über den Missbrauch welcher Mechanismen verdeckte Kanäle errichtet werden könnten und sie müssen bereits beim Design eines Systems entsprechende Vorkehrungen treffen, um deren Errichtung zu erschweren.

Bei einem Einkauf von Software, die hohen Sicherheitsanforderungen standhalten soll (speziell beim Einkauf von MLS-Systemen), muss ebenfalls eine gewisse Kenntnis über die Mechanismen von verdeckten Kanälen vorhanden sein, um verschiedene Angebote in dieser Hinsicht bewerten zu können. Letztlich zählt McHugh auch die eigentlichen Software-Anwender zur Gruppe der Personen, die über eventuelle verdeckte Kanäle im System informiert sein müssen. Diesen Personenkreis grenzt McHugh allerdings auf Hochsicherheitssysteme ein, bei denen der Anwender abnormes Systemverhalten berichten muss.

5.3 Abgrenzung zu Seitenkanal-Angriffen

Seitenkanäle entstammen dem kryptografischen Kontext: Mit einem Seitenkanal-Angriff versucht ein Angreifer, Informationen, die durch einen kryptografischen Algorithmus erzeugt wurden, für die Kryptoanalyse zu verwenden (etwa kann unter Umständen durch die Beobachtung der Laufzeit eines Algorithmus auf einen kryptografischen Schlüssel geschlossen werden) [65].

Betrachtet man Seitenkanal-Angriffe für Algorithmen im Allgemeinen (also entfernt sich vom kryptografischen Kontext), lässt sich sagen, dass Seitenkanäle dann auftreten, wenn Algorithmen Informationen über Interna indirekt freigeben und sich diese Informationen für Angriffe ausnutzen lassen. In Kapitel 6.3 wird ein Verfahren von Agat beschrieben, bei dem genau solche Seitenkanäle verhindert werden, die aber zugleich verdeckte Kanäle sind.

---

[3] Auf LANs beschränkte Techniken für verdeckte Netzwerkkanäle wurden bereits zehn Jahre zuvor von Girling veröffentlicht [35].

Der Unterschied zwischen Seitenkanal und verdecktem Kanal besteht darin, dass verdeckte
Kanäle aktiv senden (der Sender kontrolliert das Senden) und empfangen. Verdeckte Kanäle
können Seitenkanäle in Sonderfällen zur Übertragung ihrer Daten ausnutzen.

5.4 Arten verdeckter Kommunikationskanäle

Man unterscheidet verdeckte Kanäle danach, ob sie lokal sind oder im Netzwerk auftreten, Speicherattribute oder zeitliches Verhalten ausnutzen, aktiv oder passiv sind, rauschend oder rausch-
frei sind, und ob sie direkt oder indirekt sind. Im Folgenden sollen all diese Attribute erläutert
werden.

5.4.1 (Nicht-)Lokale verdeckte Kanäle

Ein verdeckter Kommunikationskanal kann entweder innerhalb eines Systems (also lokal) Daten
übermitteln, oder – wie im Fokus dieses Buches – Daten in einem Netzwerk übermitteln. Der
Vollständigkeit halber soll auch die lokale Variante kurz skizziert werden.

Lokale verdeckte Kanäle sind sehr vielfältig, schließlich muss nur auf eine beliebige Weise ein
Bitstrom übermittelt werden und Betriebssysteme stellen dazu eine Unmenge an Möglichkeiten
bereit. Im Folgenden einige Beispiele, bei denen jeweils ein Sendeprogramm P_1 Daten an ein
Empfangsprogramm P_2 übertragen soll:

- P_1 sorgt dafür, dass zu jeder vollen Sekunde eine bestimmte oder auch mehrere Dateien
  vorhanden bzw. nicht vorhanden sind. Das Vorhandensein dieser Dateien wird von P_2 als
  Bitkombination interpretiert. Tabelle 5.1 stellt dieses Prinzip mit einer Einzeldatei exemplarisch dar. Dabei wird das Vorhandensein der Datei als 1er-Bit interpretiert, was selbstverständlich nicht als allgemeine Vorgabe zu betrachten ist. [14] beschreibt ein ähnliches
  Verfahren zum Datenaustausch über ein Protokoll mit Start- und Enddateien, die signalisieren, wann die Kommunikation beginnt, und wann sie endet.

- P_1 sorgt durch eine rechenintensive Schleife (eine Pause) für eine hohe (niedrige) Prozessorauslastung. P_2 führt in periodischer Abfolge Überprüfungen der beanspruchten Rechenzeit von P_1 aus und erhält somit die gesendete Bitkombination. Alternativ kann auch die
  Ausführungszeit eines Programms wechseln [26].

- Analog könnten Veränderungen an den Zugriffsrechten von unbenutzten Dateien, an der
  Größe von Dateien usf. durchgeführt und interpretiert werden.

Nichtlokale verdeckte Kanäle können ebenfalls auf eine größere Anzahl verschiedener Modi-
fikationen zugreifen. Auch hierzu einige Beispiele, bei denen Host H_1 Daten an Host H_2 übertragen soll (die folgenden Kapitel stellen weitere Techniken für verdeckte Kanäle im Netzwerk
sowie Detektions- und Präventionsmethoden vor):

- Wie in [159] beschrieben, würde H_1 an den nur wenige Hops entfernten H_2 ein IPv4-Paket
  senden, bei dem bestimmte Bits des "Time to Life"-Felds (TTL) im Header modifiziert
  werden, die auf einer kurzen Distanz (mit hoher Wahrscheinlichkeit) nicht verändert werden.

Zeitpunkt	Datei vorhanden?	Empfangenes Bit
1	Ja	1
2	Ja	1
3	Nein	0
4	Ja	1

Tabelle 5.1: Beispiel für Bitübertragung durch Vorhandensein einer Datei

- H_2 betreibt einen Webserver und H_1 sendet HTTP Request-Pakete mit gefälschtem Cookie-Wert an H_2 [19].

- H_1 sendet die Bitkombination durch eine künstliche Wahl der TCP Initial Sequence Number (ISN) an H_2 [112].

5.4.2 Speicher- und Zeitkanäle

Bishop definiert in [14] Speicher- und Zeitkanäle (*Storage Channels* bzw. *Timing Channels*) als Formen der verdeckten Kanäle folgendermaßen: *A covert storage channel uses an attribute of the shared resource. A covert timing channel uses a temporal or ordering relationship among accesses to a shared resource.* Der TCSEC-Standard enthält eine ähnliche Unterscheidung beider Channel: *Covert storage channels include all vehicles that would allow the direct or indirect writing of a storage location by one process and the direct or indirect reading of it by another. Covert timing channels include all vehicles that would allow one process to signal information to another process by modulating its own use of system resources in such a way that the change in response time observed by the second process would provide information* [22].

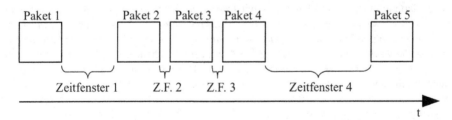

Abbildung 5.1: Ein Zeitkanal signalisiert durch Zeitfenster zwischen Paketen geheime Informationen.

Bezieht man diese Definition auf die Netzwerkkommunikation, so ist ein typischer Storage Channel demnach auch ein Covert Channel, der Header-Bestandteile eines Übertragungsprotokolls modifiziert, um darin versteckte Informationen unterzubringen. Ein Timing Channel würde hingegen die Sendereihenfolge von Netzwerkpaketen [6] bzw. die Zeitdeltas zwischen Paketsendungen, wie in [27] beschrieben und implementiert, verändern (Vgl. Abbildung 5.1).

5.4.3 Passive Covert Channels

Passive Covert Channels (PCC) in Netzwerken erzeugen im Gegensatz zu aktiven Covert Channels keinen eigenen Traffic, sondern modifizieren bestehenden Traffic.

2004 hat J. Rutkowska die Idee von passiven Covert Channels samt einer Beispielimplementierung vorgestellt. Sie definiert passive Covert Channels folgendermaßen: *The idea is pretty simple – we do not generate our own traffic (i.e. packets) but only change some fields in the packets which are normally generated by the compromised computer.* [112]. Ihr NUSHU-Code[4] implementiert zu diesem Zweck eine zusätzliche TCP-Modifikationsschicht in den Linux-Kernel. Diese Modifikationsschicht ändert bei jedem Verbindungsaufbau die TCP Initial Sequence Number (ISN) und versteckt in Ihr die zu übertragenen Daten (die Daten werden zudem verschlüsselt). Als Alternative für die Erzeugung von TCP ISN-basierten Passive Covert Channels nennt Rutkowska zudem die Manipulation von HTTP Cookie-Werten.

Dieses Verfahren konnte – unter Laborbedingungen – von Murdoch und Lewies detektiert werden: *Nushu encrypts data before including it in the ISN field. This will result in a distribution unlike that normally generated by Linux and so will be detected by the other TCP tests* [89].

In [160] finden sich zusätzliche Hinweise zu passiven Kanälen, auf die Rutkowska nicht hinwies, und die das Prinzip klarer auf den Punkt bringen: Beim passiven Senden (durch den so genannten covert sender) wird der legitime Kanal (engl. *overt* channel) nicht vom verdeckten Sender erzeugt; dieser sattelt seine Daten lediglich auf den legitimen Kanal auf, fügt also den covert channel hinzu. Sender und Covert Sender müssen nicht einmal physikalisch auf dem selben System angesiedelt sein, da Traffic selbstverständlich auch on-the-fly modifiziert werden kann. Auch der Empfänger muss laut Zander nicht der Empfänger des legitimen Kanals sein: Während der legitime Kanal seine Daten an den eigentlichen Empfänger weiterleitet, kann ein verdeckter Empfänger (covert receiver) die verdeckten Daten bereits an einer Zwischenstation abpassen.

5.4.4 Rauschende Kanäle

[14] definiert rauschfreie verdeckte Kanäle wie folgt: *A noiseless covert channel is a covert channel that uses a resource available to the sender and receiver only. A noisy covert channel is a covert channel that uses a resource available to subjects other than the sender and receiver, as well as to the sender and receiver.* Bei den in diesem Buch behandelten Covert Channels handelt es sich in der Regel *nicht* um rauschfreie Covert Channels, da sie ihr Übertragungsmedium gemeinsam mit anderen Teilnehmern nutzen.

5.4.5 Direkte und indirekte Kanäle

Wie in [160] erwähnt, gibt es noch eine weitere Unterscheidungsmöglichkeit für verdeckte Kanäle hinsichtlich einer direkten oder indirekten Kommunikation. Bei einem direkten Kanal werden Daten von A direkt an B gesendet (ggf. auch über Router). Bei einer indirekten Kommunikation, findet ein Datentransfer zwischen Covert Sender, einem explizit notwendigem Zwischensystem und zwischen dem Zwischensystem und dem Covert Receiver statt. Es gibt entsprechend zwei

---

[4]Der Code wurde übrigens nach der chinesischen Geheimschrift "Nü Shu" benannt, die von Frauen verwendet wurde.

statt einer Kommunikation. Beispielsweise kann ein Covert Sender die Prozessorauslastung eines Servers durch enorm viele Requests erhöhen. Zur selben Zeit misst ein Covert Receiver die Bearbeitungszeit für Anfragen des Servers; ist die Auslastung hoch, benötigt der Server länger für die Bearbeitung der Anfrage des Covert Receivers; ist die Auslastung gering, so erhält der Covert Receiver schneller eine Antwort [160]. Bei dem beschriebenen Verfahren handelt es sich um einen rauschenden Timing Channel (noisy timing channel), da auch andere Systeme den Server beanspruchen können und die Bearbeitungszeit einer Anfrage als Informationsträger dient. Indirekte verdeckte Kanäle sind auch über Speicherkanäle möglich und funktionieren in diesem Zusammenhang etwa durch gefälschte (spoofed) IP-Adressen (bounce channel) [160].

5.5 Non-interference: Verdeckte Kanäle im MLS-Kontext

Non-interference ist ein Begriff aus dem Multilevel-Security-Kontext (MLS-Kontext). Ein MLS-System besteht aus mehreren Security-Schichten (Layern), die unterschiedlich klassifiziert sind, etwa in "top secret", "secret" oder "confidential". Ist eine Schicht X höher angesiedelt, als die Schicht Y, dann wird X im Verhältnis zu Y als HIGH-Level und Y im Verhältnis zu X als LOW-Level bezeichnet. Eine "non-interference"-Policy verlangt nun, dass, egal, was ein Prozess im HIGH-Level für Operationen durchführt, er einen Prozess im LOW-Level nicht beeinflussen darf (unabhängig vom Input des LOW-Prozesses) [7, 14].

Das *Bell-LaPadula*-Sicherheitsmodell ist eine Form des Mandatory Access Control (MAC) in Kombination mit Discretionary Access Control (DAC). Mandatory Access Control erzwingt bestimmte Zugriffsvorschriften anhand von Attributen (in diesem Fall sind das Sicherheitslevels), und nicht anhand von Personen [7]. Im Falle von Discretionary Access Control erfolgt die Bestimmung, ob ein Zugriff erfolgen kann hingegen abhängig von einer Person/einem Objekt [7]. Das Bell-LaPadula-Modell stellt sicher, dass genau dies gewährleistet ist, indem es zwei MAC-Regeln aufstellt [7, 14]:

1. Ein LOW-Prozess darf nicht lesend auf einen HIGH-Prozess (und seine Attribute) zugreifen, man bezeichnet diese Regel als *no read up* (NRU), womit verhindert wird, dass ein HIGH-Prozess vertrauenswürdige Informationen an einen LOW-Prozess weitergibt.

2. Ein HIGH-Prozess darf nicht schreibend auf einen LOW-Prozess (und seine Attribute) zugreifen, man bezeichnet diese Regel als *no write down* (NWD), womit ebenfalls verhindert wird, dass ein HIGH-Prozess vertrauenswürdige Informationen an einen LOW-Prozess weitergibt.

Zusätzlich können DAC-Regeln (also Access Control-Regeln) erstellt werden, die Personen-bezogene Zugriffsrechte abbilden [14]. Auf diesem Wege sichert das Bell-LaPadula-Modell die Vertraulichkeit (*confidentiality*) der Zugriffe [7]. Im Gegensatz zum Bell-LaPadula-Modell existiert übrigens das *Biba*-Modell zum Schutz der Integrität. Die Regeln des Biba-Modells wandeln die zwei Regeln (NRW und NWD) des Bell-LaPadula-Modells in *no read down* (NRD) und *no write up* (NWU) um [7].

Verdeckte Kanäle sind im Kontext von Multilevel-Security so definiert, dass sie die besagten Policy-Regeln des Bell-LaPadula-Modells brechen, also das Übertragen sensibler Informationen von einem HIGH-Prozess an einen LOW-Prozess ermöglicht wird.

5.6 Umgang mit verdeckten Kanälen

Verdeckte Kanäle können entweder während der Designphase eines Systems oder während der Einsatzzeit eines System erkannt und behoben werden [160]. Eine nachträgliche Ausbesserung verdeckter Kanäle in existierenden Systemen ist in der Regel entweder gar nicht, oder nur eingeschränkt möglich und zudem mit zahlreichen Nachteilen (Performanceeinbußen, Einschränkung von Features etc.) verbunden [160]. Auch lasten einer nachträglichen Ausbesserung zusätzliche Entwicklungskosten an, weshalb die frühzeitige Erkennung verdeckter Kanäle nach Möglichkeit vorzuziehen ist.

Sofern keine vollständige Unterbindung eines erkannten verdeckten Kanals möglich ist, schlagen Zander et al. vor, Maßnahmen zur Reduzierung der Kanalkapazität zu ergreifen (besonders bei diesem Ansatz ist mit Performanceeinbußen zu rechnen). Kann auch die Kapazität eines Kanals nicht reduziert werden, sollte der Kanal zumindest dokumentiert werden, wobei er möglichst genau beschrieben werden sollte, um Benutzern und Entwicklern die Existenz und Art des Kanals bewusst zu machen [160].

Zusammenfassung

Verdeckte Kommunikationskanäle (Covert Channels) werden mit dem Ziel errichtet, Informationen versteckt in legitimen Kanälen zu übertragen. Man unterscheidet dabei zwei Kategorien von verdeckten Kanälen: Storage Channels, die Attribute übertragener Daten verändern und Timing Channels, die über die Veränderung zeitlicher Intervalle sowie die Ordnung von Daten versteckte Informationen übertragen.

Die Anwendungsgebiete verdeckter Kommunikationskanäle sind breit gefächert. Der geheime Austausch von Informationen in überwachten Netzwerken kann dabei sowohl von ungeduldeten Oppositionellen als auch von Personen, die über nicht geduldete Themen sprechen sowie von Botnetzen verwendet werden. Covert Channels sind somit ein Dual-Use-Gut.

6 Prävention und Detektion verdeckter Kanäle

Dieses Kapitel befasst sich zunächst mit den Methoden, die verdeckte Kanäle verhindern, bevor sie ausgenutzt werden können bzw. Methoden, die versuchen, den Nutzen eines verdeckten Kanals zu minimieren. Dabei werden als erstes einige sehr grundlegende Methoden (die Shared Resource Matrix (SRM) und Covert Flow Trees) vorgestellt. Anschließend wird auf Covert Channels, die Side Channels ausnutzen, eingegangen. Im weiteren Verlauf werden die speziellen Anti-Covert Channel-Protokolle zur Regulierung von Datenübertragung (etwa der ACK-Filter, die Basic und die Network Pump, Einweglinks und die Quantized Pump) sowie der Fuzzy-Time-Ansatz von Hu vorgestellt. Weiterhin wird erläutert, welchen Einfluss eine Paket-Normalisierung auf verdeckte Kanäle im Netz haben kann.

Anschließend werden eine Reihe an Verfahren vorgestellt, die auf der Analyse von Netzwerktraffic aufsetzen. Solche Verfahren untersuchen insbesondere das statistische Zeitverhalten von Netzwerkpaketen, um verdeckte Zeitkanäle zu detektieren. Gianvecchio und Wang erwähnen diesbezüglich, dass durch die Anzahl möglicher Variationen in legitimen Netzwerktraffic keine perfekte Detektion möglich sei [31]. Auch nennen Sie einen wichtigen Punkt, der zum Verständnis aller aktuellen Detektionsmethoden wichtig ist, indem Sie die vorhandenen Verfahren in solche kategorisieren, die einen speziellen verdeckten Kanal detektieren können (und dann bei anderen Verfahren versagen) und solche, die mehrere Verfahren detektieren können, aber mit den stark unterschiedlichen Situationen im Netzwerktraffic nicht gut genug zurecht kommen [31].

Da sich die Detektionsforschung für Netzwerktraffic hauptsächlich mit Timing Channels befasst hat, beschäftigt sich die überwiegende Mehrzahl der hier vorgestellten Verfahren mit ebendiesem Thema. Storage Channels sind hingegen, wie aus dem letzten Kapitel hervorgeht, vielmehr im Bereich der Prävention im Fokus der Forschung (etwa durch Traffic-Normalisierung).

Wann immer es sinnvoll erschien, wurde jedem vorgestellten Verfahren ein Absatz gewidmet, in dem das Verfahren einer Bewertung unterzogen wurde.

6.1 Shared Resource Matrix Methodology

Kemmerer stellte 1983 in [59] eine Methode zur Detektion von Covert Storage und Covert Timing Channels vor: Die Shared Resource Matrix. Bei diesem Verfahren wird überprüft, wann welche Operation (das ist eine Prozedur, eine Funktion oder eine Methode) auf welche *Resource* (Attribut) zugreifen kann. Außerdem wird überprüft, auf welche Arten die jeweilige Prozedur auf ein Attribut zugreift (etwa modifizierend oder nur lesend). Mithilfe dieser Informationen wird eine Matrix aufgebaut, deren Spalten die Operationen bilden und deren Zeilen die Attribute bilden. In die entsprechenden Zellen wird eingetragen, wie der Zugriff erfolgt [14].

Zur Verdeutlichung dieses Verfahrens soll ein klassisches Beispiel aus [14] in gekürzter Form und dem abgewandelten Kontext eines Netzwerkdienstes dienen: Gegeben sei dazu ein Fileserver, auf dem Clients verschiedener Sicherheitslevels Dateien anlegen, lesen, schreiben und

	read	write	delete	create
Dateiexistenz	R	R	R,M	R,M
Eigentümer	-	-	R	M
Dateiname	R	R	R	M
Dateigröße	R	M	M	M

Tabelle 6.1: Eine Shared Resource Matrix (SRM) für 4 Operationen und 4 Attribute (R=Read, M=Modify).

löschen können. Die zugehörigen Operationen heißen „create()", „read()", „write()" und „delete()". Tabelle 6.1 zeigt die passende Shared Resource Matrix.

Nachdem die SRM erstellt wurde, wird zur Detektion eines Covert Storage Channels überprüft, ob zwei Operationen miteinander über ein Attribut kommunizieren können. Dazu muss ein Attribut durch eine der Operationen modifiziert werden können und durch eine andere Operation gelesen werden können. Im Beispiel können etwa die Operationen „delete()" und „create()" modifizierend auf die Dateiexistenz zugreifen und alle vier Operationen können den Wert des Attributes auslesen.

Diese Vorbedingung genügt allerdings noch nicht für die Existenz eines verdeckten Kanals. Es muss zusätzlich gewährleistet sein, dass der Sender (also der HIGH-Prozess) derjenige sein kann, der die modifizierende Operation durchführt und der Empfänger (also der LOW-Prozess) muss derjenige sein können, der dieselbe Modifikation lesen kann.

Im Falle eines Fileservers kann für das obige Beispiel (unter der Voraussetzung, dass die Prozesse verschiedener Securitylevel dasselbe Dateisystem verwenden) folgender Covert Storage Channel erstellt werden: Der HIGH-Prozess erstellt eine Datei mit einem, dem LOW-Prozess bekannten Namen X, um ein 1er-Bit zu übertragen oder eine Datei, mit dem ebenfalls dem LOW-Prozess bekannten Namen Y, um ein 0er-Bit zu übertragen. Der LOW-Prozess prüft periodisch, ob eine dieser Dateien vorhanden ist, um die Bitkombination zu empfangen. Beide Prozesse müssen hierzu synchronisiert ablaufen (für die Synchronisation kann die Systemzeit ausgelesen werden). Weitere Beispiele für einfache Covert Storage Channels, die Dateiattribute verwenden, werden in [28] erläutert.

Für die Detektion eines Covert Timing Channels wandelt [14] die eben erläuterten Vorbedingungen dahingehend ab, dass eine vom Sender und Empfänger geteilte Zeitreferenz vorhanden sein muss. Außerdem muss ein Mechanismus existieren, der das zeitgleiche Initialisieren beider Prozesse erlaubt und dem Sender erlaubt, den Detektionszeitpunkt des Empfängers zu steuern.

Auf das obige Beispiel angewandt, wäre somit folgender Timing Channel denkbar: Beide Prozesse nutzen die Systemzeit als Referenz und verwenden einen vorher bekannten Startzeitpunkt für die Übertragung. Zum Senden von Informationen erstellt der HIGH-Prozess die Datei X zu einem festgelegten Zeitpunkt. Die Datei lässt er anschließend für den Zeitraum t_e bestehen, bevor er sie wieder löscht. Der LOW-Prozess prüft periodisch das Vorhandensein dieser Datei und misst die Gesamtzeit, in der diese Datei vorhanden ist. War die Datei für a Perioden existent, übertrug der HIGH-Prozess ein 1er-Bit; war sie für b Perioden existent, wurde ein 0er-Bit übertragen. Zur Übertragung des nächsten Bits kann ein zweiter Startzeitpunkt verwendet werden, was durch vorherige Absprache und die beiden Prozessen zugängliche Systemzeit möglich wird.

6.1.1 Erweiterungen der Shared Resource Matrix durch McHugh

McHugh hat die von Kemmerer vorgestellte SRM-Methode um drei wesentliche Eigenschaften erweitert [82, 83]:

Die erste Erweiterung („User Flows") besteht in der Unterscheidung zwischen den Input- und Output-Möglichkeiten für eine Operation durch den Anwender. Ein Benutzer kann im Modell von McHugh *immer* auf den Input einer Operation zugreifen[1], aber nicht unbedingt auf deren Ausgabe.[2]

In einer normalen Shared Resource Matrix ist nicht ersichtlich, welche *unabhängigen* Informationsflüsse innerhalb einer Operation stattfinden. Beispielsweise könnte eine Operation die Attribute „a", „b" und „c" aufweisen und dabei könnte „c" nur lesbar sein, wenn „a" modifiziert wurde, „b" könnte aber in jedem Fall lesbar sein. Die zweite Erweiterung („Operation Splitting") unterteilt eine Operationsspalte der Matrix daher so, dass pro Spalte nur ein einziges „M" vorkommt, um alle Modifikationsstränge zu untersuchen. Dadurch werden die unabhängigen Informationsflüsse in der Matrix sichtbar.

Um innerhalb der bereits separierten Informationsflüsse auch die Fallunterscheidungen eindeutig zu machen, hat McHugh noch eine dritte Erweiterung („Guard Expansion") vorgenommen. Diese Erweiterung besteht darin, die Fallunterscheidungen für Attribute zu treffen. Wird etwa „d" nur ausgelesen, wenn „b" einen bestimmten Wert hat, und wird nur andernfalls „c" ausgelesen, so kann die SRM dies nur darstellen, wenn eine Operationsspalte erneut für alle diese Fälle unterteilt wird. Aufbauend auf der zweiten Erweiterung werden also die möglichen Varianten der bereits separierten M-Stränge für jede erdenkliche Fallkombination aufgeteilt und es wird der Tatsache Rechnung getragen, dass – abhängig von den jeweiligen Bedingungen – zu jedem Zeitpunkt nur ein einziger Operationsablauf möglich ist.

Tabelle 6.2 zeigt eine denkbare, erweiterte Shared Resource Matrix für eine Operation mit mehreren unabhängigen Informationsflüssen und einer Guard Expansion. In der ersten unabhängigen Unteroperation „Op1" wird auf „a" zugegriffen. Die zweite Unteroperation „Op2" teilt sich in zwei Guards auf. Entweder wird auf „c" zugegriffen, oder nicht; in jedem Fall wird allerdings „b" modifiziert. In der Zeile „User-In" muss – wie bereits kritisiert – immer ein „R" stehen, womit keine Information in der Zeile enthalten ist. Die Zeile „User-Out" kann entweder ein „M" enthalten (das bedeutet, der Benutzer hat Zugriff auf die Ausgabe der Operation), oder sie bleibt leer (falls der Benutzer keinen Zugriff auf die Ausgabe hat) [83].[3]

6.1.2 Bewertung

Die Bewertung der Shared Resource Matrix wird zweigeteilt vorgenommen, um die Aspekte der Basis-Version der SRM von Kemmerer gesondert von McHughs Erweiterung zu betrachten.

---

[1] Angegeben wird die Tatsache, dass ein Benutzer immer Zugriff auf den Operations-Input hat in jedem Fall durch eine extra Tabellenzeile, obwohl sie obligatorisch ist. Dies trägt dazu bei, dass diese Erweiterung unnötig umständlich wird.

[2] McHugh war an der Entwicklung eines SRM-Tools für die Gypsy-Programmiersprache beteiligt, bei der explizit verhindert werden kann, dass Informationen über das (nicht) erfolgreiche Ablaufen einer Operation an den User zurückgegeben werden [83]. Dieses Verhalten ist vergleichbar mit einer Funktion des Rückgabetyps „void" in C.

[3] Tatsächlich ist kein „R" für die Zeile „User-Out" vorgesehen – ein Benutzer kann gelesene Outputs dem Modell nach immer modifizieren.

	Operation A		
Attribut	Op1	Op2,Guard1	Op2,Guard2
a	R	-	-
b	-	M	M
c	-	R	-
User-In	R	R	R
User-Out	M	M	M

Tabelle 6.2: Beispiel für eine erweiterte Shared Resource Matrix nach McHugh.

6.1.2.1 Basis-Version der SRM

Die Shared Resource Matrix wird für verschiedenste Bereiche des Software Development Life-cycles verwendet (von Kemmerer etwa für die Requirements in englischer Sprache, für formale Spezifikationen und für den zu implementierenden Code [61]), womit ihre Flexibilität deutlich wird [14].[4] Entsprechend muss die personelle Zuordnung der Methode an die Personen gelegt werden, die an den Phasen von der Anforderungsanalyse bis zur Implementierung beteiligt sind. Positiv ist der SRM anzumerken, dass ihre Anwendung frei von Nebenwirkungen für ein System ist.

Bishop weist im Übrigen darauf hin, dass die SRM-Methode unvollständig ist, da sie zu generalisiert sei (sie könne zwar für verschiedenste Szenarien angewandt werden, weise aber dafür keine Detailanpassungen, etwa für die Code-Analyse, auf [14]).

Gemeint hat Bishop damit die Tatsache, dass keine Sequenzen von Aufrufen bedacht werden können. Ist ein verdeckter Kanal durch indirektes Lesen oder Schreiben möglich, kann mit der SRM nicht sichergestellt werden, dass ein solcher Kanal gefunden wird. Ist etwa eine lesende Operation für einen LOW-Prozess nicht direkt zugänglich, sondern nur indirekt durch eine zweite Methode, die das verwendete Attribut nicht direkt adressiert, so zeigt die SRM diese Tatsache nicht. Bishop betrachtet die (in Abschnitt 6.2 beschriebenen) Covert Flow Trees als Lösung für dieses Problem.

Mit der SRM können sowohl Storage Channels, als auch Timing Channels identifiziert werden. Wray äußerte in [157] die Meinung, dass mit der SRM-Methode *alle* Covert Storage Channels identifiziert werden können.[5] Bishop wies hingegen darauf hin, dass *nicht alle* verdeckten Kanäle durch die SRM-Methode gefunden werden können, womit er Recht behielt, schließlich sind indirekte Kanäle nicht mit der Standard-SRM detektierbar.

6.1.2.2 Erweiterte Version

Die Bewertung der erweiterten SRM-Methode entspricht zunächst der Bewertung der Basis-Version. Einige Unterschiede sind jedoch zu nennen: Die erweiterte SRM bietet die Möglichkeit, Modifikationsstränge und unabhängige Informationsflüsse zu unterscheiden. Dadurch werden

---

[4]Im Gegensatz zu einigen anderen Verfahren, die in diesem Kapitel besprochen werden, muss die SRM also nicht in ein System implementiert, sondern angewandt werden.

[5]Diese Aussage wurde 1991 veröffentlicht. Die erweiterte SRM wurde erst 1995 präsentiert.

zum Einen genauere Analysen möglich. Zum Anderen können sich verdeckte Kanäle einer Basis-SRM als nicht existent herausstellen (etwa weil eine Bedingung nie so erfüllt sein kann, dass ein bestimmtes Attribut abhängig von einer Modifikation eines HIGH-Prozesses ausgelesen werden kann).

Der Nachteil der erweiterten Version der SRM liegt zum Einen in ihrer Komplexität (es gibt jedoch zumindest für die Programmiersprache Gypsy ein Tool für die automatische Erstellung der erweiterten SRM [83]) und zum Anderen in ihrem Design: Die Spalte „User-In" ist überflüssig, da sie laut Autor in jedem Fall den Wert „R" annimmt [83].

6.2 Covert Flow Trees

Kemmerer und Porras haben 1991 in [60] eine Methode namens *Covert Flow Trees* vorgestellt und damit eine grafische Analysevariante für verdeckte Kanäle geschaffen. Gemäß [14] sind die Covert Flow Trees eine baumartig strukturierte Repräsentation einer Operationssequenz, bei der Informationen von einem Prozess zu einem anderen geleitet werden (und genau dadurch kann ein verdeckter Kanal entstehen).

In [60] haben die Autoren ein Tool zum automatischen Aufbau von solchen Covert Flow Trees vorgestellt. Im Folgenden soll allerdings der manuelle Aufbau von Covert Flow Trees erläutert werden, da nur so ein genaues Verständnis der Methode erreicht werden kann.

Ein Covert Flow Tree wird basierend auf dem Quellcode eines Programms aufgebaut und das dabei angewandte Verfahren ähnelt dem der Shared Resource Matrix (SRM), die in Abschnitt 6.1 besprochen wurde. Erzeugt wird im Falle der Covert Flow Trees allerdings eine etwas andere Tabelle: Sie besteht aus den Operationen (wie bei der SRM sind dies Prozeduren, Funktionen oder Methoden des Programms) und aus den drei Kategorien „reference", „modify" und „return". In die einzelnen Zellen einer Tabelle werden jeweils die Attribute eingetragen, die durch eine Operation referenziert, modifiziert oder zurückgegeben werden. Im Gegensatz zur Shared Resource Matrix bilden die Attribute also nicht die Tabellenspalten.

6.2.1 Aufbau einer CFT-Tabelle

Zur Verdeutlichung des Aufbaus eines Covert Flow Trees, betrachten wir das folgende Quellcode-Beispiel. Basierend auf diesem Beispiel soll zunächst die CFT-Tabelle erstellt werden. Es handelt sich um ein simples Pseudoprogramm, dass ein Datenpaket mit einer ID verschickt. Die ID kann dabei in einer Datei zwischengespeichert werden.

```
// Paket mit der nächsten ID senden
SendePaket()
{
    CurID = GeneriereNeueID()
    Send(CurID)
    Schreibzaehler = Schreibzaehler + 1
    SchreibeNeueID(CurID)
}
```

```
// Eine neue, noch nicht verwendete, ID generieren
GeneriereNeueID()
{
    CurID = LadeLetzteID()
    CurID = CurID + 1

    return CurID
}

// Eine neue ID in die ID-Datei schreiben
SchreibeNeueID()
{
    Write(CurID)

    return Schreibzaehler
}
```

Basierend auf dem Code wird nun, wie bereits besprochen, die Tabelle für den Covert Flow Tree erzeugt (siehe Tabelle 6.3).

6.2.2 Erstellen eines Baumes

Der nächste Schritt besteht im Aufbau des grafischen Covert Flow Trees. In diesem Schritt wird nicht mehr auf den Quellcode des Programms zurückgegriffen, sondern nur noch auf die zuvor erstellte Tabelle. In [60] werden einige Symbole für die grafischen Covert Flow Trees vorgestellt (siehe Abbildung 6.1). Eine Beschreibung der Symbole findet sich zudem in [14]. Angemerkt sei, dass sich die hier vorgestellten Symbole leicht von den Originalsymbolen unterscheiden, was auf die Eigenerstellung zurückzuführen ist.

- **Gate**: OR-Gates und AND-Gates zeigen die Verbindungen zwischen den anderen Baumsymbolen an. Bei einem OR-Gate muss nur eine der folgenden Bedingungen erfüllt sein, bei einem AND-Gate müssen alle Folgebedingungen erfüllt sein, damit ein Zustand eintreten kann.

- **Goal**: Ein Goal-Symbol tritt als Zwischenbedingung auf. Ein Goal-Symbol muss eintreten, damit ein darauf basierender verdeckter Kanal zustande kommen kann.

	SendePaket	GeneriereNeueID	SchreibeNeueID
reference	CurID,Schreibzaehler	CurID	CurID
modify	CurID,Schreibzaehler	CurID	-
return	-	CurID	Schreibzaehler

Tabelle 6.3: Ein Covert Flow Tree für unser Beispiel

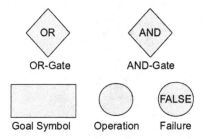

Abbildung 6.1: In Covert Flow Trees verwendete Symbole nach Kemmerer (leicht abweichende Darstellung).

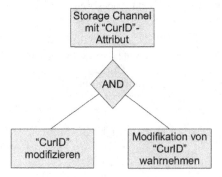

Abbildung 6.2: Hauptknoten des Covert Flow Trees für das Attribut „CurID"

- **Operation**: Operation-Symbole repräsentieren Systemoperationen. Bishop weist darauf hin, dass es sich hierbei um primitive Operationen handelt, die von System zu System unterschiedlich sein können [14].

- **Failure**: Ein Failure-Symbol gibt an, dass ein Pfad für ein Goal nicht erfüllbar ist.

Mithilfe dieser Symbole kann nun ein Covert Flow Tree erstellt werden. Dabei wird in der Tabelle nach Attributen gesucht, die modifiziert werden können, deren Modifikation aber auch gleichzeitig registriert werden kann (wie bei der Shared Resource Matrix). Gemäß Tabelle 6.3 kann es sich hierbei um die Attribute „CurID" und „Schreibzaehler" handeln. Entsprechend wird ein Covert Flow Tree für jedes Attribut aufgebaut, wobei ein Covert Storage Channel über die Ausnutzung des jeweiligen Attributs als Goal definiert wird. Das Goal kann aber nur eintreten, wenn das Attribut sowohl modifiziert werden kann, als auch die Modifikation registriert werden kann. Abbildung 6.2 zeigt den Beispiel-CFT für das Attribut CurID.

Zum Aufbau des linken Zweiges müssen die Möglichkeiten für die Modifikation des Attributes dargestellt werden (s. Abbildung 6.3). Dazu können nur die Funktionen SendePaket() und GeneriereNeueID() verwendet werden.

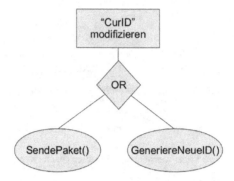

Abbildung 6.3: Mögliche Modifikationszweige für das Attribut „CurID"

Abbildung 6.4: Mögliche Zweige zum Erkennen von Veränderungen im Attribut „CurID"

Um die Modifikation des Attributes registrieren zu können, gibt es zwei Möglichkeiten, die beide in Abbildung 6.4 dargestellt sind: Entweder wird der Wert von „CurID" direkt über die Funktion GeneriereNeueID() abgefragt, oder aber indirekt über das Attribut „Schreibzaehler" wahrgenommen.

Da das indirekte Einlesen von „CurID" über „Schreibzaehler" selbst wieder ein Goal sein muss, das durch Funktionen erfüllbar sein muss, kann auch für diesen Zweig nicht auf eine Aufschlüsselung mit einem Unterbaum verzichtet werden. Da die Funktion SendePaket() den Schreibzaehler bei jeder neuen CurID inkrementiert, kann durch SchreibeNeueID(), dass Schreibzaehler als Rückgabewert verwendet, auf CurID geschlossen werden.

6.2.3 Aufbau der CFT-Listen

Im finalen Schritt der Analyse werden nun Listen der möglichen Operationsfolgen erstellt, aus denen ein Covert Storage Channel hervorgehen kann. Gemäß [14] erstellt der Analyst dabei zwei Listen. Die erste Liste enthält die Operationen, die modifizierend auf das Attribut zugreifen, über das der Covert Storage Channel Daten übertragen soll. Im obigen Beispiel sind das die Operationen SendePaket() und GeneriereNeueID():

List1 = ((SendePaket), (GeneriereNeueID)).

Die zweite Liste enthält die Operationen, die die Veränderung des verwendeten Attributes wahrnehmen können. In unserem Beispiel sind dies die Operationen GeneriereNeueID (direkt) und SchreibeNeueID (indirekt):

List2 = ((GeneriereNeueID) , (SchreibeNeueID)).

Werden beide Listen vereint, so ergeben sich folgende Möglichkeiten, einen Covert Storage Channel aufzubauen:

- SendePaket $\rightarrow$ GeneriereNeueID
- GeneriereNeueID $\rightarrow$ GeneriereNeueID
- SendePaket $\rightarrow$ SchreibeNeueID
- GeneriereNeueID $\rightarrow$ SchreibeNeueID.

Die ersten beiden Operationsfolgen ergeben dabei einen direkten Covert Storage Channel (beispielsweise eine gerade ID generieren zum Übertragen eines 1er Bits und eine ungerade ID generieren, um ein 0er Bit zu übertragen). Die dritte und vierte Operationsfolge stellen hingegen den erwähnten indirekten Covert Storage Channel dar, der den aktuellen Wert der CurID durch Auslesen von Schreibzaehler verrät.

6.2.4 Bewertung

Covert Flow Trees dienen der Detektion von Covert Storage Channels und sind eine Repräsentation von Informationsflüssen durch eine Baumstruktur [62]. Ihr Anwendungsgebiet beschränkt sich auf die Quellcodeebene, was sie im Vergleich zur Shared Resource Matrix (SRM) zu einer deutlich spezielleren Methode macht (schließlich kann die SRM bspw. auch für die formale Spezifikation eingesetzt werden). Der Vorteil gegenüber der Shared Resource Matrix liegt vor allen Dingen in der grafischen Darstellung und der automatischen Erstellung durch Tools, wie in [60] beschrieben. Trotz des grafischen Tools muss die finale Überlegung, ob ein Informationsfluss letztlich erhalten bleiben kann, oder nicht, vom Analysten vorgenommen werden [62, 82].

Ein wichtiger Vorteil der Covert Flow Trees gegenüber der Shared Resource Matrix ist allerdings auch, dass ein Covert Flow Tree indirekte Informationsflüsse (wie im Beispiel gezeigt) visualisieren kann.

Kemmerer und Porras weisen in [60] darauf hin, dass die Anwendung der Covert Flow Trees für die Detektion von verdeckten Zeitkanälen noch nicht geklärt ist. Es gab keine Veröffentlichungen, die dieses Thema weiter analysierten.

Da Covert Flow Trees während der Implementierungsphase eingesetzt werden, reduziert sich der Personenkreis ihrer Anwender gegenüber der SRM auf die Softwareentwickler[6]. Wie auch die SRM, sind Covert Flow Trees frei von Nebenwirkungen.

6.3 Code-Modifikationen nach Agat

Agat hat in [4] eine Technik zur Eliminierung verdeckter Zeitkanäle vorgestellt. In [5] wird eine, auf dieser Technik basierende, Beispielimplementierung für Java-Bytecode vorgestellt, auf ihre Praxistauglichkeit hin überprüft und die dahinter stehende Idee auf den Punkt gebracht: „The basic idea [...] is that timing leaks from if-statements branching on secret data do not arise if the branches are observationally equivalent to the attacker." [5]. Zur Veranschaulichung des Prinzips soll ein Beispielcode von Agat dienen [4]:

```
volvoValue := 0
i := 1
while (i<=DBsize) {
  let share := sharesDB[i].name in
  let value := lookupVal(share)*sharesDB[i].no in
    if (isVolvoShare(share))
      volvoValue := volvoValue+value;
    i := i + 1
}
```

In diesem Code gibt es einen Timing Channel, der durch die Abfrage von `sharesDB[i].name` über `if (isVolvoShare(share))` zustande kommt. Ist die Bedingung oftmals erfüllt, so wird die Programmlaufzeit durch die zusätzliche Rechenzeit für die Anweisung im `if`-Statement (Zeile 7) verlängert und für einen Beobachter messbar.

Zur Auflösung solcher Timing Channel führt Agat Dummy-Statements ein. Zu diesen Dummy-Statements zählt zum Beispiel das Statement `skipAsn`, das dieselbe Rechenleistung wie eine Zuweisung verbraucht, jedoch keine echte Zuweisung durchführt. Eingebaut in den obigen Code wird der Timing Channel folglich vermieden (die Veränderungen sind in den Zeilen 8 und 9 zu sehen):

```
volvoValue := 0
i := 1
while (i<=DBsize) {
  let share := sharesDB[i].name in
  let value := lookupVal(share)*sharesDB[i].no in
    if (isVolvoShare(share))
```

---

[6]Bei Open Source-Projekten könnte eine CFT-basierte Code-Analyse auch durch die entsprechende Community durchgeführt werden.

```
    volvoValue := volvoValue+value;
  else
    skipAsn volvoValue (volvoValue+value);
  i := i + 1
}
```

Weitere Details zur vorgestellten Methode werden in [5] erläutert. Agat weist darauf hin, dass selbst minimale Unterschiede im Zeitverhalten von Programmen durch einen Angreifer messbar sein können. Aufgelöst wird dieses Problem am Beispiel eines if-Statements: Sei if (e) C else D gegeben, dann erweitert Agat diese Bedingung um if(e) {C;D_L} else {C_L; D}. C_L und D_L sind dabei die *low slices* der Anweisungen C und D. Low slices sind die bereits bekannten Dummy-Statements, die für den Angreifer dieselbe Ausführungszeit benötigen, wie der eigentliche Code; das Zeitverhalten von C_L und C ist für den Angreifer also äquivalent, was auch für die beiden Zweige des if-Statements gilt. Somit ist kein Rückschluss auf den Wert von e mehr möglich.

6.3.1 Verhalten des Instruction Caches

Agats Methode ist nicht in der Lage, Timing Leaks, die das Verhalten des Instruction Caches ausnutzen, zu verhindern, bei dem verschiedene Programmbestandteile abhängig von HIGH-Werten ausgeführt werden [5]. Als Beispiel gibt Agat das folgende Listing an:

```
big_method();
if (h)
    big_method();
```

big_method() ist dabei eine Methode, die groß genug ist, um den Instruction Cache auszufüllen. Wird das bisherige Verfahren angewandt, also für die else-Bedingung eine künstliche low slice-Variante von *big_method()* eingeführt, ist tatsächlich nicht sichergestellt, dass für jeden Wert von h eine gleich schnelle Programmausführung erreicht wird. Der Grund dafür ist der, dass big_method() bereits im Instruction Cache liegt, diesen aber auffüllt und die low slice-Variante somit nicht vorgeladen wurde. Entsprechend langsamer ist die Ausführung der else-Bedingung mit big_method_LoSl() gegenüber der bereits im Cache vorhandenen big_method() [5].

```
big_method();
if (h)
    big_method();
else
    big_method_LoSl();
```

Zur Lösung des Problems wird die Neuimplementierung der Java Virtual Machine (JVM), auf der die Beispielimplementierung durchgeführt wurde, vorgeschlagen. Dabei müssten alle Instructions der low slice-Methode gelesen werden, bevor die gecachte Methode ausgeführt wird (und vice versa) [5]. Daraus würde eine gleiche Ausführungsgeschwindigkeit des obigen Codes unabhängig von h erreicht werden.

Als alternativen Ansatz stellt Agat die Idee vor, beide Methoden zu vereinen und mit einem Parameter zu versehen, der angibt, welche Variante der Methode ausgeführt werden soll [5]. In Verbindung mit internen low slice-Daten würden das Caching-Verhalten und das Timing-Verhalten der Methode immer gleich sein. Als realistische Gegenmaßnahme, die ganz ohne Modifikation der JVM auskommt, schlägt Agat einen Störprozess vor, der künstliches Rauschen erzeugt.

6.3.2 Bewertung

Die Bewertung seines Verfahrens nimmt Agat zunächst in [4] vor und betitelt seine Lösung als einfach und realistisch [4]. Begründet wird diese Aussage durch die Beispielimplementierung in [5], wo sie gleichzeitig relativiert wird (etwa dadurch, das Objekte und Java-Exceptions nicht unterstützt werden [5]).

Als Schwäche des Verfahrens nennt er die fehlende Unterstützung für die Überwachung des Program Counters und die fehlende Überprüfung dafür, in welchem physikalischen Speicher ein Code-Fragment gerade abgelegt ist (durch unterschiedlich schnelle physikalische Speicher, etwa CPU-Register oder RAM, variiert das Zeitverhalten) [4]. Er schlussfolgert, dass durch diese Schwäche Timing Channels möglich werden, die das Verhalten des Instruction Caches ausnutzen (die von ihm genannten Lösungsvorschläge wurden in Abschnitt 6.3.1 vorgestellt). [90] weist darauf hin, dass sich die Möglichkeiten von Agats Programmtransformationen auf imperative Sprachen ohne Funktionen beschränken [90].

Ein weiteres Problem von Agats Ansatz sind die Performance-Einbußen, die entweder durch die zusätzliche Ausführung von Dummy Code (low slice code) hervorgerufen werden, oder durch einen Störprozess, der in Abschnitt 6.3.1 erwähnt wurde [81].

Agat verhindert mit seiner Technik im Übrigen auch Seitenkanäle (Side Channels) solcher Art, in der sie das Zeitverhalten von kryptografischen Algorithmen ausnutzen.[7] Zu beachten ist hier allerdings, dass Seitenkanäle (im Gegensatz zu Covert Channels) per Definition nicht vom Sender beabsichtigt sind [88]. Tatsächlich beschränkt sich die Definition von Seitenkanälen auf den kryptografischen Kontext, den Agat jedoch überschreitet, da seine Technik nicht nur für kryptografische Algorithmen, sondern global für MLS-Systeme angewandt werden kann.

6.4 ACK-Filter

Der ACK-Filter ist ein sehr einfaches Protokoll zur Eindämmung verdeckter Kanäle. Dabei werden alle Daten von einem Low-Prozess zu einem High-Prozess zugestellt. Ein High-Prozess kann allerdings nur Bestätigungsnachrichten (Acknowledgements oder ACK-Nachrichten) an den Low-Prozess zurückschicken [95].

6.4.1 Bewertung

Durch diese simple Maßnahme werden Covert Storage Channels unterbunden. Allerdings kann sehr einfach ein Covert Timing Channel durch den High-Prozess eingeführt werden: Er sendet

---

[7]Es gibt allerdings auch andere Formen von Seitenkanälen, etwa solche, bei denen die elektromagnetische Abstrahlung gemessen wird.

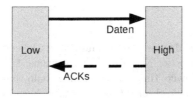

Abbildung 6.5: Funktionsweise eines ACK-Filters

entweder eine schnelle Bestätigungsnachricht oder eine künstlich verzögerte Bestätigungsnachricht an den Low-Prozess, der die Verzögerungen misst und interpretiert [95].

Ein negativer Nebeneffekt des ACK-Filters besteht darin, dass der High-Prozess keine Fehler- oder Informationsmeldungen (mit Ausnahme der ACK-Nachrichten) an den Low-Prozess schicken kann.

6.5 Store And Forward Protocol (SAFP)

Eine Weiterentwicklung des ACK-Filters ist das so genannte *Store And Forward Protocol* (SAFP). Dieses Protokoll platziert einen Puffer zwischen Low- und High-Prozess. Wie beim ACK-Filter werden Nachrichten vom Low- zum High-Prozess unmittelbar zugestellt. Der Unterschied zum ACK-Filter liegt darin, dass das SAFP-System dem Low-Prozess nach Eintreffen einer Nachricht sofort eine Bestätigungsnachricht zustellt (noch bevor diese Nachricht beim High-Prozess angekommen ist). Anschließend wird die Nachricht in den internen Puffer geschrieben und an den High-Prozess weitergeleitet. Sollte keine Bestätigung vom High-Prozess eintreffen, kann das SAFP-System die Nachricht erneut zustellen, da sie sich noch im Puffer befindet. Sobald eine Bestätigungsnachricht vom High-Prozess eintrifft, wird die Nachricht aus dem Puffer gelöscht [95].

6.5.1 Bewertung

SAFP unterbindet effektiv Covert Storage Channels. Gegenüber dem ACK-Filter bietet das SAFP den Vorteil, Covert Timing Channel zu erschweren (schließlich bestimmt der High-Prozess nicht mehr über die zurückgesendeten Bestätigungsnachrichten). Dennoch gibt es eine Möglichkeit, einen Covert Timing Channel zu erzeugen: Der High-Prozess kann, durch künstlich langsames Bearbeiten von empfangenen Nachrichten, den Puffer des SAFP-Systems füllen, bis kein Platz für neu eintreffende Nachrichten mehr ist und das SAFP-System eingehende Nachrichten vom Low-System nicht mehr bestätigen kann. Durch dieses Verhalten kann der High-Prozess das Senden von Bestätigungsnachrichten an den Low-Prozess indirekt, aber gezielt, beeinflussen [95].

6.6 Die Pump

Wie bereits in der Einführung erläutert wurde, ist für Covert Channels der Informationsaustausch zwischen High- und Low-Prozessen essentiell. Die sogenannte Pump für MLS-Systeme ist ein Ansatz, die Bandbreite, die Covert Timing Channels innerhalb von legitimen Traffic zur Verfügung steht, zu *minimieren* und gleichzeitig Covert Storage Channels zu unterbinden. Entwickelt wurde die Pump von M. Kang und I. Moskowitz am Naval Research Laboratory (NRL) und vorgestellt wurde sie in [54]. Mittlerweile ist entsprechende Pump-Hardware als 19-Zoll Netzwerksystem tatsächlich auf dem Markt [55].

Ein Low-Prozess schickt bei der Verwendung einer Pump alle an den High-Prozess zu sendenden Daten über diese Pump. Die Kommunikation über die Pump ist – abgesehen von Bestätigungsnachrichten – einwegig und für einen Low-Prozess, der mit einem High-Prozess kommunizieren will, unumgänglich [7, 55]. Da die Pump einwegig ist, können (abgesehen von den durch die Pump verzögerten Bestätigungsnachrichten) auch keine Daten von einen High- an einen Low-Prozess geschickt werden, was automatisch Covert Storage Channels unterbindet.

Die Pump speichert eingehende Nachrichten vom Low-Prozess in einem internen Puffer und leitet die Nachrichten aus dem Puffer nach einem gewissen Zeitraum selbständig an den High-Prozess weiter (dieser Vorgang wird als *Flushing* bezeichnet). Bestätigungen für Nachrichten (*Acknowledgements*) werden vom High-Prozess an die Pump weitergeleitet und diese sendet nach einem Zeitversatz eine Bestätigung über die erfolgreiche Zustellung an den Low-Prozess aus. Der Zeitversatz hängt dabei von der durchschnittlichen Ankunftszeit von Bestätigungsnachrichten vom High-Prozess zur Pump ab und wird mit einem Zufallswert zusätzlich variiert [55]. Durch diesen Zeitversatz wird die Kapazität von Covert Timing Channels reduziert und die Performance der Pump optimiert (siehe Abschnitt 6.6.2). Dabei bemisst sich die Qualität der Pump durch die möglichst geringen Einbußen für die Übertragungsleistung zwischen Low- und High-Prozess [55].

6.6.1 Pump-Arten und Implementierung

Unterschieden wird dabei generell zwischen der Standard-Pump (*Basic Pump*) und der Netzwerk-Pump (*Network Pump*) [55]. Dabei kann eine Standard-Pump nur zur Kommunikation zwischen einem einzigen Sender und einem einzigen Empfänger eingesetzt werden. Eine Network-Pump kann hingegen gleichzeitig zur Kommunikation von mehreren Sendern und mehreren Empfängern eingesetzt werden.

Für die Implementierung einer Pump findet sich in [55] die Beschreibung einer API (*Application Programming Interface*). Dabei werden die Anwendungen, die eine Pump verwenden sollen, mit einem Wrapper ausgestattet. Dieser Wrapper kümmert sich um die Kommunikation mit der Pump, wobei es im Wrapper einen anwendungsspezifischen Teil gibt und auch einen zweiten Teil, der sich nur um den reinen Pump-spezifischen Teil der Kommunikation kümmert. Die Pump-spezifische Kommunikation wird dabei über ein eigenes Application-Layer-Protokoll abgewickelt.

6.6.2 Bewertung

Die Pump ist ein für MLS-Systeme gedachtes Gerät, mit dem effektiv Covert Storage Channels verhindert und die Kapazität von Covert Timing Channels minimiert werden können.

Problematisch ist bei einer Pump der negative Effekt auf die Performance eines Systems, der durch die Verzögerung von ACK-Nachrichten hervorgerufen wird. Wird die Performance maximiert, kann die Kapazität für Covert Timing Channels steigen, wird sie minimiert, sinkt der Nutzwert der Pump. Die Performance-Einbußen können jedoch dadurch gering gehalten werden, dass Bestätigungsnachrichten an den Low-Prozess mit zufälligen zeitlichen Schwankungen geschickt werden (basierend auf den Mittelwerten der Zeiten der letzten n eintreffenden Bestätigungsnachrichten vom High-Prozess an die Pump). Dadurch wird der Low-Prozess dazu gezwungen, Nachrichten an den High-Prozess in einer Geschwindigkeit zu schicken, in der dieser die Daten momentan verarbeitet und mit hoher Wahrscheinlichkeit auch weiter verarbeiten können wird [95].[8]

Für Übertragungsanforderungen von mehr als 5 MBit/s werden beispielsweise mehrere parallele NRL Network Pumps benötigt, die transparent wie eine einzige Pump agieren [91], was mit höheren Kosten verbunden ist.

Von den Nachteilen abgesehen, ist eine Pump jedoch ein effektives Werkzeug gegen Covert Timing Channels, da sie (wie der zuvor besprochene ACK-Filter und das Store and Forward Protocol) als einzige Verbindung von einem Low- zum High-Prozess nicht umgangen werden kann. Im Vergleich zum Konzept der im Folgenden diskutierten Einweg-Links kann die Pump durch die Möglichkeit von Bestätigungsnachrichten die Kapazität von Covert Timing Channel nur minimieren, während ein Einweg-Link Covert Timing Channels völlig unterbindet.

6.7 Einweg-Links (Blind Write-Up)

Es gibt eine simple Technik, Covert Channels in MLS-Systemen völlig zu unterbinden. Diese Technik nennt sich *Einweg-Link* (*one-way link*, auch *blind write-up*). Ein Einweg-Link wird zwischen ein Low- und ein High-System geschaltet, lässt aber nur Daten vom Low-System zum High-System passieren. Es ist dabei technisch unmöglich, Daten vom High- zum Low-System zu senden und somit ist kein *Write-Down* möglich [55, 95], vgl. Abschnitt 5.5.

6.7.1 Bewertung

Eine Analyse des One-Way-Links wird in [55] und [95] vorgenommen: Die Einfachheit des Verfahrens und dessen garantierte Effektivität bei der Verhinderung eines verdeckten Kanals bringen den Nachteil mit sich, dass keine Bestätigungsnachrichten an das Low-System verschickt werden können. Aus diesem Grund kann ein Sender nie sicher sein, dass seine Daten beim Empfänger ankamen. Ein weiterer Nachteil des Konzeptes besteht darin, das die Sendeleistung nicht an die Empfangsleistung angepasst werden kann: Es kann beispielsweise sein, dass der Sender schneller sendet, als der Empfänger die Daten verarbeiten kann. Zur Eindämmung dieses Problems wird ein großer Empfangspuffer vorgeschlagen. Auch kann ein Sender niemals über einen Absturz

---

[8]Dieses Verfahren wurde vom Naval Research Laboratory bereits patentiert und in der „Network Pump" implementiert.

des Empfängers informiert werden. Diese Nachteile werden durch die zuvor beschriebene Pump aufgehoben.

6.8 Upwards Channel

Eine Weiterentwicklung der Einweg-Links sind die so genannten *Upwards Channels* (auch *One-way Forwarder*, was aber leicht zu Verwechselungen mit dem bereits besprochenen *One-way Link* führen kann). Da beim Einweg-Link das Problem besteht, dass Daten evtl. zu schnell an den Empfänger geschickt werden (und dieser die Daten in der entsprechenden Zeit nicht verarbeiten kann), beinhaltet der Upwards Channel interne Puffer, die sowohl ankommende Daten, als auch ausgehende Daten zwischenspeichern. Bestätigungsnachrichten können, wie bei der Pump, nicht an den Low-Prozess geschickt werden [95].

6.9 Quantized Pump

Die Idee der *Quantized Pump* wurde in [95] vorgestellt; es handelt sich um ein theoretisches Protokoll, dass Mitte der 90er Jahre Gegenstand der Forschungsdiskussion war und nur in sehr wenigen Veröffentlichungen Beachtung fand. Der Vollständigkeit halber soll jedoch auch dieses Konzept im Folgenden erläutert werden.

Die Quantized Pump ist ein Protokoll, das auf einer Weiterentwicklung des Upwards Channel und der Pump basiert. Die Quantized Pump hat den gleichen Aufbau, wie die reguläre Pump und wird wie folgt beschrieben [95]: Um einem Covert Timing Channel maximal eine Übertragungs-rate von n Bits/Sekunde zu erlauben, lässt die Quantized Pump nur diese n Bestätigungsnachrich-ten vom *Trused* High-Prozess an den *Trused* Low-Prozess pro Sekunde zu. Die Quantized Pump verfolgt also nicht das Ziel, Covert Timing Channels völlig zu unterbinden (das tut auch die re-guläre Pump nicht), sondern sorgt für eine *konfigurierbare* Begrenzung der Datenrate desselben. Die bereits erläuterte reguläre Pump bietet hingegen keine direkt konfigurierbare Begrenzung der Datenrate eines verdeckten Kanals.

6.9.1 Dynamischer Pufferspeicher

Ein wichtiges neues Konzept bei der Quantized Pump ist der dynamische Pufferspeicher. Dieser kann theoretisch nicht volllaufen, da er entweder wächst (wenn keine weiteren Daten oder aber neue Daten Platz benötigen) oder schrumpft (wenn weniger Daten Platz benötigen), jedoch nie auf konstanter Größe bleibt. Auch kennen Low-Prozess und High-Prozess die Größe des Puffers nicht. Ein gezielter verdeckter Kanal durch Überfüllung des Puffers durch künstliche Inaktivität des High-Prozesses ist somit nicht möglich.[9]

---

[9]Würde der Low-Prozess mit maximaler Geschwindigkeit Daten an den High-Prozess schicken und würde dieser zum Zeitpunkt x keine Daten annehmen, dann müsste er im nächsten Schritt die Datenrate erhöhen, den Pufferinhalt also verringern, da, wie oben beschrieben, entweder die Rate der Bestätigungsnachrichten erhöht oder gesenkt werden muss (durch den Trusted High Prozess), aber nicht gleich bleiben kann. Da jedoch bereits 0 Bestätigungsnachrichten pro Zeitintervall T verschickt wurden, wird das Bit für die Signalisierung der Rate der Bestätigungsnachrichten so gesetzt, das der Low-Prozess seine Senderate drosseln muss. Details zur Puffergröße finden sich in [95].

Um den Füllstand des Puffers (und automatisch auch dessen dynamische Größe) zu kontrollieren, sendet der Trusted High-Prozess zu jeder Zeitperiode T ein Bit an den Trusted Low-Prozess (der High-Prozess sendet also nicht direkt Bestätigungsnachrichten an den Low-Prozess, sondern muss den Weg über den Trusted High-Prozess der Quantized Pump nehmen). Dieses Bit bedeutet entweder, das die Acknowledgement-Rate vom High- an den Low-Prozess um den konstanten Wert R Bytes/s gedrosselt, oder um diesen erhöht wird. Der Trusted High-Prozess steuert folglich die Datenrate vom Low- an den High-Prozess über die Regulierung der Bestätigungsnachrichten. Zur Berechnung der Rate misst der Trusted High Prozess, wieviele Bytes der High-Prozess während der letzten Zeitperiode (T) bestätigt hat. Wurden mehr Pakete bestätigt, als momentan übertragen werden, wird die Rate erhöht, andernfalls wird sie gesenkt [95].

6.9.2 Arten der Quantized Pump

In [95] stellen die Autoren insgesamt drei mögliche Arten der Quantized Pump vor: Die reguläre Quantized Pump, die logarithmische Quantized Pump und die lineare Quantized Pump. Der Unterschied zwischen den einzelnen Arten liegt in der Interpretation des Bits, das der Trusted High Prozess 1 Mal pro Zeitinvertal T an den Trusted Low Prozess schickt, um zu signalisieren, ob die Rate der Bestätigungsnachrichten erhöht oder erniedrigt werden soll. Der Aufbau und das Konzept der drei Varianten ist ansonsten gleich.

Bei der bereits beschriebenen regulären Quantized Pump wird das Bit vom Trusted High Prozess an den Trusted Low Prozess so interpretiert, das die aktuelle Datenrate entweder um den Wert R Bytes/Sekunde erhöht, oder um denselben Wert gedrosselt wird. Auf diese Weise wird eine Performance erreicht, die der des Storage and Forward Protocols (SAFP) entspricht.

Bei der logarithmischen Quantized Pump verändert sich das Verfahren nur für den Fall, dass das zuvor vom Trusted High Prozess erhaltene Signal verlangte, die Datenrate zu *drosseln*: In diesem Fall wird die Datenrate jeweils doppelt so stark gedrosselt, wie unmittelbar davor. Die Autoren geben hierfür in [95] folgende Beispielfolge von Anweisungen an: „*raise, lower, lower, lower, raise, raise*". Resultat: „*raise the rate by R, lower the rate by R, lower the rate by 2R, lower the rate by 4R, raise the rate by R, raise the rate by R.*" Dieses Verfahren zielt darauf ab, Pufferspeicher zu sparen, da die Datenrate schneller gesenkt wird. Als Nebeneffekt wird in [96] genannt, dass sich der Durchsatz auf 90% von dem der regulären Quantized Pump (äquivalent zur Datenrate des Storage and Forward Protocols (SAFP)) senkt.

Das dritte vorgeschlagene Protokoll ist die Linear Quantized Pump. Auch hier besteht die Veränderung gegenüber der regulären Quantized Pump nur beim Verhalten für die Drosselung der Übertragungsrate: Trifft das Signal zur Drosselung ein, wird die Rate auf 0 gesetzt. Der Durchsatz wird bei diesem Protokoll auf 45% des Durchsatzes der regulären Quantized Pump gesenkt, doch die Puffergröße nochmals gegenüber der logarithmischen Quantized Pump gesenkt [96].[10]

Tabelle 6.4 vergleicht die drei Varianten der Quantized Pump. Die Bandbreiten der Covert Timing Channels sind in allen drei Fällen gleich $(1/T)$, da sich die Abstände der Bestätigungsnachrichten vom Trusted High Prozess zum Trusted Low Prozess nicht unterscheiden.

---

[10]In [95] wird der Durchsatz hingegen nur mit 40% des SAFP angegeben.

Variante	QP	Log. QP	Linear QP
Erhöhung Datenrate	R	R	R
Drosselung Datenrate	-R	-R bei vorheriger Erhöhung bzw. $-2R_{vorher}$ bei vorheriger Senkung	0 setzen
Durchsatz (rel. SAFP)	1.0	0.9	0.4 (bzw. 0.45)

Tabelle 6.4: Die drei Varianten der Quantized Pump gemäß [95]

6.9.3 Bewertung

Durch die genaue Begrenzung der Kapazität eines Covert Timing Channels sei die Quantized Pump (laut ihren Entwicklern) gegenüber der normalen Pump besser zu analysieren und kontrollieren [95]. Bestätigt wird diese Aussage auch in [55], wo allerdings das pragmatischere Design der regulären Pump als sinnvoller und die Analysemöglichkeit der Quantized Pump als weniger wichtig betrachtet wird (die Autoren dieser Aussage sind jedoch selbst die Entwickler der regulären NRL Pump).

Weitere Analysen der Quantized Pump durch andere Autoren sind nicht auffindbar.

Abschließend bleibt zu sagen: Durch den Einsatz einer Quantized Pump erhält ein System die Sicherheit, dass ein Covert Timing Channel, sofern er einmal existieren sollte, eine bekannte, maximale Kapazität aufweisen muss. Durch diese Eigenschaft wird Gewissheit geschaffen und kann für ein sicherheitstechnisch zu untersuchendes System eine klare Aussage getroffen werden. Selbstverständlich werden, wie bei der bereits bekannten einfachen Pump, auch Covert Storage Channels unterbunden und wie bei allen Einwegkommunikationen dieser Art ist der Kommunikationsaustausch durch die Architektur des Systems stark beschränkt, da außer einem Bestätigungsbit keine komplexe Antwort vom High-Prozess an den Low-Prozess übertragen werden kann (undenkbar ist etwa eine XML-Antwort mit Angaben zu Fehlern bei der Verarbeitung von gesendeten Daten des Low-Prozesses).

6.10 Spurious Processes Approach

Fadlalla hat in seiner Dissertation den so genannten „Spurious Processes Approach" zur Eindämmung von Covert Storage Channels vorgestellt [28]. Sein Ansatz sieht den Einbau von Pseudoprozessen in MLS-Datenbanken mit einer Trusted Computing Base (TCB) vor. Diese Pseudoprozesse stören den Empfang von verdeckten Informationen, wie im Folgenden beschrieben.

Da ein Covert Storage Channel immer aus einem schreibend auf ein Objekt zugreifenden Sender (HIGH-Prozess) und einem lesend auf ein Objekt zugreifenden Empfänger (LOW-Prozess) besteht, muss es zwischen dem Senden und dem Empfang der verdeckten Information einen Context-Switch (also einen Prozesswechsel) geben. Dieses Objekt, über das Sender und Empfänger kommunizieren, bezeichnet Fadlalla als „Shared Attribute" [28]. Da der Empfangsprozess sicherstellen muss, dass eine zu interpretierende Modifikation an dem Shared Attribute durch den Sender-Prozess durchgeführt wurde, ist jeder zwischengeschaltete Prozess, der eine Anfrage auf dieses Attribut durchführt, eine mögliche Störquelle (*noise*) [28].

P_1-**Verhalten**	P_1 erstellt Datei		P_1 erstellt Datei nicht	
SP-Verhalten	create()	create() +remove()	create()	create() +remove()
Resultat	Datei existiert	Datei existiert (dem Syscall von SP fehlen die Rechte)	Datei existiert	Datei existiert nicht
P_2-**Empfangswert**	1 (unsicher, ob P_1 oder SP die Datei erstellt hat)		0er Bit (sicher)	

Tabelle 6.5: Falldarstellung für den durch einen spurious Prozess beschränkten verdeckten Kanal

Fadlalla setzt nun voraus, dass jedes dieser von einem Prozess (P) angefragten „shared Attributes" (S) von der Trusted Computing Base (über diese laufen alle Zugriffe auf shared Attributes) als „*zuletzt von P verwendet*" markiert wird. Ein shared Attribut wird solange nicht an einen anderen nicht-spurious Prozess weitergegeben, bis das Attribut als „*zuletzt von einem spurious Prozess (SP) angefragt*" markiert worden ist [28]. Sollte ein regulärer Prozess Q das shared Attribut S anfragen und ist es noch als „*zuletzt von P verwendet*" markiert, wird Q so lange in die Warteschleife gesetzt, bis ein anschließend explizit gestarteter spurious Process darauf zugegriffen hat. Der gestartete spurious Process führt exakt dieselbe Aktion auf das Attribut aus, wie Sie auch Q ausführen würde. Das shared Attribut wird anschließend als „*zuletzt von SP verwendet*" markiert; optional kann SP die Freigabe des Attributs zudem verzögern (die Release-Wahrscheinlichkeit für das Attribut steigt mit der Zeit automatisch an). Anschließend erhält Q Zugriff auf das shared Attribute.

6.10.1 Anwendungsbeispiel

Zur Veranschaulichung dieser Methode soll ein Beispiel dienen, wie es in [28] vorgestellt wurde und das in Tabelle 6.5 veranschaulicht ist:

Gegeben sei ein System, bei dem Dateinamen einzigartig sein müssen, es also für die verschiedenen Security-Level keine nur im eigenen Level existierenden Dateinamen geben kann. Zudem sei vorausgesetzt, dass sich HIGH- und LOW-Prozess zuvor auf einen bestimmten Dateinamen geeinigt haben. Der HIGH-Prozess P_1 möchte durch das (nicht) Vorhandensein des gewählten Dateinamens dem LOW-Prozess P_2 signalisieren, ob ein 0er-Bit oder ein 1er-Bit übertragen werden soll. Dazu erstellt P_1 eine solche Datei bzw. erstellt sie nicht, und P_2 prüft, ob dieselbe Datei vorhanden bzw. nicht vorhanden ist. Zu diesem Zweck verwenden beide Prozesse den „create()"-Syscall: Ist eine Datei nicht vorhanden, und hat der Prozess die Rechte, die Datei zu erstellen, wird sie erstellt. Andernfalls wird die Datei nicht erstellt und es wird eine Fehlermeldung zurückgegeben.

Werden spurious Prozesse in dieses System eingeführt, funktioniert der verdeckte Kanal nicht mehr wie gehabt: Zunächst möchte P_1 die besagte Datei erstellen, wird allerdings von der TCB unterbrochen und in den Wartestatus versetzt, da kein spurious Prozess zuletzt auf die Datei zugriff. Folglich bekommt ein spurious Prozess *SP* die Aufgabe, dieselbe Aktion durchzuführen, wie sie P_1 angefragt hat (also das Erstellen der Datei). *SP* versucht die Datei zu erstellen (je nach Berechtigung gelingt dies) und es steht *SP* frei, die Datei anschließend zu löschen (hierfür wird eine Zufallsentscheidung getätigt). Die Datei wird nun als *„zuletzt von einem spurious Prozess verwendet"* markiert.

Nach einem weiteren Context-Switch ist P_1 in der Lage den create()-Syscall selbst auszuführen. Sollte *SP* die Datei erfolgreich erstellt und nicht gelöscht haben, kann P_1 den Syscall *nicht* erfolgreich ausführen. Die Datei wird nun als *„zuletzt von einem nicht-spurious Prozess verwendet"* markiert.

Um die Aktivität von P_1 zu überwachen (also den Empfang des Bits durchzuführen), fragt der Empfangsprozess P_2 anschließend bei der TCB ebenfalls die Erstellung der besagten Datei an. Da die Datei nicht als *„zuletzt von einem spurious Prozess verwendet"* markiert wurde, wird erneut ein spurious Prozess *SP* gestartet, der den angefragten Syscall von P_2 durchführt. *SP* kann mit der Erstellung der Datei, wie zuvor, erfolgreich sein, oder nicht und kann nach erfolgreicher Erstellung die Datei nach dem Zufallsprinzip löschen. Nach dem Context-Switch wird die shared Resource als *„zuletzt von einem spurious Prozess verwendet"* markiert. P_2 darf nun seinen create()-Syscall ausführen (wird also aus der Warteschleife geholt).

Existiert die Datei, so weiß P_2 nicht, ob sie von P_1 oder von *SP* erstellt wurde und kann aus diesem Grund nicht wissen, ob ein 1er-Bit oder ein 0er-Bit übertragen werden sollte (schließlich kann *SP* selbst als LOW-Prozess die Datei erstellen, falls P_1 sie nicht zuvor erstellte.). Ist die Datei hingegen *nicht* existent, so weiß P_2 auch, dass sie nicht von P_1 erstellt wurde.[11]

6.10.2 Bewertung

Das von Fadlalla beschriebene Verfahren wirft einige Fragen auf und fand wissenschaftlich kaum Beachtung. Bezüglich der genannten Unklarheiten ist zu sagen, dass etwa die Frage nach alternativen Syscall-Aufrufen nicht geklärt wird (man muss fairer Weise sagen, dass sein System eigentlich auf Datenbanken ausgelegt war und im Folgenden etwas zweckentfremdet wird): Würde im obigen Beispiel P_2 nicht den Syscall „create()" durchführen, sondern mit „readdir()" das Vorhandensein einer Datei prüfen, würde der verdeckte Kanal nach wie vor funktionieren (dies ist nur möglich, wenn High-Level-Dateien auch in Verzeichnislistings für untere Low-Level-Prozesse sichtbar sind). Fadlalla hat solche offensichtlichen Sonderbedingungen in seiner Dissertation nicht untersucht. Eine weitere Sonderbedingung ist der Fall, dass der Low-Prozess den Eigentümer einer Datei überprüfen kann; falls dem so ist, kann beim Vorhandensein der shared Resource (also dem Dateinamen) sehr wohl festgestellt werden, ob eine Datei von P_1 oder von *SP* erstellt wurde (in diesem Fall könnte der Empfangsprozess P_2 *immer* feststellen, welches Bit P_1 gesendet hat, eine Überprüfung dieser Behauptung ist in Tabelle 6.6 dargestellt).

Dies führt zur nächsten Überlegung, nämlich der, dass solche Manipulationen durch spurious Prozesse die Systemstabilität beeinträchtigen können. In der Praxis existieren Programme, die

---

[11]Fadlalla erwähnt es nicht explizit, aber der Grund hierfür ist, dass der zweite *SP*-Prozess (also jener vor der Ausführung von P_2) mit den gleichen Rechten läuft, wie P_2. Hätte der HIGH-Prozess P_1 die Datei erstellt, könnte der LOW-Prozess *SP* sie nicht löschen. Kann P_2 also die Datei erstellen, so hat P_1 sie nicht erstellt und, falls *SP* sie erstellt hatte, hat *SP* diese wieder gelöscht.

P_1-**Verhalten**	P_1 erstellt Datei		P_1 erstellt Datei nicht	
SP-Verhalten	create()	create() +remove()	create()	create() +remove()
Resultat	Datei existiert	Datei existiert (den Syscalls von SP fehlen die Rechte)	Datei existiert	Datei existiert nicht
Eigentümer	owner(P_1)	owner(P_1)	owner(SP)	$\varnothing$
P_2-**Empfangswert**	1er Bit (sicher, da owner(P_1))		0er Bit (sicher, da owner(SP))	0er Bit (sicher)

Tabelle 6.6: Modifizierte Falldarstellung für den durch einen spurious Prozess beschränkten verdeckten Kanal

nicht immer perfekt mit Rückgabewerten umgehen (oder diese teilweise gar nicht erst abfragen), womit die Stabilität solcher Programme nicht gewährleistet ist. Durch die hohe Anzahl an (nach der Einführung von spurious Prozessen) auftretenden Sonderbedingungen ist es von Nöten, Software für ein von Fadlalla erdachtes System deutlich intensiver zu testen, was höhere Entwicklungskosten nach sich zieht.

Auch ist ein Kritikpunkt (Fadlalla weist in [28] allerdings selbst auf diesen hin), dass die Ausführungszeit von Prozessen durch die spurious-Prozesse ansteigt (besonders wenn diese mehrfach hintereinander ausgeführt werden, wie es im Ansatz vorgesehen ist). Ein ähnliches Problem tritt, wie bereits an entsprechender Stelle erläutert, beim Verfahren von Agat auf; siehe Abschnitt 6.3). Spurious Processes führen folglich zu einer generellen Verschlechterung der Systemperformance.

Weiterhin ist anzumerken, das Fadlalla für die vorgestellte Methode die Vorbedingung eines Single-Prozessor-Systems gestellt hat [28], da auf SMP-Systemen mehrere Prozesse gleichzeitig ablaufen können. Laufen nämlich mehrere Prozesse gleichzeitig ab, so ist nicht gewährleistet, dass der spurious Prozess eine Überprüfung des verwendeten Objekts für den verdeckten Kanal vor dem Empfangsprozess vornehmen kann.

Des Weiteren sollte angemerkt werden, dass das Zwischenschalten von spurious Prozessen zwischen zwei Prozessen P_1 und P_2 nur sinnvoll ist, wenn überhaupt ein verdeckter Kanal entstehen kann, P_1 und P_2 also einen unterschiedlichen Security-Level aufweisen. Fadlalla hat diese Anmerkung nicht gemacht.

Ein Vorteil von Fadlallas Ansatz ist es, dass, im Gegensatz zur Shared Resource Matrix von Kemmerer (siehe Abschnitt 6.1), keine Überprüfung aller referenzierbaren und modifizierbaren Attribute eines Systems durchgeführt werden muss [28]. Außerdem setzt der Spurious Processes Approach keine Top-Level-Spezifikationen oder Design-Spezifikationen voraus und ist zudem unabhängig von der Analyse von Source-Code [28].

6.11 Fuzzy Time zur Einschränkung von Timing Channels in VMs

Wie bereits in der Einleitung zu verdeckten Kanälen (Abschnitt 5.4.2) erwähnt, kommunizieren verdeckte Zeitkanäle (*Covert Timing Channels*) über die Zeitintervalle, die zwischen verschiedenen Events gemessen werden oder sie kommunizieren über die Reihenfolge bestimmter Events.

Erstere Timing Channels (d.h. solche, die Zeitintervalle messen) werden mit dem Ansatz der *Fuzzy Time* adressiert. Dabei handelt es sich um ein 1991 von Hu vorgestelltes Verfahren [46], bei dem ungenaue Zeitangaben des Systems die Kanalkapazität verdeckter Zeitkanäle reduzieren sollen.

Verdeckte Kanäle, die Zeitintervalle messen, benötigen möglichst genaue Zeitangaben: Je genauer die Zeitmessung möglich ist, desto kleinere Intervallzeiten können gemessen werden, was in einer höheren Kanalkapazität resultiert. Für die Zeitmessung wird entweder eine lokale Abfrage der Systemuhr durchgeführt (sogenannte *software timing channels*), oder es werden Anfragen an die Hardware durchgeführt und aus diesen eine Zeitdifferenz berechnet (sogenannte *hardware timing channels*, die etwa n Zugriffe auf ein Speichermedium durchführen, um auf verstrichene Zeiten zu schließen) [46].

Hu beschreibt in [46] die Implementierung der Fuzzy Time in den VAX Security Kernel. Die Grundidee besteht darin, alle Zeitabfragen über eine TCB zu leiten, wodurch für Software Timing Channels eine einfache Umsetzung der Fuzzy Time möglich ist [46] – schließlich kann die TCB bei jeder Abfrage der Systemzeit (durch ein Programm) einen Zufallswert zur aktuellen Zeit hinzuaddieren oder ihn von der Zeit subtrahieren.

Schwieriger gestaltet sich die Eindämmung der Hardware Timing Channels. In diesem Kontext ist zunächst zu erwähnen, dass der VAX Security Kernel bereits 1991 virtuelle Maschinen bereitstellte. Diese Maschinen wurden mit der aktuellen Systemzeit versorgt, verwenden also keine virtuelle Pseudo-Zeit. Stattdessen kennen die virtuellen Maschinen die tatsächliche Uhrzeit des Hostsystems. Dabei weist der Autor auf den Unterschied zwischen Fuzzy Time und Virtual Time hin: *Fuzzy* Time ist abhängig von der tatsächlichen Zeit, jedoch um einen geringen Wert verfälscht, während *virtuelle* Zeit von der tatsächlichen Systemzeit entkoppelt ist.

Hu beschreibt die Umsetzung der Fuzzy Time für die VAX folgendermaßen [46]: Eine virtuelle Maschine erhält vom Hostsystem Interrupts für die Aktualisierung des Timers. Diese Interrupts werden ungenau gemacht (*fuzzy*) und als Update nur noch an die virtuelle Maschine weitergeleitet, wenn ein Zugriff auf den Timer derselben erfolgt. Dabei wird die tatsächliche Zeit auf eine Zehntelsekunde genau gerundet. Zusätzlich werden alle I/O-Zugriffe (etwa auf Festplatten) künstlich durch einen Zufallswert verzögert. Dadurch werden sowohl Software Timing Channels, als auch Hardware Timing Channels adressiert.

Für die Implementierung des Verfahrens sieht der VAX Security Kernel zwei unterschiedliche Times vor: Die *event time* (sie gibt an, wann ein Event tatsächlich stattfindet) und die *notification time* (der Zeitpunkt, zu dem die virtuelle Maschine über das Event benachrichtigt wird), wobei eine Verzögerung zwischen event time und notification time eingebaut ist, die zudem einen zufälligen Wert annimmt [46]. Abbildung 6.6 visualisiert dieses Verfahren.

Um die Komplexität der Implementierung zu reduzieren, werden die sogenannten *Downticks* (Updates der Event Time) systemweit auf einem Prozessor erzeugt, sodass nicht mehrere CPUs

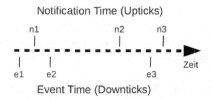

Abbildung 6.6: Event time (Downticks) und notification time (Upticks) im VAX Security Kernel gem. [46].

die Event Time abgleichen müssen. Die sogenannten *Upticks* (das sind Updates der Notification Time) werden hingegen von jedem Prozessor unabhängig erzeugt [46].

6.11.1 Bewertung

Offensichtlich ist, dass eine Anwendung, die exakte Timings benötigt, durch das Fuzzy Time-Verfahren von Hu gestört oder gar unmöglich gemacht wird – denkbar ist hierbei etwa Messsoftware jeglicher Art.

Die Implementierung des damaligen VAX Security Kernels sieht die Reduktion der Kanal-kapazität von Covert Timing Channels auf 100 bps vor, auch wenn sie hardwarebasiert sind. Da mit einer solchen Reduktion auch Performanceeinbußen einhergehen (diese werden von Hu nicht genau beschrieben), wurde ein simpler On-Off-Switch für die Fuzzy Time entwickelt, der aber nur nach einem Reboot aktiv wird [46]. Der Autor schlägt einen Regler für die Genauig-keit der Fuzzy Time vor, um dynamisch zwischen höherer Performance und effektiverer Covert Channel-Eindämmung zu wählen, implementiert diese Variante jedoch nicht [46].

Es existiert eine Aussage über die Effektivität der Maßnahmen: *The key criteria in judging the effectiveness of covert-channel countermeasures are bandwidth reduction and performance degration. Fuzzy time meets both criteria successfully.* [46]. Genaue Zahlen hierfür werden aller-dings nicht genannt, außer dass der VAX Security Kernel die Bandbreite des *schnellsten Timing Channels* um mehr als das Zweifache seiner Größenordnung reduziert hätte und die Bandbreite unter 10 bps fiel [46].

Solche Bandbreiten genügen allerdings noch immer, um eine große Anzahl an Passwörtern (oder anderer sensibler, aber zugleich kleiner Daten) pro Minute zu übertragen. Dennoch: Das Verfahren ist wirkungsvoll (und zumindest laut Eigenaussage der Entwickler) seien keine beson-ders großen Performanceeinbußen damit verbunden.

Wray weist in [157] ebenfalls darauf hin, dass Hu's Verfahren auf einer VAX nur geringe Performanceeinbußen mit sich brächte, wenn man die Performanceeinbußen im Verhältnis zur Reduzierung der Kanalkapazität betrachtet. Da Hu und Wray zu diesem Zeitpunkt beide bei DEC arbeiteten und ihre Veröffentlichungen auf demselben IEEE-Symposium zu einem sehr ähnlichen Thema präsentierten, sind die angeblich geringen Performanceeinbußen (für die nur die erwähnten Größenordnungen genannt wurden und für die genaue Messdaten nicht auffindbar sind) allerdings kritisch zu betrachten.

Beim derzeitigen Stand der Covert Channel-Forschung muss hinzugefügt werden, dass 1991 noch keine Timing Channels bekannt waren, die etwa die Reihenfolge von Netzwerkpaketen als

Kommunikationskanal verwendeten. Entsprechend dachte man, die Bandbreite aller Covert Timing Channels würde sich durch das Fuzzy-Time-Verfahren verkleinern lassen. Selbstverständlich stimmt dies heute nicht mehr: Ein Senden von Paketen (oder anderen Daten) in einer bestimmten Reihenfolge ist immer möglich, selbst ohne Fuzzy Clock, da etwa bei lokalen Puffern das FIFO-Prinzip gilt.

Das vorgestellte Verfahren kommt während der Betriebsphase eines Systems zum Einsatz, weshalb ein Administrator Kenntnis darüber haben muss. Letztlich sind aber (zwecks Implementierung und Finetuning nach einer Inbetriebnahme) alle Phasen des Software-Development-Lifecycle und alle damit verbundenen Betreuer (und ggf. auch dessen Anwender, sofern diese auf exakte Timings angewiesen sind) involviert.

6.12 Paketnormalisierung

Einige Firewalls/NIDS-Systeme, etwa die OpenBSD-Firewall *pf* [97] oder das Network Intrusion Detection System *Snort* [98, 127], sowie einige Proof of Concept-Implementierungen wie *norm* [40], unterstützen Maßnahmen zur Normalisierung von Traffic. Traffic-Normalisierung (auch *scrubbing*) bedeutet, dass einzelne Attribute von Netzwerkpaketen auf einem *Normalisierungssystem* vereinheitlicht (*normalisiert*) werden. Man spricht in einem solchen Zusammenhang auch von einem *Active Warden*, der, im Gegensatz zu einem nur überwachenden *Passive Warden*, modifizierend in eine Kommunikation eingreift [123]. In [30] wird allerdings zwischen Normalisierung und Active Warden unterschieden, da Active Wardens genereller verstanden werden: Sie richten sich gegen alle Formen der Steganografie, Normalisierer hingegen nicht. Dabei werden einzelne Paketattribute, die nicht unbedingt benötigt werden, durch Standardwerte ersetzt, um mögliche Angriffe zu unterbinden. Eine direkte Wirkung gegen verdeckte Kanäle ist nicht vorgesehen, soll aber in diesem Abschnitt diskutiert werden.

6.12.1 Arbeitsweise und Grundprobleme eines Normalizers

Die Aufgabe des Normalizers besteht darin, die Pakete vor dem Eintreffen bei einem Monitoring-System (das ist in diesem Fall ein Network Intrusion Detection System, NIDS) vorzubereiten, um das NIDS zu entlasten. NIDS und Normalizer können auch in derselben Software und auf demselben System untergebracht werden.

Normalisierer überprüfen eine Menge an ihnen bekannten Protokollen, sind aber im Rahmen ihrer Möglichkeiten eingegrenzt, da sie oft in Entscheidungsproblemen festhängen. Solche Entscheidungsprobleme resultieren aus verschiedenen Problemen, von denen die drei wichtigsten erläutert werden sollen: Das *Cold Start*-Problem, das *Stateholding*-Problem und das Problem der *Inkonsistenten TCP-Retransmissions* [40].

Cold Start-Problem: Wird ein Normalizer in einem Netzwerk gestartet, so erhält er auch Pakete von bereits bestehenden Netzwerk-Verbindungen, die ihn passieren, kennt aber nicht deren vorhergegangene Pakete. Besonders bei TCP-Verbindungen ist diese Tatsache problematisch, da vorhergegangene Sequenznummern nicht bekannt sind. Ob also ein Folgepaket tatsächlich zu einer bestehenden Verbindung gehört, oder nicht, kann in solchen Fällen nicht mit Sicherheit

festgestellt werden. Eine Normalisierung wird aus diesem Grund auch erschwert, da im Zwei-
felsfall Pakete weitergeleitet werden müssen, um bestehende Verbindungen nicht zu terminieren
oder bewusst eine Terminierung aus Sicherheitsgründen eingeleitet wird. In beiden Fällen führt
das Cold-Start-Problem folglich zu negativen Effekten (entweder besteht eine eventuell korrupte
Verbindung oder eine eventuell legitime Verbindung wird terminiert).

Mit dem Cold Start-Problem hängt auch das **Stateholding-Problem** zusammen: Um fragmentierte IP-Verbindungen und TCP-Streams wieder zusammensetzen zu können, werden Pakete
und States gecached. Die Wiederzusammensetzung (engl. *reassembling*) der Pakete entspricht in
diesem Fall folglich der Normalisierung.[12]

Es existieren explizite Angriffe, die auf das Cold Start- und auf das Stateholding-Problem
abzielen; dabei versucht ein Angreifer, den Normalizer neu zu starten oder ihn mit zu vielen
States zu blockieren (*State Exhaustion*, d.h. zu viele offene Verbindungen (etwa unvollständi-
ge IP-Fragmente für das Wiederzusammensetzen) zu erzeugen, bis der Normalizer diese nicht
mehr handhaben kann). Nach einem Cold Start oder der State Exhaustion wird der Normalizer
(je nach Konfiguration bzw. Implementierung) alle Pakete unmodifiziert passieren lassen, damit
bestehende Verbindungen nicht abbrechen).

Inkonsistente TCP-Retransmissions: Ein Angreifer kann Netzwerkpakete an ein Ziel senden
und dabei künstlich kurze TTL-Werte im IP-Header setzen, damit einzelne Pakete ihr Ziel nicht
erreichen. Pakete vom Sender werden mit künstlich verringerten TTL-Werten an einen Empfänger gesendet, vor dem Empfang verworfen und erneut (mit anderem Inhalt, aber derselben
TCP Sequenznummer) verschickt. Dabei weiß das zwischengeschaltete NIDS nicht immer, ob
alle Pakete beim Empfänger ankamen, es ist sich also nicht darüber im Klaren, welche Daten
tatsächlich vom Sender an den Empfänger geschickt wurden [40]. So können Angriffspakete mit
Exploit-Payload übertragen werden, ohne dass ein NIDS diesen Payload als solchen detektieren kann. Auch ein Normalizer kann dieses Problem nicht lösen, da er wissen müsste, welchen
exakten Routing-Pfad ein Paket nehmen wird.

Zur Auflösung dieses Problems wurde die *Bifurcating Analysis* entwickelt [40]: Dabei wird für
jede erdenkliche und zugleich sinnvolle Kombination für das Problem der inkonsistenten TCP-
Retransmissions ein eigener Verarbeitungs-Thread erzeugt. Handley et al. weisen darauf hin,
dass diese Aufspaltung bei geringem Trafficaufkommen anwendbar und erfolgreich sein kann,
dass sie aber bei großem Datendurchsatz und vielen parallelen Threads performancekritisch ist
[40]. Die Bifurcating Analysis führt bei vielen parallelen Threads zudem wieder auf das oben
genannte Problem der State Exhaustion.

6.12.2 Normalisierungstechniken

Hinsichtlich der Unterscheidung zwischen den Normalisierungstechniken lässt sich bereits in
der Herangehensweise von Snort eine Unterscheidung finden: Die Detection Engine von Snort

---

[12] Eine Wiederzusammensetzung ist im Übrigen nicht immer möglich, Handley et al. führen das Beispiel auf, dass IP-
Fragmente mit gleichen Fragment-Offsets aber unterschiedlichen Daten eintreffen können. In einem solchen Fall
befindet sich der Normalizer in einem Dilemma: Sollen beide, nur eines (wenn ja, welches?) oder keines der Pakete
weitergeleitet oder gar modifiziert werden? Diese Frage ist nicht eindeutig beantwortbar. Da es sich aber um eine
bereits korrupte Verbindung zu handeln scheint, empfehlen die Autoren die Verwerfung aller zugehörigen Pakete,
also den Verbindungsabbruch durch den Normalizer [40].

unterscheidet zwischen zwei ähnlichen Funktionen: *Protocol Normalization* und *Data Normalization*. Erstere überprüft die Konformität eines Protokolls mit der jeweiligen Spezifikation und kann Traffic, der nicht standardkonform ist, melden. Die zweite Funktion (Data Normalization) vereinheitlicht Daten für die weitere Überprüfung (etwa werden dazu Unicode-Daten in das ASCII-Format übertragen, einheitliche Codierungen angewandt und überflüssige Leerzeichen in Plaintextprotokollen entfernt) [129]. Beide Funktionen sind für die Detektion verdeckter Kanäle interessant. *pf* und *norm* differenzieren nicht zwischen diesen beiden Funktionen.

6.12.2.1 Kategorisierung

Ein kompletter Vergleich samt Diskussion der drei Implementierungen würde den Rahmen dieses Buches sprengen, da allein *norm* über 70 verschiedene Normalisierungsmethoden für IP, UDP, TCP und ICMP implementiert und weitere, von den drei Implementierungen unabhängige, Veröffentlichungen wie [30] noch zusätzliche Methoden nennen. Vielmehr sollen in diesem Buch einige Kategorien von Normalisierungsmethoden vorgeschlagen werden, wie sie generell angewandt werden können und deren Beschreibung zum Verständnis aller verfügbaren Methoden beiträgt:

- **Nebenwirkungsfreie Normalisierung:** Einige Formen der Normalisierung verhindern Angriffe und/oder verdeckte Kanäle, ohne dabei legitimen Traffic zu zerstören oder hinsichtlich seiner Funktionsweise zu behindern. Hierzu zählt etwa das Verwerfen von IP-Paketen mit IP-Versionsnummern, die nicht existent sind (das heißt alle Versionsnummern außer 4 und 6). Ein weiteres Beispiel ist das Normalisieren oder Verwerfen von bereits korrupten Headerbestandteilen (etwa die Korrektur/das Verwerfen) einer falsch angegebenen *Internet Header Length* in IPv4 oder das Nullsetzen von Werten, die den Wert Null annehmen müssen (in [40] findet sich das Beispiel, dass das Bit zwischen *IP Identifier* und *DF*-Bit im IPv4-Header immer 0 sein muss).

- **Normalisierung mit Nebenwirkungen:** Tritt eine Nebenwirkung bei einer Normalisierung auf, so hängt dies entweder mit Einbußen im Funktionsumfang eines Protokolls zusammen, oder mit der Terminierung einer legitimen Verbindung. Bei Einbußen im Funktionsumfang werden Headerbestandteile normalisiert, die eine nicht genutzte Funktion beinhalten; oftmals werden etwa *Explicit Congestion Notification (ECN)*-Einstellungen überschrieben. Solch ein Verfahren unterbindet selbstverständlich darin platzierte Covert Storage Channels, eliminiert aber gleichzeitig die mit den entsprechenden Bits zusammenhängenden Protokollfunktionen für alle Systeme, die sich auf einem Routingpfad *hinter* dem Normalizer befinden. Ein weiteres Beispiel für die Normalisierung mit Nebenwirkungen sind die in Abschnitt 6.12.1 genannten TTL-Werte im Zusammenhang mit inkonsistenten TCP-Retransmissions.

- **Fehlerfreie/fehlerbehaftete Umsetzbarkeit einer Normalisierung:** Eine weitere Unterscheidungsmöglichkeit (neben der Unterscheidung, ob Nebenwirkungen mit einer Normalisierung einhergehen) besteht darin, die Umsetzbarkeit einer Normalisierung zu klassifizieren: Ist eine Normalisierung immer fehlerfrei möglich, oder nicht? Im, in Abschnitt 6.12.1 genannten, Beispiel für die Wiederzusammensetzung fragmentierter IP-Pakete ist dies auf Grund der genannten Probleme nicht der Fall. Für das Überschreiben einiger Flags (wie beispielsweise der IPv4-Versionsnummer) ist die Machbarkeit hingegen nicht in Frage gestellt (das gilt selbstverständlich auch für das Verwerfen einiger Pakete, also etwa solcher mit falscher IPv4-Versionsnummer).

6.12.2.2 Kategorisierung im Active Warden-Kontext

Wie bereits in Abschnitt 6.12 erwähnt, stellt die Normalisierung einen modifizierenden Eingriff in die verdeckte Kommunikation dar und ist deshalb als Active Warden klassifiziert. Fisk et al. haben eine dazu passende Klassifizierung vorgestellt, die in diesem Kontext nicht unerwähnt bleiben soll [30]. Dabei wird in *structured* und *unstructured carriers* unterschieden. Die erste Kategorie bezieht sich auf maschineninterpretierbare Daten definierter Form, die zweite Kategorie bezieht sich auf von Menschen interpretierbare Daten. Netzwerkdaten sind eine Form der *structured carriers* (jedes Bit hat eine spezielle vordefinierte Bedeutung), wohingegen etwa Bilder und Plaintext zu den *unstructured carriers* zählen (Bits können zum Teil unterschiedliche Bedeutungen annehmen). Dabei stellen die Autoren die Idee der *Minimal Requisite Fidelity (MRF)* vor, die das Ziel verfolgt, ein angemessenes Maß für den Eingriff in verdeckte Kommunikationen zu finden: Ein Eingriff muss sowohl für den Endnutzer akzeptabel sein, als auch möglichst viele verdeckte Kanäle verhindern [30]. Ist ein Eingriff zu stark, könnten die Nachteile für den Endnutzer zu groß sein, ist der Eingriff zu schwach, ist eine verdeckte Kommunikation verhältnismäßig einfach umsetzbar.

Im Gegensatz zu der im vorherigen Abschnitt vorgestellten Kategorisierung der Normalisierung unterscheiden Fisk et al. zwischen folgenden Arten des normalisierenden Eingriffs in Netzwerkdaten (gemäß [30]):

- **Constant**: Felder, die immer dieselben Werte annehmen müssen (etwa IPv4-Versionsnummer oder das *Padding* im Header), dürfen nicht verändert werden.

- **Free**: Felder, die in den allermeisten Fällen gelöscht werden können, um vermeintlich darin enthaltene versteckte Daten zu zerstören (etwa *Don't Fragment-Flag*).

- **Decreasing**: Felder mit Werten, die automatisch abnehmen (etwa die IPv4-*TTL*). Eine Normalisierung kann hier angewandt werden, indem *alle* Pakete an einem Normalisierungshop mit derselben TTL versehen werden, die von den anschließenden Hops einheitlich weiter dekrementiert wird.

- **Tokens**: Diese Werte können nicht oder nur bedingt modifiziert werden, da sie zur Identifikation einer Verbindung dienen (etwa *Source Address*). Die Autoren sprechen in diesem Zusammenhang von der *most complicated* Kategorie.

- **Derivative**: Werte, die in Abhängigkeit von den anderen Netzwerkdaten stehen (etwa *Internet Header Length (IHL)* oder *Checksum*), sie können auf ihre tatsächlichen Werte angepasst werden (dazu muss beispielsweise die Checksum neu berechnet werden).

- **Fragmentation**: Fragmentierungsflags (außer dem *Don't Fragment Flag*), die in Abhängigkeit von anderen Paketen stehen. Für solche Daten ist – wie bei anderen Verfahren – eine Wiederzusammensetzung vorgesehen.

- **Dependent**: Werte, die abhängig von einer Einkapselung sind (etwa *Protocol*-Feld im IPv4-Header). Diese Werte können nicht immer normalisiert werden (detaillierte Umsetzungsmöglichkeiten werden nicht genannt).

Die Autoren haben zudem eine Proof-of-Concept-Implementierung für die Normalisierung von TCP/IP-Paketen entwickelt, die allerdings deutlich weniger Methoden als *norm* unterstützt.

Anmerkung: Dem interessierten Leser kann als zusätzliche Lektüre ein Papier zu *Glavlit*, es handelt sich dabei um einen HTTP-Normalizer zur Vermeidung von Covert Channels, empfohlen werden (zu finden in [115]).

6.12.3 Bewertung

Traffic-Normalisierung wird von den in der Praxis eingesetzten Systemen, wie pf und Snort, nicht mit dem Hauptzweck implementiert, verdeckte Kanäle zu unterbinden. Stattdessen sollen vor allen Dingen Angriffe, die in Netzwerkdaten übertragen werden (und oftmals gar nicht versteckt sind), verhindert werden. Auf der anderen Seite sind Anti-Covert Channel-Regeln in Normalisierern einfach zu integrieren, da sich alleine durch die Erzwingung standardkonformen Verhaltens viele Möglichkeiten für verdeckte Kanäle unterbinden lassen. So wird etwa im IETF-Draft für den *Opus Audio Codec* verlangt, das Padding mit Zero-Bits aufzufüllen, um verdeckte Kanäle zu verhindern [140]. Ein Normalisierer muss Pakete, die dieser Festlegung nicht entsprechen folglich nur verwerfen.

Da die implementierten Techniken zur Vermeidung von Angriffen und nicht zur Vermeidung verdeckter Kanäle gedacht sind, ist es wichtig, beim Design eines Normalizers darauf zu achten, dass Covert Channels unterbunden werden. Diese Überlegung möchte ich durch ein *Beispiel* motivieren und zugleich beweisen: Wenn bei der Normalisierung eine zu niedrige TTL auf einen Standardwert (etwa 230) gesetzt wird, so bedeutet das keine vollständige Unterbindung eines verdeckten Kanals. Der Grund hierfür ist folgender: Eine TTL, die nicht so niedrig ist, dass sie auf einen hohen Standardwert normalisiert wird, kann ihr Ziel erreichen, dadurch kann ein Empfänger zwischen *durch den Normalisierer heraufgesetzten* und *relativ hohen, aber wahrscheinlich nicht heraufgesetzten* TTLs unterscheiden. Entsprechend können verdeckte Daten übermittelt werden. Lediglich die Normalisierung *aller* TTLs auf einen Standardwert, also eine Normalisierung, die unabhängig von der Eingangs-TTL beim Normalisierer ist, verhindert einen verdeckten Kanal.[13] Zander führt in [163] an, dass die typische Standard-TTL, die für neue Pakete gesetzt wird, bei 64 oder höher liegt, im Internet aber kaum mehr als 32 Hops pro Route verwendet werden und kommt zum Fazit, dass die Vereinheitlichung der TTLs auf einen niedrigen Wert für eingehende Pakete, als realistische Lösung zu betrachten ist.

Festzustellen ist, dass keines der vorgestellten Systeme *alle* wirksamen Normalisierungsmethoden der jeweils anderen Systeme implementiert; eine Weiterentwicklung eines der offenen Systeme ist wünschenswert und sollte im Rahmen zukünftiger Forschungsprojekte umgesetzt werden. In diesem Zusammenhang muss erwähnt werden, dass *norm* zwar die Implementierung mit den meisten Normalisierungsmethoden ist, dass es aber seit Version 0.2 (von 2002) nicht mehr weiterentwickelt wird.

---

[13] Selbstverständlich können künstlich heraufgesetzte TTLs zu Problemen beim Routing (Routingloops) führen.

Es ist offensichtlich, dass eine Untermenge der möglichen Netzwerk Covert Channels durch Normalisierungsmaßnahmen unterbunden werden kann [30]. Murdoch und Lewis sind der Ansicht, dass durch solcherlei Maßnahmen nahezu alle verdeckten Kanäle unterbunden werden können [89]. [66] weisen hingegen darauf hin, dass nur solche verdeckten Kanäle detektiert und unterbunden werden können, die eine Veränderung in Paketen vornehmen (entsprechend würden etwa Covert Timing Channels und auch Protocol Channels, also verdeckte Kanäle, die legitimen Traffic senden und nur durch die Wahl eines bestimmten Protokolls Signale übertragen [144], von einem Normalizer nicht beachtet werden). Auch Fisk et al. weisen explizit darauf hin, dass Timing Channels im Rahmen ihres Active Warden-Ansatzes nicht untersucht wurden [30]. Handley et al. nennen letztlich die Tatsache, dass Normalisierer vor allen Dingen *unusual or "impossible" traffic* betrachten [40].

Zusätzlich fehlt es an einer breiten Protokollunterstützung (es gibt etwa keine Covert Channel-orientierte Normalisierung für dynamische Routingprotokolle). Des Weiteren sind die Nebeneffekte, etwa Performanceeinbußen[14], Feature-Abschaltung durch neu gesetzte Standardwerte in bestimmten Headerbereichen[15], sowie protokollabhängige Probleme (wie mögliche Routingloops bei TTL-Inkrementierungen), existierende Probleme, über deren Akzeptanz im Einzelfall entschieden werden muss.

Eine Normalisierung kann sowohl gegen Storage Channels (durch Überschreiben von Daten), als auch gegen Timing Channels (durch vereinheitlichte Datenverzögerung mit Zwischenpufferung) eingesetzt werden. Die Auseinandersetzung, Implementierung und Betreuung einer solchen Maßnahme muss von der Phase der Anforderungserhebung bis hin zur Betriebsphase eines Systems geschehen. Eine nachträgliche Kalibrierung von Features (speziell bei Einführung neuer Anwendungen) ist ebenfalls notwendig, beispielsweise könnte eine bisherige Normalisierung die QoS-Einstellungen von Paketen überschreiben, die eine neue Anwendung jedoch benötigt.

6.13 Drei Verfahren zur Zeitkanal-Detektion nach Cabuk et al.

Cabuk et al. stellen in [16] neben einer Implementierung eines verdeckten Zeitkanals für Netzwerkverbindungen auch – und das ist im Rahmen dieses Kapitels von Interesse – zwei Detektionsverfahren für denselben vor. Fünf Jahre später stellen dieselben Autoren in [17] zudem ein drittes Verfahren vor. Zum Verständnis dieser drei Detektionsverfahren muss folgendes verstanden werden: Verdeckte Zeitkanäle übertragen ihre Netzwerkdaten in der Regel durch eine künstliche Manipulation von Paket-Intervallzeiten (*inter-arrival times*): Ist der Zeitabstand zwischen zwei Paketen gering, wird er anders interpretiert, als wenn der Zeitabstand groß ist, wobei auch Abstufungen möglich sind.

---

[14]Eine Traffic-Garantie (selbst bei Flooding und State Exhaustion) gab das erwähnte *norm*-Tool für bis zu 100 MBit/s (duplex) bereits 2001.

[15]In [40] findet sich etwa das Beispiel, dass die künstliche Veränderung der TTL Diagnosewerkzeuge wie *traceroute* beeinträchtigt.

6.13.0.1 1. Methode

Die erste von Cabuk et al. vorgestellte Methode (*examining patterns in the variance*) analysiert die genannten Paket-Intervallzeiten in einem aufgezeichneten Datenstream. Zur Detektion eines Netzwerk-Zeitkanals werden dabei n Paket-Intervallzeiten analysiert (im Fall von Cabuk et al. wurde $n = 2000$ gesetzt).

Die aufgezeichneten n Intervallzeiten werden in Abschnitte (*windows*) fester Länge zerlegt, die sich nicht überlappen. Anschließend wird für jedes Window i zunächst die Standardabweichung der Intervallzeiten σ_i berechnet. Mithilfe aller σ-Werte wird daraufhin die gesamte Standardabweichung aller Window-Paar-Differenzen σ_i und σ_j berechnet, wobei $i < j$ sein muss [16]:[16]

$$regularity \quad = \quad STDEV\left(\frac{|\sigma_i - \sigma_j|}{\sigma_i}, i < j, \forall i, j\right) \qquad (6.1)$$

Der erhaltene Wert *regularity* wird verwendet, um die Abweichung der Intervallzeiten eines Windows i von den anderen Windows zu bewerten, also um zu prüfen, ob die Werte relativ konstant sind [31]. Anhand von Testdaten zeigte sich, dass aufgezeichneter Traffic mit verdeckten Zeitkanälen geringere Abweichungen vom *regularity*-Wert, als etwa regulärer HTTP- oder Telnet-Traffic aufwies [16]. Außerdem ergab sich, dass der Wertunterschied zwischen dem verdeckten Kanal und dem regulären Traffic umso größer wurde, je kleiner die Window-Größe gewählt wurde [16].

6.13.0.2 2. Methode

Die zweite vorgestellte Methode (*ε-Similarity between adjacent inter-arrival times*) betrachtet die Paket-Intervallzeiten auf eine andere Weise, bei der alle Paket-Intervallzeiten zunächst sortiert werden. Diese Sortierung wird von der zweiten Methode verwendet, um die dort sichtbaren Anstiege der Intervallzeiten zu bewerten.

Der Algorithmus berechnet für jedes sortierte Paket P_i paarweise die relative Differenz mit dem nächsten Paket P_{i+1} der Sortierung: $\frac{|P_i - P_{i+1}|}{P_i}$ [16]. Sind beide Pakete gleichwertig, erhält man den Differenzwert 0, bei einem Anstieg schwankt der Wert; bei höheren Werten sind zudem die prozentualen Änderungen (also die relativen Differenzen) verhältnismäßig kleiner.

Zur Analyse von aufgezeichnetem Netzwerktraffic wird im nächsten Schritt ein Wert ε gewählt, mit dem die sogenannte ε-Similarity berechnet wird. Die ε-Similarity ist der prozentuale Anteil der Differenzen, die kleiner ε sind [16].

Die Autoren beobachteten, dass ein Großteil der paarweisen Differenzwerte für verdeckte Kanäle keine Abweichungen beinhaltet, sich die dargestellten Sprünge jedoch als Indikatoren für verdeckte Kanäle erwiesen [16]. Je nach Wahl des ε-Wertes konnte sich über die ε-Similarity eine bessere bzw. schlechtere Unterscheidung zu legitimen Traffic ablesen lassen.

Eine generelle Regel zur Wahl von ε ist nicht ableitbar, da sich für unterschiedliche Trafficquellen auch Unterschiede in den Differenzen zu legitimen Werten zeigten: Für die Quelle *NZIX-II* konnten mit besonders geringen ε-Werten (optimal 0.005, dann abnehmend bis etwa 0.1) besonders gute Differenzen erzielt werden, bei einer anderen Quelle (*DARPA*) waren keine

---

[16]Die Funktion *STDEV* bedeutet *standard deviation*, also Standardabweichung.

besonderen Unterschiede im Bereich 0.005 bis 0.1 zu sehen, wofür sich der verdeckte Traffic jedoch bei Werten >0.1 durch eine besonders geringe ε-Similarity bemerkbar machte [16].

6.13.0.3 3. Methode

Als neues Detektionsverfahren wird in [17] die sogenannte *Compressibility* vorgestellt. Dieses Verfahren soll dann zum Einsatz kommen, wenn die ersten beiden Methoden nur bedingt erfolgreich eingesetzt werden können, nämlich bei *rauschenden* verdeckten Kanälen.

Zunächst wird eine stringbasierte Datenkompression der Paket-Intervallzeiten durchgeführt. Um Ruhephasen, in denen keine Pakete übertragen wurden, aus den Datensätzen herauszurechnen, werden Intervallzeiten, die größer als eine Sekunde sind, entfernt. Da die übrigen Intervallzeiten numerisch und nicht als Strings vorliegen, bauen die Autoren alle Timingwerte über ein simples Verfahren in Strings um: Zunächst werden alle Daten auf einen gewählten Stellenwert gerundet. Jeder Zahlenwert wird anschließend durch ein Zeichen, das die Anzahl der Nullen nach dem Komma angibt, dargestellt, wobei es sich um einen Großbuchstaben handelt). Anschließend folgen die gerundeten Stellen, womit beispielsweise aus 0.00247 der Wert B25 und aus 0.0247 der Wert A25 wird [17].

Die somit durch Strings (S) repräsentierten Intervallzeiten werden anschließend durch eine Funktion $C = \kappa(S)$ komprimiert, wobei κ für die Annäherung an die Kolmogorov-Komplexität steht, da die eigentliche Kolmogorov-Komplexität nicht berechenbar ist [17]. Die Kolmogorov-Komplexität ergibt die minimale Länge eines Programms, das zur Erzeugung der übergebenen Zeichenkette dient, wobei $S \in \sum^s$ und $C \in \sum^c$ sind (S und C bestehen aus Symbolen des Alphabets $\sum$ und haben die Längen s bzw. c) [17].

Die *Compressibility* $\kappa(S)$ wird errechnet, indem mit einem existierenden Kompressor $\Im$ (die Autoren nennen als Beispiel für eine solche das *gzip*-Tool) eine Kompression von $C = \Im(S)$ durchgeführt wird [17]. Anschließend berechnet man

$$\kappa(S) \quad = \quad \frac{|S|}{|C|} \tag{6.2}$$

wobei der Operator $|.|$ in diesem Fall nicht für den Betrag, sondern für die Stringlänge steht. Folglich wird das Verhältnis von tatsächlicher zu komprimierter Stringlänge berechnet.

Bei Traffic mit verdeckten Kanälen, die künstlich abgestimmte Timing-Intervalle erzeugen, herrschen größere Regelmäßigkeiten bei den Paketintervallen [17], womit deren Entropie sinkt und der Kompressionsgrad zunimmt. Im Verhältnis zu Traffic ohne verdeckte Zeitkanäle erhält man aus diesem Grund höhere Scores für die *Compressibility* [17].

6.13.1 Gegenmaßnahmen

Die Autoren stellen drei verschiedene Angriffsszenarien vor, die die Detektionswahrscheinlichkeit für die vorgestellten Verfahren senken können [17]:

- Ist dem Angreifer bewusst, dass eines der vorgestellten Monitoringsysteme eingesetzt wird, kann er Traffic erzeugen, der dem Überwachungssystem wie legitimer Traffic erscheint. Dazu muss entweder

- verdeckter Traffic während der Lernphase erzeugt werden (in der Vergleichsdaten erstellt werden, mit denen später der aktuelle Traffic abgeglichen werden kann), oder

- ein nachträglicher Einbruch in die Datenbank des Detektionssystems stattfinden und deren Datensätze so angepasst werden, das Traffic des verdeckten Kanals als legitim erscheint.

• Es können kurze Bursts des verdeckten Traffics in legitimen Daten untergebracht werden. Es würde also ein passives Senden über das Modifizieren von anderweitig erzeugtem und zugleich legitimen Traffic stattfinden.

• Durch das künstliche Erzeugen von Rauschen wird die Detektionswahrscheinlichkeit für alle Verfahren verringert. Entscheidet sich der Angreifer für diese Vorgehensweise, wird auch die Kanalkapazität des Covert Channels reduziert.

6.13.2 Bewertung (der Methoden und deren Gegenmaßnahmen)

Cabuk et al. haben die ersten zwei beschriebenen Verfahren (über die Standardabweichung und über die ε-Similarity) mit drei verschiedenen Szenarien überprüft: 1. einem verdeckten Kanal mit konstanten Intervallzeiten, 2. einem verdeckten Kanal mit variierenden Intervallzeiten, und 3. einem verdeckten Kanal mit künstlichem Rauschen. Es ergab sich das Resultat, dass beide Verfahren im ersten Szenario erfolgreich eingesetzt werden können, sich verdeckte Kanäle also abweichend vom legitimen Traffic herauskristallisierten.

Im zweiten Szenario konnte nur die ε-Similarity zu befriedigenden Ergebnissen führen, weil für das *regularity*-Verfahren keine brauchbare Vergleichsmöglichkeit der Windows mehr existierte. Eindämmen ließe sich dieses Problem nur für verdeckte Zeitkanäle, die ihre k unterschiedlichen Timings (etwa $k = 3$ mit den Timings 0.3ms, 0.6ms und 2ms), zwischen denen zyklisch im Wechsel von t Zeiteinheiten gewechselt wird, mit einem t, das deutlich kleiner als die Window-Größe ist, betreiben würden [16], was allerdings eine sehr konstruierte Bedingung ist. Wäre die Bedingung, dass $t \ll w$ sein soll, erfüllt, so würden sich bei zyklischem Wechsel der Timings mehrere verschiedene Timings in einem Window finden, worauf die Windows wieder untereinander vergleichbar wären.

Im dritten Szenario erwies sich keines der beiden Verfahren als zufriedenstellend [16], da künstliche Störungen und künstliche Ruhezeiten zwischen der verdeckten Kommunikation nicht handhabbar waren.[17]

Die Autoren weisen darauf hin, dass der aufgezeichnete Traffic künstlich erzeugt wurde und die erzielten Resultate nicht zwangsläufig mit den Resultaten bei realem Netzwerktraffic vergleichbar seien [16]. Des Weiteren muss erwähnt werden, dass eine, von den Autoren selbst entwickelte und somit vom Verhalten her bekannte und angepasste, Implementierung für verdeckte Zeitkanäle verwendet wurde; Implementierungen fremder Autoren wurden nicht untersucht.

Ein Vergleich zwischen dem zweiten Verfahren (ε-Similarity) und dem dritten Verfahren (Compressibility) wurde in [17] durchgeführt. Tatsächlich zeigten sich beide Verfahren für Timing

---

[17]Über simple Protokolle (auf die sich beide Kommunikationspartner zuvor einigen müssen) können Absprachen zur Pausierung des Sendens bzw. des Empfangens getroffen werden, sodass eingefügtes Rauschen nicht zwangsläufig einen Timing Channel desynchronisiert.

Channels mit konstanten Intervallzeiten als effektiv, wobei die False-Positive-Rate für UDP-basierte Paketstreams deutlich schlechter ausfiel, als für TCP-basierte Paketstreams (etwa HTTP-Traffic und FTP-Data-Traffic, für die sehr gute False-Negative-Raten erzielt werden konnten). Tatsächlich kommen die Autoren zum Schluss, dass sie mit keiner der beiden Methoden erfolgreich UDP-Traffic von Covert Channel-Traffic unterscheiden können.

Für rauschenden Traffic mit verdeckten Kanälen erwies sich die Compressibility-Methode gegenüber der ε-Similarity als erfolgreicher. Mit der ε-Similarity konnten nur für Rauschraten bis maximal 10% Covert Channels von eigentlichem Traffic unterschieden werden, wobei sich im Gegensatz zur rauschfreien Situation bessere Erkennungsraten für UDP-Pakete, als für TCP-Pakete erzielen ließen [17]. Die Compressibility-Methode konnte sich für WWW- und FTP-Data-Traffic bei bis zu 25% Rauschen als effektiv erweisen; keine der beiden Methoden konnte bei höherem Rauschanteil verwendbare Ergebnisse erzielen [17].

Nach eigenen Angaben wurden auch andere statistische Verfahren getestet, jedoch seien nur die beiden vorgestellten erfolgversprechend gewesen [16].

Die genannten drei Angriffsverfahren basieren entweder auf relativ unwahrscheinlichen Bedingungen (etwa Modifikation der Lerndaten), dem durchaus realistischen Senden von kurzen Bursts, die in einzelne Window-Abschnitte der Intervallzeiten passen, oder haben – im Falle der Erzeugung künstlichen Rauschens – die Reduzierung der Kanalkapazität zur Folge. Da in den allermeisten Fällen mindestens eine dieser Angriffsmethoden verwendet werden kann, wird es möglich sein, gute Covert Channel-Implementierungen zu erstellen, die standardmäßig die vorgestellten drei Detektionsverfahren ineffektiv machen können. Wie in [17] erwähnt, dürfte es für einen Angreifer, der die Lernphase des Detektionssystems aktiv beeinflusst bzw. in dessen Datenbank einbricht, jedoch schwierig werden, neue Konfigurationswerte zu finden, die sowohl den Covert Channel, als auch den eigentlichen Traffic als legitimen Datenverkehr anerkennen. Dieses Problem tritt bei unidirektionalen verdeckten Kanälen noch stärker hervor, da eine vorherige Absprache für die Timings zwischen Sender und Empfänger notwendig ist, eine Anpassung nach einer Datenmodifikation allerdings im Nachhinein erfolgt [17].

Fraglich ist, wie sich speziell die Compressibility bei legitimem Traffic verhält, der starke Regelmäßigkeiten enthält (etwa einen permanenten Ping pro Sekunde im Sinne eines trivialen Verfügbarkeitstests). Leider wird diese Frage von den Autoren nicht gestellt. Eine Beantwortung lässt sich jedoch durch Überlegung erzielen: Durch Regelmäßigkeiten sinkt die Entropie, damit erhöht sich die Komprimierbarkeit und der Traffic wird schwerer von Covert Timing Channels unterscheidbar. Entsprechend muss eine Detektion mit geringen False-Positive-Raten schwieriger sein, als sie bei unregelmäßigem legitimem Traffic ist.

6.14 Zeitkanal-Detektion nach Zander

Zander führt in [163] ein weiteres Detektionsverfahren für Covert Timing Channels ein, die auf Paket-Intervallzeiten basieren. Terminologisch unterscheidet sich Zander mit der Bezeichnung *Inter Packet Gaps* (IPG) bzw. *inter-packet times* von Cabuk et al., die den Begriff *inter-arrival time* verwenden, jedoch sind in beiden Fällen die bekannten Paket-Intervallzeiten gemeint. Bevor das eigentliche Detektionsverfahren beschrieben werden kann, müssen die beiden Begriffe *sparse encoding* und *sub-band encoding* eingeführt werden.

6.14.1 sparse encoding und sub-band encoding

Dem Covert Timing Channel von Zander steht folgende Überlegung zugrunde: Wenn nur in einem Bruchteil aller Netzwerkpakete Timing-Verzögerungen untergebracht werden, sinkt die Detektionswahrscheinlichkeit, da ein Teil der Pakete normale Timings besitzt. Zander bezeichnet dieses Verfahren als *sparse encoding* und den Teil der Pakete, die zum verdeckten Kanal gehören mit *encoding fraction*. Die Information darüber, welche Pakete künstlich verzögert werden, wird über einen Pre-Shared Key zwischen Sender und Empfänger festgelegt: Mithilfe eines Zufallszahlengenerators werden die Elemente von $T = \{t_1, ..., t_n\}$ gewählt. Anschließend wird ein f (*fraction*) gewählt. T und f müssen Sender und Empfänger bekannt sein, da sie den Pre-Shared Key K bilden. Für die Übertragung werden nun alle Pakete, für die $t_i < f$ gilt, künstlich verzögert.[18] Besteht ein zu generierender Stream beispielsweise aus 4 Paketen und wird $T = (0.11, 0, 17, 0.54, 0.13)$ erzeugt und zudem für $f = 0.20$ gewählt, dann werden Paket 1, Paket 2 und Paket 4 verzögert, Paket 3 jedoch nicht.

Des Weiteren wird ein zweites Codierungsverfahren vorgestellt, bei dem der *least significant*-Bereich einer Paket-Intervallzeit modifiziert wird; dieses Verfahren ist allerdings nicht sonderlich robust [163] und wird als *sub-band encoding* bezeichnet.

6.14.2 Das eigentliche Detektionsverfahren

Das Detektionsverfahren basiert auf dem C4.5-Algorithmus[19], der in diesem Fall zur Klassifikation von aufgezeichnetem Traffic verwendet wird (Traffic wird entweder als »Covert Channel-Traffic« oder »legitimer Traffic« gekennzeichnet) [163]. Der Algorithmus erstellt zur Feststellung, ob eine bestimmte Kategorisierung vorliegt, einen Entscheidungsbaum und Zander stellt dem Algorithmus vier verschiedene Attribute zur Verfügung, denen jeweils die Paket-Intervallzeiten zugrunde liegen: Entropie und Entropierate, Resultat des Kolmogorov-Smirnov-Tests auf den Daten [163]

Die Entropie(rate) ist bereits aus der Einleitung bekannt und sowohl *fraction*, als auch der *least significant*-Bereich wurden im vorherigen Abschnitt vorgestellt. Erläutert werden soll an dieser Stelle jedoch noch der Kolmogorov-Smirnov-Test (im Folgenden kurz KS-Test). Der KS-Test prüft entweder, wie sehr eine Wahrscheinlichkeitsverteilung einer Normalverteilung entspricht oder er vergleicht die Übereinstimmung zweier Wahrscheinlichkeitsverteilungen [67]. Zander verwendet den KS-Test zur Überprüfung der Übereinstimmung des normalen nicht-Covert-Traffics mit einem Test-Traffic. Ist die Übereinstimmung gering, lässt sich auf einen verdeckten Zeitkanal schließen, wobei auch hier die Paket-Intervallzeiten als Einheit verwendet werden [163].

Nachdem anhand von Messdaten der C4.5-Algorithmus ausgeführt wurde, und dieser einen Entscheidungsbaum (*decision tree*) aufgebaut hat, können die Resultate des Algorithmus abhän-

---

[18] Selbstverständlich ergibt sich für einen solchen Kanal ein Synchronisationsproblem, sobald ein Paket im Stream verloren geht und keine Retransmission (etwa durch TCP) stattfindet [163], aber dies ist für den Kontext der *Detektion* nicht von Belang.

[19] C4.5 ist ein Algorithmus, der einen Entscheidungsbaum (genauer: *Klassifikationsbaum*) erstellt und mit dessen Hilfe einem Input X eine Klassifizierung Y zugeordnet werden kann. Der Algorithmus kommt aus dem Bereich des Machine Learning und basiert auf dem ID3-Algorithmus, verfügt aber über zusätzliche Features, wie etwa *Pruning* (d.i. das Optimieren von Entscheidungsbäumen) [100].

gig von *fraction* bzw. *l* für zu überprüfende Traffic-Aufzeichnungen evaluiert werden. Zander verwendet zur Evaluierung das F-Maß *F* (*f-measure*), das die Genauigkeit (*precision*) des Verfahrens mit seiner Trefferquote (*recall*) kombiniert [163].

Die Trefferquote gibt an, mit welcher Wahrscheinlichkeit ein Wert korrekt erkannt wurde. Man spricht in diesem Zusammenhang von:

- *true positives* (TP), sie geben an, welche einer Klasse zugewiesenen Werte tatsächlich dieser Klasse angehören müssen,

- *false positives* (FP), sie geben an, welche einer Klasse zugewiesenen Werte falsch zugewiesen wurden, weil sie eigentlich einer anderen Klasse hätten zugewiesen werden müssen,

- *true negatives* (TN), sie geben an, welche Werte *nicht* einer bestimmten Klasse zugewiesen wurden und auch tatsächlich nicht zu dieser gehören, und

- *false negatives* (FN), sie geben an, welche Werte *nicht* einer bestimmten Klasse zugewiesen wurden, aber in Wirklichkeit zu dieser gehören.

Die obig erwähnte Trefferquote ist nun die Quote, mit der eine Klassifizierung tatsächlich korrekt durchgeführt wurde:

$$recall \ = \ \frac{TP}{TP+FN} \tag{6.3}$$

Die Genauigkeit gibt an, wie hoch der Anteil korrekt klassifizierter Klassen-Mitglieder von der Gesamtzuordnung der Klasse ist:

$$precision \ = \ \frac{TP}{TP+FP} \tag{6.4}$$

Schließlich kombiniert das F-Maß *F*, wie bereits erwähnt, beide Werte, um eine nützliche Bewertung zu ermöglichen (schließlich sind Trefferquote und Genauigkeit des Verfahrens ohne den jeweils anderen Wert nicht sonderlich aussagekräftig) [163].

$$F \ = \ \frac{2 \cdot precision \cdot recall}{precision + recall} \tag{6.5}$$

Das Testergebnis wird für beide Timing Channel-Codierungen separat vorgestellt:[20]

- **sparse encoding:** Das F-Maß für sparse encoding wird in Abhängigkeit der fraction (f) analysiert. Dabei zeigte sich, dass ab einem fraction-Wert von etwa 0.4 eine relativ zuverlässige Detektion des Covert Timing Channels erreicht werden konnte (F-Maß-Werte zwischen 80% und 95%, abhängig vom verwendeten Netzwerkprotokoll). Für $f < 0.4$ verringerte sich die Detektionswahrscheinlichkeit (das F-Maß sank auf 40% bis etwa 90%, Skype-Traffic erzielte allerdings bis $f > 0.1$ hohe F-Maß-Werte) [163].

---

[20]Zander hat darüber hinaus auch die Komplexität der Klassifikation der beiden Codierungen gegenübergestellt (gemessen an der Knotenzahl der von C4.5 erstellten Entscheidungsbäume). Dabei lag die Komplexität von sparse encoding leicht unter der von sub-band encoding, beide Codierungsverfahren erzielten aber zum Großteil ähnliche Werte [163].

- **sub-band encoding:** Im Falle der sub-band encoding lag das Untersuchungsintervall für die Werte von l im Bereich von 1ms bis 25ms. Das F-Maß lag im Bereich bis etwa 5% l-Anteil bei 70-80% und erreicht auch bei höheren Werten nur für einzelne Netzwerkprotokolle (TCP basierten Traffic) Werte von bis 85% [163]. Für *sparse encoding* gilt: Je geringer der Wert für f gewählt wird, desto geringer ist die Detektionswahrscheinlichkeit und damit auch die Performance des Covert Timing Channels [163]. Im Falle von *sub-band encoding* lässt sich hingegen die Aussage treffen, dass die Detektionswahrscheinlichkeit abnimmt, wenn ein kleinerer Bereich für l gewählt wird, die Robustheit des verdeckten Kanals also abnimmt, weil er auf exakteren und somit störungsanfälligeren Paket-Intervallzeiten beruht [163].

6.14.3 Bewertung

Wie bereits erwähnt, ist die Detektionswahrscheinlichkeit der verdeckten Kanäle von den gewählten f- bzw. l-Werten des Kanals abhängig. Reduziert ein Angreifer die Kanalkapazität und die Robustheit eines solchen Covert Timing Channels, kann er die Detektion mit hoher Wahrscheinlichkeit umgehen. Von Bedeutung ist allerdings die Erkenntnis, dass mit den beiden unterschiedlichen Timing-Channel-Codierungen *spare encoding* und *sub-band encoding* eine unterschiedlich genaue Detektionswahrscheinlichkeit möglich ist.

Problematisch ist die Tatsache, dass Traffic von Zander immer isoliert (entweder nur ein Protokoll oder mehrere Protokolle gleichen Typs) untersucht wurde, also kein typischer Mix von Netzwerkprotokollen vorlag, wie er in tatsächlichen Netzwerken auftritt. Untersucht wurden Quake-III Traffic vom Client zum Server und vom Server zum Client, Skype-Traffic, sowie genereller TCP- und genereller UDP-Traffic der University of Twente (NL) aus dem Jahr 2004 [163]. Insofern können die erzielten Resultate keine vollständige Auskunft über die Praxistauglichkeit des Verfahrens geben. Da verdeckte Kanäle im Normalfall einzelne Flows ausnutzen, ist dies jedoch legitim.

Bezüglich der Wahl des C4.5-Algorithmus wurde in [153] ein Performancevergleich mit ähnlichen Algorithmen (Naïve Bayes, Bayes-Netzwerk und Naïve Bayes Tree) durchgeführt. Die Untersuchung kam zu dem Ergebnis, dass C4.5 die beste Performance erzielte (dies ist insbesondere für eventuelle Echtzeit-Detektionen von Bedeutung oder wenn möglichst hoher Traffic untersucht werden soll). Hinsichtlich der Klassifizierungs-Resultate der genannten Algorithmen wurden in dem Text unterschiedliche Datenquellen verwendet, weshalb sich die Resultate nicht direkt vergleichen lassen [153].

6.15 Zeitkanal-Detektion nach Berk et al.

Berk, Giani und Cybenko stellen in [12] eine weitere Detektionsmöglichkeit für Covert Timing Channels vor, die ebenfalls die gemessenen Paket-Intervallzeiten beobachtet, sich allerdings von den bisherigen Verfahren unterscheidet. Ausgangspunkt ist dabei folgende Beobachtung der Autoren: Die Paket-Intervallzeiten von legitimen Traffic (in ihrem Fall HTTP-Traffic) zentrieren sich um einen bestimmten Durchschnittswert (etwa 0.25ms). Im Falle eines verdeckten Zeitkanals, der zwei verschiedene Zeit-Zustände zur Übertragung von Daten benutzt (etwa 0.1ms

und 0.4ms), liegt der Mittelwert für die Paketintervallzeiten zwischen den zwei künstlich hervor-
gerufenen Werten (bspw. ebenfalls bei 0.25ms). Abbildung 6.7 stellt die Verteilung der Paket-
Intervallzeiten für legitimen Traffic und einen Covert Timing Channel exemplarisch dar.

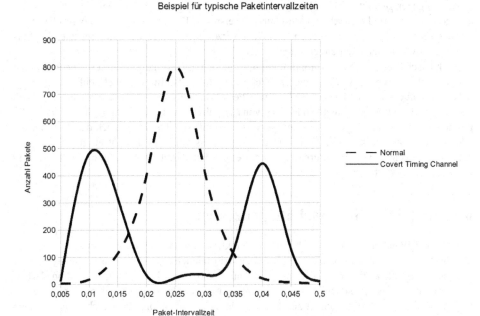

Abbildung 6.7: Beispielhaft dargestellte Paketintervallzeiten: Vergleich zwischen Covert Timing Channel
mit 2 Peaks und normalem Traffic mit einem Peak.

Zur Traffic-Überprüfung führen die Autoren einen Wert $P_{CovChan}$ ein, er gibt die Wahrscheinlichkeit für das Vorliegen eines verdeckten Zeitkanals an. Dabei wird C_μ (Anzahl der Pakete
beim Durchschnittswert der Paket-Intervallzeiten) durch C_{max} (höchste Paketanzahl der gesamten Messreihe) geteilt [12] und das Ergebnis von 1 abgezogen.

$$P_{CovChan} \;=\; 1 - \frac{C_\mu}{C_{max}} \qquad\qquad (6.6)$$

Bei normalem Traffic stimmen Peak (also der Wert für C_{max}) und der Wert bei C_μ in etwa
überein, weshalb $P_{CovChan}$ im Bereich von annähernd 0,0 liegt. Bei verdeckten Kanälen nähert
sich der Wert hingegen 1,0 an, da C_μ klein, C_{max} hingegen groß ist [12].

6.15.1 Bewertung

Das Verfahren besticht durch seine Einfachheit, wirft allerdings eine Frage auf, die von den Autoren nicht aufgegriffen oder beantwortet wird: Wie gut können $P_{CovChan}$-Werte abhängig vom ver-

wendeten Traffic-Typ (die Autoren testeten nur HTTP-Traffic) unterschieden werden? Etwa dürften DNS-Requests, Ping-Requests/Reponses oder LDAP-Zugriffe völlig andere Intervallzeiten-Muster liefern, als sie bei HTTP-Traffic auftauchen. Auch wird nicht auf einen Traffic-Mix eingegangen, wie er in realen Netzwerken immer vorkommt.

Was hingegen gezeigt wird, ist das $P_{CovChan}$ für neu aufgebaute Verbindungen zunächst schlechte Ergebnisse liefert [12] (auch hier wird nur das Beispiel HTTP gezeigt), da sich besonders beim Verbindungsbeginn andere Aufgaben für Client/Server ergeben, als bei einer bestehenden Verbindung (etwa Cachen einer angefragten Datei).

Auch beschäftigen sich die Autoren nicht mit möglichen Gegenangriffen. Ich möchte folgenden, denkbaren Gegenangriff skizzieren: Wenn ein Covert Timing Channel beide Peaks möglichst nah nebeneinander legt, sich also zwei Peaks ergeben, die fast wie ein einzelner Peak erscheinen, dann würde C_μ nicht sonderlich von C_{max} abweichen, womit die Unterschiede zu legitimen Traffic in $P_{CovChan}$ deutlich geringer ausfallen müssen. Die Frage nach der Kalibrierung oder gar der automatischen Kalibrierung des Verfahrens wird leider nicht aufgegriffen, muss aber zweifellos noch von den Autoren beantwortet werden, damit das Verfahren detaillierter und praxisnaher auswertbar ist.

6.16 Detektion in Geschäftsprozessen

Accorsi und Wonnemann haben sich mit der Detektion von unerlaubten Informationsflüssen in Geschäftsprozessen befasst [1]. Als Beispielszenario nennen die Autoren etwa anonymisierte medizinische Daten, die an die Öffentlichkeit ausgegeben werden. In solchen Fällen darf es nicht passieren, dass personenbezogene Patientendaten ebenfalls veröffentlicht werden. In einem Multi-Level-Security-Kontext gesetzt, fällt dieses Thema automatisch auch in den Bereich der verdeckten Kanäle, weshalb es in diesem Buch besprochen wird.

Eine Umsetzung einer Covert Channel-Detektion in Geschäftsprozessen wurde in [2] vorgestellt. Dazu wurde ein Framework namens *InDico* erstellt, das einen mehrstufigen und zugleich automatisierten Analyseprozess vorsieht. Zur Umsetzung des InDico-Frameworks wurde ein Toolkit namens SWAT (*Security Workflow Analysis Toolkit*) entwickelt [3].

Bei InDico werden in einem ersten Schritt (der *Transformation*) Prozess-Modelle, die in einer Modellierungssprache (etwa BPMN[21]) vorliegen, in ein Petrinetz umformuliert. Die für InDico verwendeten Petrinetze sind gefärbte Petrinetze (*Coloured Petri Nets*, CPNs) mit einigen Zusatzerweiterungen, dazu zählen Benutzer und unterscheidbare Datenelemente, etwa signalisieren schwarze Marken den Anfang bzw. das Ende einer Aktivität [2]. Ein derart erweitertes Petrinetz wird als *IFNet* bezeichnet.[22]

In einem zweiten Schritt (der *Kodierung von Anforderungen*), werden die im Petrinetz modellierten Prozesse mit zusätzlichen Informationen versehen: Aktivitäten und Datenobjekte erhalten Sicherheitsstufen, die einer Ebene im Multi-Level-Security-System zugewiesen sind. Die Autoren nennen als simpelst mögliches Beispiel das zweistufige Modell, bei dem der HIGH-Level

---

[21] Business Process Modelling Notation

[22] Es gibt keine explizite Auflösung der Abkürzung *IFnet*, da die Autoren allerdings die Abkürzung *IF* für *information flow* verwenden und es sich um ein erweitertes Petri-*Netz* handelt, kann wohl davon ausgegangen werden, dass die Abkürzung für *information flow network* steht.

der unternehmensinterne Bereich ist und der LOW-Level die Öffentlichkeit; es soll also beispielsweise keine als sensitiv deklarierte HIGH-Level-Information an die Öffentlichkeit heraus-
gegeben werden. Das hierarchische Modell erweitert sich analog zur Komplexität der Hierarchie
im Unternehmen. Zwei wesentliche Ziele bestehen zum Einen in der *Isolation von Prozessen*:
Bei Ressourcen-Konflikten wird versucht, eine Aufteilung des Petrinetzes zu gestalten, bei der
zwei Instanzen eines ursprünglichen Prozesses mit verschiedenen Sicherheitsleveln modelliert
werden [2]. Zum anderen verfolgt InDico die Strategie, die *Vertraulichkeit von Datenobjekten* sicherzustellen: Die in Access Control Lists definierten Rechte müssen auch im Modell eingehalten
werden können, das bedeutet, dass legitimierte Transitionen des CPN dieselbe Sicherheitsstufe,
wie ein zugehöriges Datenobjekt bekommen, nicht legitimierte Transitionen erhalten niedrigere
Sicherheitsstufen.

Der finale Schritt besteht in einer *statischen Prüfung* des angefertigten Modells von Schritt
zwei. Dabei wird geprüft, ob es in *einer Konstellation [...] zu Informationsflüssen von höher
(High) eingestuften zu niedriger (Low) eingestuften Prozessen bzw. Prozessteilen kommen kann*
[2]. Eine Überprüfung findet auch hinsichtlich gegenseitiger Beeinflussung von Prozessen statt:
Prozesse müssen sich also bei Parallelausführung exakt so verhalten, wie bei einer seriellen Ausführung. Hält das IFnet der statischen Prüfung stand, wird der Geschäftsprozess zertifiziert. Hält
der Prozess der Überprüfung nicht stand, so enthält das Zertifikat Hinweise auf mögliche Infor-
mationslecks.

Eine weiterführende Idee der beiden Autoren ist ein forensischer Ansatz: Während der Ausführung eines Geschäftsprozesses werden Logfiles erstellt. Diese Logfiles werden anschließend
ausgewertet. In [1, 156] wurden die für die Umsetzung zu lösenden Aufgaben beschrieben:

- Die Formalisierung von Informationsfluss-Eigenschaften für Geschäftsprozesse (d.h. Evaluierung verschiedener Formalisierungsmethoden für Non-Interference und deren Nutzen
  im Kontext der Geschäftsprozesse).

- Die Daten-Selektion (d.h. herauszufinden, welche Daten für die Protokollierung ausge-
  wählt werden sollen).

- Die Entwicklung von Algorithmen zur Analyse aufgezeichneter Logdaten, die Aussagen
  darüber treffen können, ob ein bestimmter Informationsfluss gegen eine Policy verstößt.

Eine automatische Umsetzung einer derartigen, forensischen Logfile-Analyse für Geschäftsprozesse wurde bisher nicht entwickelt. Die Autoren sehen den Vorteil einer solchen Methode darin,
dass sie auf bestehende Systeme angepasst werden könnte (da praktisch jede Anwendung Logfiles generieren kann), wohingegen bei Verwendung von InDico die jeweiligen Systeme an das
Framework angepasst werden müssten [156].

6.16.1 Bewertung

Durch das InDico-Framework können Interferenzen zwischen Prozessen erkannt werden, die so
innerhalb von Geschäftsprozessen bisher nicht automatisch erkannt werden konnten [2]. Dies bedeutet einen klaren Fortschritt in der automatisierten Detektion verdeckter Kanäle. Auch wenn es
die Autoren nicht explizit erwähnen, so ist es doch vorstellbar, dass sich der Ansatz des statisch

überprüften IFnets in anderen Bereichen (etwa der Verifizierung von bestehenden Betriebssystemkernen) ähnlich für die Detektion verdeckter Kanäle anwenden lässt.

Für InDico spricht, dass es bereits in der Praxis angewandt wurde und mit dem Framework sowohl bestehende, als auch geplante Geschäftsprozesse (die in einer Cloud laufen) analysiert wurden [2]. Zusätzlich konnte durch den Einsatz von InDico die Existenz, bereits durch andere Methoden detektierter, verdeckter Kanäle in bestehenden Geschäftsprozessen bestätigt werden [2].

6.17 Früherkennung in VoIP-Kommunikation

Voice over IP (VoIP) spielt in der Unternehmens-Kommunikation eine zunehmend bedeutsame Rolle und eignet sich zudem für verdeckte Kommunikation [70]. VoIP-Kommunikation fällt zwar eher in die Steganografie hinein, soll aber an dieser Stelle der Vollständigkeit halber dennoch besprochen werden. Das in [70] vorgestellte Verfahren basiert auf der statistischen Kanalanalyse: Dabei wird über einen Zeitraum das statistische Normalverhalten eines Kanals protokolliert. Anschließend wird im Überwachungsbetrieb ein Vergleich zwischen dem Normalverhalten und dem aktuellen Verhalten eines Kanals durchgeführt. Dabei wird versucht, die Veränderungen, die eine steganographische Nachrichteneinbettung in den Kanal verursacht, zu spezifizieren und zu detektieren. Krätzer und Dittmann verwenden als statistische Merkmale für die Detektion folgende Werte: Varianz, Kovarianz (*eine Maßzahl für den Zusammenhang zweier statistischer Merkmale*), Entropie, LSB-Wechselrate (*Wechselrate zwischen Nullen und Einsen im niederwertigsten Bit eines Samples*), Mittelwert, Median (*Wert an der Grenzstelle zwischen zwei gleich großen Hälften einer in diesem Fall geordneten Zahlenfolge*) und Berechnung der Häufigkeit für folgende Nullen auf Muster definierbarer Länge [70].

6.17.1 Bewertung

Eine Bewertung der vorgestellten Methode wird von Krätzer und Dittmann in [70] (auch hinsichtlich der Verwendung in einem Früherkennungssystem) selbst vorgenommen. Die entwickelte Methode sei für die Detektion steganographischer Kanäle *unter bestimmten Bedingungen* möglich [70] (in [141] ist von Laborbedingungen die Rede). Die Ergebnisse würden implizieren, *dass die bisher erhobenen und genutzten statistischen Merkmale nicht ausreichend* seien, um ein zuverlässiges Frühwarnsystem zu erstellen [70]. Die Autoren geben an, dass für zukünftige Entwicklungen vordergründig Sprachdaten, und nicht Musikdaten, fokussiert werden müssen, da VoIP für die Sprachübertragung optimiert ist, und bezeichnen ihr System als guten Grundstein für weitere Arbeiten auf dem Gebiet der Covert Channel-Detektion in VoIP-Traffic [70].

6.18 Detektion von ISN-basierten Covert Channels

Wie bereits in Abschnitt 5.4.3 erwähnt, entwickelte Rutkowska 2004 einen passiven verdeckten Kanal. Dieser passive Kanal basierte auf einem Kernelmodul für Linux, das für neue TCP-Verbindungen eine Modifikation der Initial Sequence Number (ISN) vornimmt, um darin geheime Daten zu verstecken [112].

Tumoian und Anikeev, wie auch Murdoch und Lewies, stellten in [139] bzw. [89, 88] einen ähnlichen Ansatz für die Detektion von Rutkowskas Proof-of-Concept-Implementierung (*NUS-HU*) vor. Die Detektion ist dabei abhängig vom jeweiligen Betriebssystem, da die ISN-Werte, die ein Host generiert, mit den typischen ISN-Werten des jeweiligen Host-Betriebssystems verglichen werden und sich bei verschiedenen Betriebssystemen unterschiedliche Werteverteilungen ergeben [139].

Im Normalfall hängen die ISN-Werte für neue TCP-Verbindungen von der aktuellen Laufzeit des Systems und vorherigen ISN-Werten ab [139]. Tumoian und Anikeev haben sich dafür entschieden, neuronale Netzwerke für die Klassifikation ausgesendeter ISN-Werte zu verwenden. Dazu wurde zunächst ein Training des neuronalen Netzes mit vielen Testverbindungen durchgeführt, um die typischen ISN-Werte des Betriebssystems hervorzurufen. Nach der Lernphase vergleicht eine Monitoring-Instanz im Netz neue ISN-Werte mithilfe des neuronalen Elman-Netzes. Ein Elman-Netz ist eine Form der rekurrenten neuronalen Netze, bei dem Neuronen einer Schicht mit Neuronen derselben und vorhergehenden Schichten verbunden sein können. Tritt dabei eine (konfigurierbare) Abweichung vom als nächstes zu erwartenden Wert auf, gilt dies als Detektion eines verdeckten Kanals [139]. Die Detektionswerte hängen von der Größe des Elman-Netzes ab, wobei sich false positives im Bereich von <0,1% bis <0,5% bewegen und false negatives im Bereich von 5% bis 10% bewegen.

Murdoch konnte in [88] zeigen, dass es nicht nur eine unterschiedliche Verteilung neuer ISN-Werte abhängig von der vorherigen gibt, sondern dass die typischen ISN-Werte für NUSHU auch in einem anderen Bereich liegen, als bei einem normalen Linux-System. Er konnte zudem zeigen, dass sich die Werte im Most Significant *Byte* zwischen vorheriger und darauf folgender ISN unter normalen Linux-Systemen nur um einen kleinen Wert unterscheiden, was bei NUSHU nicht der Fall ist.

Für die Passive Covert Channel-Detection wurden von Murdoch verschiedenste Tests entwickelt (ein Test wertet bspw. nur das Most Significant Byte der ISN aus; ein anderer Test wertet ISN-Kollisionen aus, die bei NUSHU etwa alle 1000 Pakete auftreten) [88]. Diese Tests liefern abhängig von der Anzahl mitgelesener Pakete unterschiedlich gute Ergebnisse. Die Fehlerquoten der Tests liegen im Bereich von $1/2^8$ und der Halbierung des Wertes. Je nach angewandtem Verfahren haben mehr mitgelesene Pakete eine unterschiedliche Auswirkung auf die Verbesserung der Fehlerquote [88].

6.18.1 Bewertung

Tumoian und Anikeev bezeichnen ihren Detektionsansatz über ein neuronales Netz als gelungen: *Experiments demonstrate that our method allows to detect a passive covert channel with high precision* [139]. Bedenkt man allerdings, dass in einem typischen Netzwerk täglich tausende Netzwerkverbindungen aufgebaut werden, dann führen die false positive-Fehlerquoten, die im Bereich von 5-10% liegen, zu einer Vielzahl an Falschmeldungen. Die Betrachtung einer derartig großen Zahl an Logmeldungen ist in der Praxis völlig inakzeptabel. Da sich Netzwerke und Betriebssystemversionen (und damit auch das Verhalten des TCP/IP-Stacks) verändern, muss außerdem ein regelmäßiges Training des neuronalen Netzes erfolgen [139]. Dasselbe Problem trifft unter Praxisbedingungen auch auf das Detektionsverfahren von Murdoch zu.

Zusammenfassung

Für verdeckte Kanäle existieren eine Vielzahl an Präventions- und Detektionsmethoden.

Tabelle 6.7 fasst die in diesem Kapitel erläuterten Methoden und ihre zugehörigen Einsatzgebiete zusammen, damit ersichtlich wird, welches Verfahren für Timing Channels und welches Verfahren für Storage Channels einsetzbar ist. Zusätzlich wird in lokale verdeckte Kanäle und solche, die Daten über das Netzwerk übertragen, unterschieden.

Verfahren	storage	timing	local	network
Shared Res. Matrix	X	X	X	X
Covert Flow Trees	X	ungeklärt	X	X
Code-Modifikation (Agat)	-	X	X	X
ACK-Filter	X	Reduktion	X	X
SAFP	X	Reduktion	X	X
Pump	X	Reduktion	X	X
Einweg-Link	X	X	X	X
Upwards-Channel	X	X	X	X
Quantized Pump	X	Reduktion	X	X
Fuzzy Time	-	Reduktion	X	X
Paketnormalisierung	X	X	X	X
Cabuk-1	-	X	X (1)	X
Cabuk-2	-	X	X (1)	X
Cabuk-3	-	X	X (1)	X
Zander	-	X	X (1)	X
Berk et al.	-	X	X (1)	X
VoIP-Detection	X	-	X (1)	X
Geschäftsprozess-Det.	X	X (3)	X (1)	X (2)
ISN-Detection	X	-	X (1)	X

Tabelle 6.7: Übersicht der Präventions- und Detektionsmethoden samt ihrer Einsatzgebiete. Die doppelte Trennlinie separiert die Präventions- und Detektionsmethoden.

Anmerkungen: Das *Fuzzy Time*-Verfahren wurde als netzwerkfähig eingestuft, da es nicht nur lokal, sondern zwischen virtuellen Maschinen zum Einsatz kommt. Die Paketnormalisierung wurde hingegen auch als lokal einsetzbar eingestuft, da sie sich auch auf lokale Socketverbindungen anwenden lässt.

1. Das Verfahren ist auch für Localhost-Socketverbindungen einsetzbar.

2. Die Autoren haben ihr Verfahren mit Geschäftsprozessen in der Cloud getestet.

3. Zeitliche Abhängigkeiten von Geschäftsprozessen können ebenfalls in Petrinetzen modelliert werden. Eine Blockade ist für Timing Channels und für Storage Channels möglich.

7 Fortgeschrittene Themen für verdeckte Kanäle

7.1 Übersicht

Wie bereits in Kapitel 4.6 beschrieben, können verdeckte Kanäle zur Laufzeit dynamische Protokollwechsel durchführen. Diese Protokollwechsel erfolgen bei den bisherigen Proof of Concept-Implementierungen entweder durch eine manuelle Steuerung (etwa *LOKI2*) oder transparent und randomisiert (Protocol Hopping Covert Channels via *phcct*). Durch die Einführung interner Kommunikationsprotokolle (Mikroprotokolle), die ebenfalls in Abschnitt 4.6 kurz erwähnt wurden, können allerdings optimierte Protokollwechsel erfolgen.

Zum einen verfolgt die Optimierung dabei das Ziel, die Protokollwechsel so zu gestalten, dass die Gesamtauffälligkeit des verdeckten Kanals minimiert wird. Diese Problemstellung führt anschließend zur optimierten Weiterleitung zwischen Covert Channel Proxies und zur Problemstellung der eigentlichen Protokollabsprache (die spätestens dann schwierig werden kann, wenn ein Traffic-Normalizer zwischen zwei Kommunikationspartnern installiert ist).

Zum anderen soll für einen verdeckten Kanal möglichst wenig Management-Information übertragen werden, um die erzeugte Aufmerksamkeit des Kanals auch in diesem Punkt zu minimieren – schließlich müssen auch Protokollabsprachen und Forwarding-Befehle in den meist wenigen Bits untergebracht werden, die für den verdeckten Kanal zur Verfügung stehen.

Im Folgenden setzen wir uns mit den genannten Themen genauer auseinander.

7.2 Optimierte Speichernutzung für PHCC

Aus Kapitel 4.6 kennen Sie bereits protokollwechselnde, verdeckte Kanäle (PHCC). Dabei können interne Kontrollprotokolle (die so genannten Mikroprotokolle) verwendet werden, um die Kommunikation zu steuern. Unterstützt eine neuere Covert Channel-Software-Version etwa mehr Protokolle als eine Vorgängerversion, kann zwischen zwei Teilnehmern ein Mikroprotokoll verwendet werden, um sich auf die höchste, von beiden Teilnehmern unterstützte Versionsnummer zu einigen und somit auf eine gemeinsame Menge P ausgenutzter Protokolle. Auch werden somit mobile Aktionen einfacher realisierbar, da mit verschiedenen Endgeräten, die unterschiedliche Protokolle unterstützen auf jeweils unterschiedliche Zugangspunkte eines Covert Channel-Netzes (das ist ein verstecktes Overlay-Netz) zugegriffen werden kann (s. Abbildung 7.1).

Wie auch andere Covert Storage Channels verwenden PHCC verschiedene Bereiche (meist des Headers) von Kommunikationsprotokollen. Dabei werden, wie in Abbildung 7.2 zu sehen ist, nicht unbedingt nur einzelne Bereiche (etwa ein Feld oder aufeinander folgende Bits) des Headers, sondern eine Menge an solchen Bereichen für den verdeckten Kanal selektiert [147].

Der verwendete Gesamtbereich wird als s_{pkt} bezeichnet. Je größer s_{pkt} wird, umso mehr verdeckte Daten können pro Paket übertragen werden. Entsprechend werden insgesamt weniger

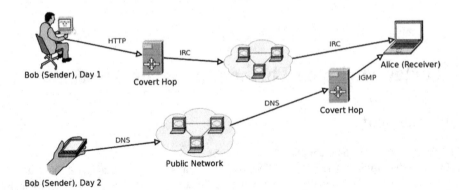

Abbildung 7.1: Mobile Kommunikation von Bob zu Alice bei Verwendung verschiedener (mobiler) Geräte und Protokolle eines PHCC.

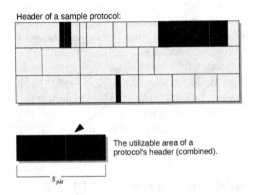

Abbildung 7.2: Zusammensetzung mehrerer nutzbarer Bereiche.

Pakete pro Transaktion verschickt. Sofern die Gesamtgröße der zu übertragenden Daten für eine Transaktion $s_{overall}$ bekannt ist, lässt sich die Anzahl der dafür notwendigen Pakete N leicht berechnen:

$$N = \left\lceil \frac{s_{overall}}{s_{pkt}} \right\rceil \qquad (7.1)$$

Sollte der s_{pkt}-Wert eines Protokolls nicht groß genug sein, so können auch Bereiche mehrerer Layer zusammengefasst werden (wobei die Verwendung des untersten Layers die Routingfunktion des verdeckten Kanals entzieht). Abbildung 7.3 verdeutlicht dieses Prinzip.

Für eine einheitliche Mikroprotokoll-Implementierung und eine damit stabile Funktionsweise desselben ist es zudem sinnvoll, einen einheitlichen Header statischer Größe zu verwenden, wie in Abbildung 7.4 gezeigt. Steht der für den Header und den Payload minimal notwendige Größenbereich (s_{header} bzw. $s_{payload}$) fest, kann ein überschüssiger Bereich (s_{remain}) dazu dienen

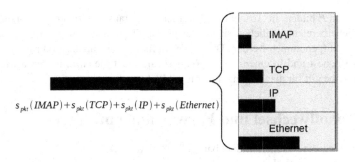

Abbildung 7.3: s_{pkt}-Wert für einen gedachten Multilevel-Kanal.

weiteren Payload aufzunehmen. Als s_{min}, das ist die Summe der beiden anderen Bereiche, wird der minimale Platzbedarf pro Protokoll bezeichnet.

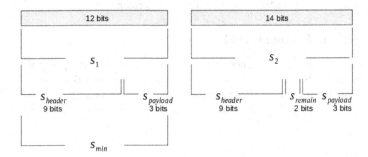

Abbildung 7.4: Ein Einheitliches Mikroprotokoll-Design wird durch statische Größen für Mikroprotokoll-Header erleichtert.

Protocol Hopping Covert Channels verfügen über eine Menge an ausnutzbaren Protokollen $P = \{P_1, P_2, \ldots, P_n\}$ mit zugehörigen ausnutzbaren Bereichen $s_1, s_2, \ldots, s_n$, wobei $s_i = s_{pkt}(P_i)$. Entsprechend kann der durchschnittlich verfügbare Speicherplatz pro Paket mit

$$s_{pkt} := \sum_{i=1}^{n} p_i s_i \qquad (7.2)$$

angegeben werden, wobei p_i die Wahrscheinlichkeit angibt, dass das Protokoll i verwendet wird und $\sum p_i = 1$ ist. Bei einer gleichverteilten Verwendung der Protokolle gilt entsprechend

$$s_{pkt} := \frac{\sum_{i=1}^{n} s_i}{n}. \qquad (7.3)$$

Als Einzelprotokoll $p_i \in P$ werden von uns dabei nicht nur gesamte Netzwerkprotokolle, sondern auch Einzelbestandteile, die individuell ausgenutzt werden können, angesehen [147]. So können die zwei Least Significant Bits (LSB) der IPv4-TTL genauso ein Element von P darstellen, wie das Reserved Flag des IPv4-Headers. Auch die Kombination beider Elemente kann ein Element von P bilden. In Abschnitt 7.4 werden die daraus resultierenden Vorzüge erläutert. Andere Speicherbereiche schließen sich sogar gegenseitig aus und müssen daher als separate Elemente in P aufgenommen werden. Dies gilt etwa für die Ausnutzung von Bereichen in einem HTTP-GET-Request und in einem POST-Request, die nicht gleichzeitig durchgeführt werden können. Dasselbe gilt für die Ausnutzung von ICMP Type-0 und Type-5.

7.3 Protokollwechsel und Forwarding optimieren

Es sind verschiedenste Szenarien denkbar, bei denen verdeckte Kanäle zum Einsatz kommen. Etwa könnte ein automatischer, versteckter Passwort-Cracker nur wenige Passwörter pro Stunde cracken und übertragen. Auf der anderen Seite könnte ein Demonstrant versuchen, ein Handy-Video über einen verdeckten Kanal hochzuladen. Beide Szenarien unterscheiden sich insbesondere hinsichtlich ihrer Qualitätsansprüche. Während der Passwortcracker nur wenige Daten pro Zeitfenster übertragen muss und entsprechend eine höhere Covertness nutzen kann, muss der Video-Upload dafür optimiert werden, möglichst schnell vonstatten zu gehen, da größere Datenmengen nur langsam über verdeckte Kanäle verschickt werden können.

7.3.1 Optimierte Protokollwahl

Eine sinnvolle Optimierung wäre daher eine, die die Anzahl der notwendigen Pakete für eine gegebene Transaktion (also gegebene Datenmenge) minimiert. Damit jedes Protokoll berücksichtigt und eine anschließende forensische Analyse (von Traffic-Recordings) erschwert wird, sollte ein Wert m mit $0 < m \leq p_i \leq 1$ (etwa $m = c/n$ mit $c < 1$) eingeführt werden und anschließend die Funktion

$$f_1 = \sum_{i=1}^{n} p_i \cdot s_i \tag{7.4}$$

maximiert werden [147]. Eine Optimierung für minimalen Overhead ist ebenfalls möglich. Dazu führen wir den Wert q_i ein, der angibt, wieviele Bits übertragen werden müssen, um ein Covert Channel-Bit zu übertragen [147].

$$q_i := \frac{sizeof(P_i)}{s_{pkt}(P_i)} \tag{7.5}$$

Mit q kann die Funktion f_2 eingeführt werden, die es entsprechend zu minimieren gilt.

$$f_2 = \sum_{i=1}^{n} p_i \cdot q_i \tag{7.6}$$

Die Auswahl der entsprechenden Funktion wird mit Hilfe eines Mikroprotokolls zwischen den Teilnehmern abgesprochen.

7.3.2 Optimiertes Forwarding

In Covert Channel-Overlay-Netzen können entweder Router oder Proxies für die Weiterleitung von versteckten Informationen eingesetzt werden. In jedem Fall lässt sich analog zu der vorher erläuterten Optimierung auch das Forwarding optimieren [147]. Gehen wir dazu von einer

Proxykette zwischen dem Sender S, einigen zwischengeschalteten Proxies $Q_1, \ldots Q_n$ und dem Empfänger R aus. Abbildung 7.5 visualisiert diese Situation.

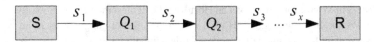

Abbildung 7.5: Ein beispielhaftes Covert Proxy-Overlay mit unterschiedlichen s_{pkt}-Werten ($S_i = s_{pkt}(P_i)$, wobei $i = 1, \ldots, x$), S=Sender, R=Empfänger, $Q_1 \ldots Q_n$ sind Proxies.

Dabei wählt jeder Proxy Q_i die Protokolle aus, die für die Weiterleitung der Daten an Q_{i+1} bzw. R optimal sind. Da jedes System eine eigene Menge an unterstützten Protokollen $P(Q_i)$ kennt, wird zur Kommunikation zwischen Q_i und Q_{i+1} die Schnittmenge $SP_i = P(Q_i) \cap P(Q_{i+1})$ verwendet.

Die s_{pkt}-Werte von $P(Q_i)$ werden dabei mit S_i bezeichnet. Zur Minimierung der Paketanzahl einer Transaktion für die Weiterleitung von Daten wird dabei zunächst das Protokoll mit dem größten S_i-Wert selektiert ($s_{max}(i) = \max S_i$). Um eine Fragmentierung zu vermeiden und tatsächlich so wenige Pakete, wie möglich zu versenden, dient folgender Algorithmus, wobei Host Q_{i+1} Daten von Q_i empfängt, und an Q_{i+2} weiterleiten soll.

- Wenn $s_{max}(i) = s_{max}(i+1)$, werden die Daten direkt weitergeleitet.

- Wenn die Transaktion abgeschlossen wurde (also keine weiteren Daten erwartet werden), werden die empfangenen Daten ebenfalls direkt weitergeleitet. Entsprechende Signalisierungen können über Mikroprotokolle erreicht werden (Vgl. Protokoll aus [104]).

- Andernfalls: Sende so viele vollständige Datenpakete der Größe $s_{max}(i+1)$, wie möglich und cache die Daten für einen Zeitpunkt t. Hierbei sollte darauf geachtet werden, Bursts im Falle von $s_{max}(i+1) \ll s_{max}(i)$ durch eine Regulierung der Datenrate zu vermeiden. Wenn die verbleibende Datenmenge kleiner als $s_{max}(i+1)$ ist, dann warte auf neu eintreffende Daten von Q_i und sende anschließend so viele komplette Datenpakete, wie möglich. Nach Ablauf von t werden die Daten direkt weitergeleitet. Dieser Schritt wird so lange wiederholt, bis keine neuen Daten mehr innerhalb der Wartezeit t (diese wird nach dem Eintreffen neuer Daten jeweils resetet) eintreffen.

7.4 Das Normalisierungsproblem der NEL-Phase

Vielleicht vermitteln die genannten Fähigkeiten für verdeckte Kanäle mit Mikroprotokollen den Eindruck, die Umsetzungen dieser Fähigkeiten könnten problemfrei ablaufen. Ein solcher Eindruck würde allerdings nicht ganz der Wirklichkeit entsprechen. Im Folgenden soll das Grundproblem des initialen Datenaustauschs für verdeckte Kanäle mit Mikroprotokoll und Protokollwechsel-Fähigkeit (den in Kapitel 4.6 besprochenen Protocol Hopping Covert Channels) besprochen werden, wie wir es erstmals in [149] vorgestellt haben. Kontext des initialen Datenaustausches ist folglich die zuvor erläuterte Network Environment Learning Phase.

In einem verdeckten Overlay-Netzwerk können im Normalfall neue Verbindungen zwischen den verdeckten Hosts im Overlay eingerichtet werden. Wie eine solche Verbindung prinzipiell aufgebaut werden kann, ist Ihnen mit dem bereits vermittelten Wissen leicht nachvollziehbar. Host A sendet ein Mikroprotokoll-Paket an Host B und teilt diesem mit, welche Software-Version und welche Protokolle er unterstützt. Host B sendet eine Bestätigungsnachricht an A, die seine Software-Version und seine unterstützten Protokolle beinhaltet. Für diesen Austausch kommt ein Initiatorprotokoll zum Einsatz, das selbst die älteste Software-Version komponieren und interpretieren kann.

Dieser Protokollaustausch ist allerdings nicht immer zuverlässig. Insbesondere ist er unzuverlässig, wenn eine Modifikation des Traffics zwischen A und B vollzogen werden kann (etwa dann, wenn A und B mehrere Hops voneinander entfernt sind). Die im vorherigen Kapitel besprochene Traffic-Normalisierung stellt dabei das größte Problem dar: Zum einen wissen A und B nicht zwangsläufig, ob überhaupt ein Normalizer im Underlay-Netzwerk zwischen ihnen operiert. Zum anderen kennen A und B die Konfiguration eines solchen Normalizers nicht. Anders formuliert: Weder wissen A und B a priori, ob der Initialtraffic zwischen ihnen beim jeweiligen Gegenüber ankommt, noch wissen sie, ob der Traffic (für den Fall, dass er ankommt) modifiziert wird und wie diese Modifikation aussehen wird.

Die Informatik nennt einen solchen Zusammenhang Zwei-Armeen-Problem (*two army problem*). Gemäß dem Namen betrachtet, handelt es sich hierbei um ein Kommunikationsproblem, das sich an zwei Armeen (A und B) verdeutlichen lässt (Abbildung 7.6). Dabei möchte Armee A Armee B angreifen. Für einen erfolgreichen Angriff muss die in zwei Gruppen geteilte Armee A allerdings gleichzeitig angreifen. Um den Angriff zu koordinieren, schickt der angriffslustige Teil von Armee A einen Boten zum zweiten Teil der Armee A. Der Bote muss dazu leider die feindlichen Linien von Armee B durchqueren, die zwischen beiden Teilarmeen von A platziert sind.

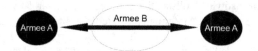

Abbildung 7.6: Das Zwei-Armeen-Problem

Die sich nun stellende Frage bezieht sich auf den Boten: Kommt er mit einer Bestätigungsnachricht zum Sender zurück, weiß dieser, dass der Angriff erfolgen kann. Kommt er jedoch nicht zurück, steht nicht fest, ob er auf dem Hinweg zum zweiten Armeeteil von Armee B entdeckt wurde (die Nachricht wurde nicht ausgeliefert) oder ob der Bote auf dem Rückweg zum ersten Armeeteil von Armee B entdeckt wurde (die Bestätigung kam nicht an). Greift nun einer der beiden Armeeteile Armee B an, kann dieser sich nicht sicher sein, ob der zweite Armeeteil ebenfalls angreifen wird. Selbst der Armeeteil, der eine Bestätigungsnachricht entsendet hat, weiß letztlich wiederum nicht, ob der Bote ankam, oder nicht. Entsprechend können nur (wie etwa beim TCP-Handshake getan) mehrere Bestätigungsnachrichten verschickt werden, um sich eine höhere Gewissheit zu verschaffen.

Kommen wir nach diesem kurzen Ausflug in den Bereich des Militärs wieder zurück zu verdeckten Overlay-Networks und zum Aufbau eines Links zwischen A und B, wie er in Abbil-

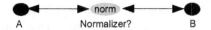

Abbildung 7.7: Ist ein Normalizer zwischen A und B präsent?

dung 7.7 dargestellt ist. Wenn A Daten an B sendet und keine Antwort erhält (weil der Traffic verworfen oder modifiziert wurde), weiß er nicht, ob der Traffic nur nicht bei B ankam, oder ob die Bestätigung von B nicht bei A ankam – dies ist die Übertragung des zuvor beschriebenen Zwei-Armeen-Problems auf unser Szenario. Statt des koordinierten Angriffsvorschlags wird zwischen den Peers allerdings die Information der unterstützten Protokolle ausgetauscht (was nur bedingt funktionieren wird, da noch nicht geklärt ist, welche Protokolle modifiziert/verworfen werden).

7.4.1 Lösungsstrategie 1: Sequenz senden

Die einfachste Lösung für das genannte Problem ist die, dass A eine Sequenz aller möglichen Protokolle samt deren möglichen Bitkombinationen an B sendet. A muss dies in der Hoffnung tun, dass B diese Sequenz entdeckt (also ein möglichst großer Teil der Sequenz zugestellt wird). Anschließend könnte B anhand der empfangenen Daten relativ gut berechnen, welche Daten A an B senden kann. Da Normalisierungsregeln richtungsabhängig sein können, muss B anschließend eine Sequenz an A senden, der ebenfalls versucht, die Sequenz zu entdecken und aus ihr Schlüsse über die Zustellbarkeit bestimmter Pakete von B nach A zu ziehen. Da weder A noch B wissen, ob die empfangenen Daten auch in die jeweils andere Richtung zugestellt werden, müssen sie zwangsläufig von richtungsunabhängiger Kommunikation ausgehen, um den nächsten Schritt einzuleiten: Sie verwenden die offensichtlich nicht normalisierten Bitwerte, um darin das initiale Mikroprotokoll zu platzieren und sich gegenseitig über den empfangenen Teil der vom Peer verschickten Sequenz zu unterrichten. Nach Abschluss dieser Phase wissen beide Peers, welche Daten sie sich gegenseitig zustellen können, und welche verworfen bzw. modifiziert worden sind.

Diese Technik ist zwar relativ einfach, jedoch fehleranfällig: Zum einen können bereits durch das normale Rauschen Pakete verloren gehen, die eigentlich gar nicht durch einen Normalizer modifiziert/verworfen werden. Zum anderen müssen aus genau diesem Grund mehrere Sequenzen verschickt werden, um sicher zu gehen, dass alle Daten ankommen. Dieses Mehrfachsenden erzeugt wiederum eine erhöhte Aufmerksamkeit für den verdeckten Kanal und muss vermieden werden. Folglich ist die erste Lösungsstrategie suboptimal.

7.4.2 Lösungsstrategie 2: Temporärer Dritter

Ein deutlich besserer Weg ist die Verwendung eines temporären Dritten (C) und in Abbildung 7.8 dargestellt. Dabei wird vorausgesetzt, dass ein gewisser Teil des verdeckten Overlay-Netzwerkes bereits besteht und sowohl A und C, als auch C und B bereits über eine bestehende Verbindung verfügen. Nun soll C allerdings nur temporär vertraut werden bzw. zur Ausfallsicherheit ein neuer Link zwischen A und B entstehen. In einer simplen Version, in der C selbst über eine Covert Channel-Software verfügt, kann A an C die Information senden, welche Pakete A in Kürze an B senden wird. C leitet diese Informationen an B weiter und B selber wartet anschließend auf die angekündigten Pakete von A. Dieses Szenario ermöglicht B gleichzeitig die gesicherte Rücksendung sämtlicher Resultate an A, indem auch für den Rückweg der Kommunikationsweg über C genutzt wird.

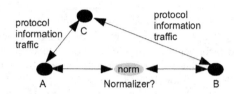

Abbildung 7.8: Lösung des Normalizer-Problems über einen temporären Dritten

Wie Sie sich sicherlich denken werden, ist die Kommunikation über C nicht ganz optimal, da C in mehrfacher Hinsicht manipulieren kann (etwa können Pakete beliebig verworfen und manipuliert werden). Aus diesem Grund lässt sich eine Verbesserung der zweiten Lösungsstrategie durch Einführung eines passiven Dritten einführen.

Im Szenario des passiven Dritten verfügt C zum einen über keine eigene Covert Channel-Software und ist sich zum anderen auch nicht der verdeckten Kommunikation bewusst, was das Vertrauensproblem löst. Wie durch Baliga und Kilian 2007 vorgestellt, können Online-Bildportale (etwa Flickr, *www.flickr.com*) dazu verwendet werden, verdeckt zu kommunizieren [10]. Im Falle der beiden Autoren wurde ein Wiki in versteckten Bildern bei Flickr platziert, über das versteckt zusammengearbeitet werden konnte und das zudem Überarbeitungen von Inhalten (d.h. Änderungen an Wiki-Seiten ermöglichte) ermöglichte.

Eine solche Verwendung von Online-Medienseiten (sei es nun Bildportale oder Filmportale) ist auch als Ersatz des aktiven C möglich. Statt diverse Ankündigungspakete über C zu senden, lädt A folglich ein Bild auf Flickr (dies enthält im Optimalfall alle angekündigten Pakete inklusive Timestamps). B muss in diesem Fall allerdings periodische Abfragen an Flickr senden (polling) und kann nicht mehr als passiver Empfänger dienen. Analog funktioniert die Übertragung der Antworten von B an A.

7.4.3 Bestehende Probleme

Zwei Probleme existieren im Zusammenhang mit beiden Lösungen allerdings nach wie vor. Erstens können A und B nicht das Routing im Underlay-Network bestimmen. Es ist folglich möglich, dass verschiedene Normalizer auf verschiedenen Pfaden agieren und unterschiedliche Konfigurationen (modifizieren/verwerfen) auf die Pakete anwenden. Insofern sind die Informationen, die A und B über die Normalizer haben insbesondere bei Internet-Verbindungen nicht für jeden möglichen Routingpfad korrekt. Außerdem können Normalizer-Konfigurationen verändert werden. Aus diesen beiden Gründen muss die NEL-Phase, wie von Yarochkin et al. gedacht, permanent laufen, um die Underlay-Kenntnisse von A und B aktuell zu halten.

Zweitens gibt es viele mögliche Kombinationsmöglichkeiten, wie Bits in Netzwerkpaketen gesetzt werden können. Yarochkin et al. konzentrieren sich in ihrer Betrachtung der NEL-Phase zwar nur auf ganze Protokolle, doch konnten wir erläutern, dass die Überprüfung von bitspezifischen Regeln von Bedeutung ist [149]. Im Ansatz von Yarochkin et al. würde ein Protokoll X etwa für den verdeckten Kanal nicht mehr verwendet werden, wenn das Protokoll administrativ geblockt werden würde. Möglicherweise wurde das Protokoll X allerdings nur auf Grund eines bestimmten Flags im Protokollheader geblockt und würde in anderen Fällen zugestellt werden. Aus diesem Grund führt zur Qualitätssicherung kein Weg an einer bitspezifischen Überprüfung der Übertragungsmöglichkeiten zwischen den Peers vorbei.

Wenn viele Bits für einen verdeckten Kanal verwendet werden können, dann kann der Überprüfungsaufwand folglich hoch sein. Entsprechend viele Kombinationen müssen in beide Richtungen des Overlay-Pfades A-B getestet werden. Es gibt Möglichkeiten diesen Aufwand auf einfache Weise zu reduzieren und dabei nur einen akzeptablen Qualitätsverlust der resultierenden Information zu riskieren:

- Layer sollten unabhängig voneinander gescannt werden. Zwar sind Layer-übergreifende Normalizer-Regeln möglich (etwa:»Verwerfe das Paket, wenn das Reserved Flag im IPv4-Header gesetzt ist und das TCP-SYN-Flag gesetzt ist.«), allerdings dürften diese sicherlich kaum anzutreffen sein.

- Protokolle eines Layers sollten unabhängig voneinander betrachtet werden. Zwar ist es möglich, protokollübergreifende Normalisierung zu implementieren (etwa:»Verwerfe HTTP-Request, falls nicht in den letzten 30 Minuten ein DNS-Request für den A-Record des Webservers vom Client durchgeführt wurde.«), doch sind diese in der Praxis ebenfalls selten.

- Tunneling sollte nicht betrachtet werden. Die mehrfache Einkapselung von Daten, wie in den vorherigen Kapitel beschrieben, kann zwar mit Bibliotheken wie *libtrace* einfach geparsed werden, doch werden Inspektionsregeln für Traffic mit mehrfacher Einkapselung selten sein (in normalen Tunneling-Verfahren gibt es praktisch keine sinnvollen Anwendungen für mehr als zweifaches Einkapseln von Daten).

7.4.4 Ansätze anderer Autoren

Den passiven Ansatz zur Überprüfung möglicher, für den verdeckten Kanal nutzbarer Protokolle von Yarochkin et al. haben Sie bereits in Kapitel 4.6.3 kennengelernt und wie in den letzten Abschnitten erwähnt, ist dieser leider nicht Bit-spezifisch. Weiterhin besteht das Problem des passiven Ansatzes darin, dass nur Pakete ausgewertet werden können, die direkt zwischen A und B verschickt wurden, da Normalizer-Regeln adressspezifisch sein können und Pakete anderer Hosts nicht automatisch für die Kommunikation zwischen A und B verwertbar sind, auch wenn einer von beiden diese Pakete empfängt. Ein zusätzlicher Nachteil besteht darin, dass die Kommunikation erst nach Ablauf der NEL-Phase erfolgen kann: Da die NEL-Phase vom regulären Traffic abhängt, kann es eine gewisse Zeit in Anspruch nehmen, bis diese Phase initial durchlaufen wurde und die verdeckte Kommunikation eingeleitet werden kann. Nichtsdestotrotz ist der Ansatz von Yarochkin der erste seiner Art gewesen und durch die intelligente Lösung, die

NEL-Phase permanent ablaufen zu lassen, kann (wenn auch verzögert) automatisch auf Konfigurationsänderungen im Underlay-Netzwerk reagiert werden.

Ein ähnlicher (allerdings aktiver) Ansatz wurde von Li und He 2011 vorgestellt [77]. Dieser Ansatz setzt eine Kommunikationsverbindung zwischen A und B voraus und wurde – wie auch der passive Ansatz von Yarochkin – nicht explizit für den Linkaufbau im Overlay-Netz entwickelt. Im Gegensatz zu Yarochkin senden Li und He aktiv Datenpakete, deren *survival values* (also Information über erfolgreiche Zustellung) in die weitere Verwendung einfließen. Ein Pakettyp mit hohem survival value wird also eher benutzt, als eines mit geringerem value. Die Autoren sprechen in diesem Zusammenhang auch von einer *rate of successful transmission* (RST). Leider ist auch der Ansatz von Li und He nicht Bit-spezifisch und setzt zudem eine Kontrollverbindung voraus, die im Overlay-Netz noch nicht besteht, da ja überhaupt erst ein neuer Link zwischen A und B aufgebaut werden soll.

7.4.5 Aktuelle Normalizer

In einer Untersuchung vierer Implementierungen von Open Source-Normalizern (*norm*, dem *Snort Normalizer*, dem Scrubbing-Modul des *OpenBSD*-Packetfilters *pf* und der experimentellen Netfilter-Extension *ipt_scrub*) zeigte sich, welche Protokolle besonders von Normalisierung betroffen sein können, und welche nicht. Die von uns im Oktober 2011 durchgeführte Untersuchung zeigte, dass der Support für IPv6-Protokolle nur in zwei der beiden Normaliziers integriert worden ist (pf und Snort Normalizer). Besonders viele Regeln existierten für IPv4 und TCP, doch wurde von den meisten Normalizern auch ICMP unterstützt. Für ICMP konzentrieren sich nach wie vor die meisten Regeln nur auf ICMP Echo-Request und -Response-Nachrichten, die etwa von Tools wie *pingtunnel* zur verdeckten Kommunikation ausgenutzt werden. Der Support für UDP, sowie für fast alle UDP- und TCP-basierten Protokolle der Anwendungsschicht ist hingegen kaum vorhanden (mit Ausnahme von HTTP, jedoch nicht von DNS). Die Schlussfolgerung, Protokolle für verdeckte Kanäle zu verwenden, die nicht der Normalisierung zum Opfer fallen können, ist dennoch suboptimal, da diese Protokolle (etwa mit Ausnahme von DNS) nur geringe Verwendung finden. Treten solche kaum verwendeten Protokolle plötzlich stark in einem Netzwerk auf, erzeugt dies wiederum Aufmerksamkeit bzw. eine Anomalie. Auch sollte bei der Auswahl der Protokolle darauf geachtet werden, diese so zu verwenden, dass die Header-Zusammensetzung nicht abnorm ist. So konnten wir etwa in einer weiteren Untersuchung von einigen Paket-Recordings großer Universitäten zeigen, dass die relativen Auftrittswahrscheinlichkeiten der unterschiedlichen ICMP-Typen zwischen den Netzen stark variieren [149].

7.5 Limitierung von Protokoll-wechselnden Kanälen

Nachdem die verschiedenen Möglichkeiten zur Erstellung und Optimierung von Protocol Hopping Covert Channels und Protocol Channels besprochen wurden, stellt sich die Frage, ob eine Limitierung derselben möglich ist. Tatsächlich konnten wir in [150] eine Lösung vorstellen, mit der beide Kanal-Varianten kontrolliert limitiert werden:

Für beide Kanaltypen ist es generell von Bedeutung, dass Pakete in derselben Reihenfolge eintreffen, in der sie auch verschickt wurden. Werden Protokollwechsel allerdings künstlich auf ihrem Weg zum Empfänger verzögert, können Verwürfelungen in der Paketreihenfolge entstehen und die Kommunikation des entsprechenden Kanals somit stören. Der Kanal kann weiterhin operieren, muss dazu aber eine andere Codierung bzw. eine geringere Bandbreite verwenden [150]. Da Sie bereits wissen, dass PHCC die empfangsseitige Sortierung der Pakete durch Mikroprotokolle realisieren können, ist Ihnen vielleicht schon der Gedanke gekommen, dass das Verzögerungsverfahren in solchen Fällen nicht funktioniert. Mit dieser Vermutung lägen Sie richtig. Allerdings ist dennoch der Vorteil zu nennen, dass PHCC zur Verwendung eines Mikroprotokolls gezwungen werden und somit weniger Bits pro Paket übertragen können. Bei Protocol Channels funktioniert das Verfahren hingegen ohne Einschränkung.

Um mit der bestehenden Terminologie der Covert Channel-Gegenmaßnahmen konform zu bleiben, bezeichnen wir ein System zur Limitierung beider Kanäle als *Anti-PC/PHCC-Active Warden* (PCAW) [150]. Abbildung 7.9 zeigt die Positionierung des Systems in der Kommunikation zwischen Sender und Empfänger. Optimal wäre etwa die Platzierung auf Edge-Routern zwischen autonomen Systemen.

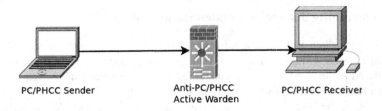

PC/PHCC Sender   Anti-PC/PHCC   PC/PHCC Receiver
                      Active Warden

Abbildung 7.9: Platzierung des Anti-PC/PHCC-Active Wardens, Quelle: [150]

Der PCAW beobachtet alle Datenpakete, die ihn passieren. Verzögerungen werden nur eingebaut, wenn zwischen gleichem Absender und gleichem Empfänger ein Protokollwechsel stattfindet. Wie bei der Network-Pump gibt es auch beim PCAW keine Detektions-Funktion, stattdessen wird Traffic *blind* verzögert. Im Umkehrschluss kann es passieren, dass durch dieses Verfahren auch legitimer Traffic verzögert wird. Jedoch lassen sich, wie später noch erläutert wird, die Performance-Einbußen für Endnutzer so minimieren, dass die Akzeptanz des PCAW dennoch gewährt bleibt [150].

7.5.1 Konfigurierbare Verzögerung

Die Verzögerung (Delay-Parameter d) ist vom Administrator konfigurierbar und hängt mit einem Optimierungsproblem zusammen [150]: Bei höherem d wird die Bandbreite des verdeckten Kanals effektiver reduziert, doch steigen somit ebenfalls die Seiteneffekte der Verzögerung, die mit hohem d unter Umständen für den Endnutzer inakzeptabel werden können.

7.5.2 Funktionsweise

Die Funktionsweise des PCAW lässt sich hervorragend an einem Beispiel erläutern. Gegeben sei ein Protocol Channel, der mit den Protokollen ICMP (1er Bit) und UDP (0er Bit) die Nachricht

»0110001« übertragen soll. Entsprechend sendet der Kanal die Paketreihenfolge UDP, ICMP, ICMP, UDP, UDP, UDP, ICMP. Der PCAW verzögert die Nachricht entsprechend beim Protokollwechsel. Bei einer so kurzen Nachricht werden die verzögerten Pakete erst nach der eigentlichen Nachricht empfangen, wodurch sich folgender Ablauf ergibt: UDP wird versendet und weitergeleitet, ICMP wird verzögert, ICMP wird weitergeleitet, UDP wird verzögert, zwei UDP-Pakete werden weitergeleitet, ICMP-Paket wird verzögert. Anschließend treffen die verzögerten Pakete in der Reihenfolge ICMP, UDP, ICMP ein. Entsprechend erreicht den Empfänger die Nachricht UDP, ICMP, UDP, UDP, ICMP, UDP, ICMP, das heißt »0100101«. Die empfangene Nachricht enthält zwei falsche Bits (fett gedruckt).

Analog funktioniert der PCAW im Falle der Protocol Hopping Covert Channels, bei denen allerdings ganze Daten-Chunks verwürfelt werden. Die verbleibende Bandbreite hängt daher nicht nur vom Delay d, sondern auch von der Anzahl an übertragenen Bits pro Paket ab [150]. Bei Protocol Channels ergibt sich die Anzahl der Bits pro Paket b aus der Anzahl der verwendeten Protokolle n. Bei einer uniformen Codierung ist dies $b = \log_2 n$ [150].

7.5.3 Berechnung der verbleibenden Bandbreite

Tsai und Gligor stellten die Formel $B = b \cdot (T_R + T_S + 2 \cdot T_{CS})^{-1}$ zur Berechnung der Bandbreite eines lokalen Covert Storage Channels auf. Dabei ist b, wie gehabt, die Anzahl der übertragenen Bits pro Paket, T_R die zum Empfangen benötigte Zeit, T_S die zum Senden benötigte Zeit und T_{CS} die für den Kontext-Switch zwischen den Prozessen benötigte Zeit [138].

Es ist möglich, die Formel so zu modifizieren, dass sie zur Berechnung der maximalen Bandbreite eines Protocol Channels bzw. Protocol Hopping Covert Channels dient, bei der der Kanal nicht von einer Limitierung betroffen ist. Dabei wird berücksichtigt, dass die Wechselwahrscheinlichkeit zwischen den Protokollen p die Häufigkeit des eingesetzten Delays d beeinflusst [150]. Für die gesamte Kommunikationszeit (Senden und Empfangen) wird der Einfachheit nur noch T verwendet.

$$B = b \cdot (p \cdot d + T)^{-1} \qquad (7.7)$$

Bei einem Protocol Channel mit uniformer Codierung ist $p = (1 - 1/n)$, wobei n auch hier für die Anzahl der verwendeten Protokolle steht. Abbildung 7.10 zeigt die Begrenzung der Bandbreite für einen Protocol Channel mit $n = 2$ Protokollen und einem Delay von 0,5-2,5 Sekunden, sowie realistischem T-Wertebereich.

Bei Protocol Hopping Covert Channels fällt die Limitierung etwas schwieriger aus, da sie mehr Daten pro Paket übertragen können [150]. Entsprechend steigt der Einfluss des Parameters b; hingegen sinkt der Einfluss des Paramters T. Entsprechend zeigen die Abbildungen 7.11 und 7.12 den Parameter b statt T für Protocol Hopping Covert Channels mit $n = 2$ beziehungsweise $n = 4$ Protokollen auf. Dabei ist zu sehen, dass die Bandbreite eines Protocol Hopping Covert Channels mit zunehmender Protokollzahl n sinkt, da die Anzahl der Protokollwechsel p bei steigendem n zunimmt. Die Effektivität des PCAW ist folglich mit p verbunden.

Bei konstanter Verzögerung kann ein Covert Channel-Benutzer letztlich versuchen, die Delay-Zeit d herauszurechnen und somit eine Rekonstruktion des verschickten Traffics in Angriff nehmen. Um eine empfangsseitige Rekonstruktion zu verhindern, kann statt konstantem d ein zufälliges d (oder variierendes d) eingesetzt werden [150].

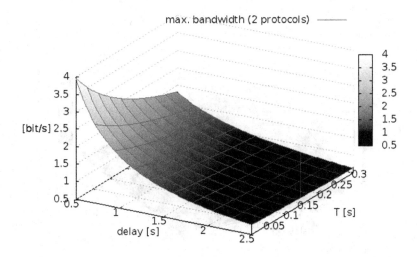

Abbildung 7.10: Bandbreite eines Protocol Channels mit eingesetztem PCAW, Quelle: [150]

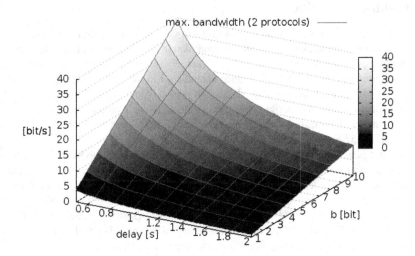

Abbildung 7.11: Bandbreite eines Protocol Hopping Covert Channels mit 2 Protokollen.

Weiterhin ist anzumerken, dass Protocol Channels mit optimierter Kodierung (etwa »nur dann ein Paket senden, wenn ein Protokollwechsel auftritt und zwischen Paketen die Zeitslots zählen« oder RLL-Kodierung) die Effektivität des PCAW verkleinern können [150].

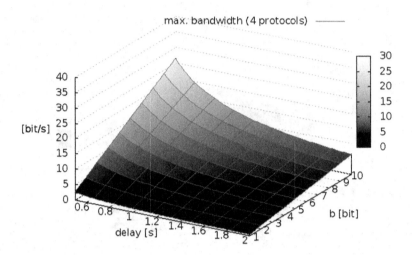

Abbildung 7.12: Bandbreite eines Protocol Hopping Covert Channels mit 4 Protokollen.

7.5.4 Praktische Aspekte

Experimente zeigten, dass die Bandbreite von Protocol Channels durch ein Delay von $d = 2,1s$ auf 1 bit/s gedrosselt werden kann, was für eine praktikable Lösung spricht [150]: Dadurch, dass nur Protokollwechsel verzögert werden, spüren Benutzer etwa bei Downloads und beim Aufrufen von Webseiten nur marginale Performance-Einbußen. Ein Vergleich in [150] für 10 MByte HTTP-Downloads im LAN zeigte etwa, dass ohne Active Warden eine Dauer von 0,43-0,57 Sekunden für den Download benötigt wurden. Mit einem Active Warden und parallelem Protocol Channel mit 0,25 bit/s (also künstlich verschlechterten Bedingungen) konnte der Download dennoch in 0,41-0,57 Sekunden abgeschlossen werden.

Dennoch gibt es nennenswerte Aspekte, die beim praktischen Einsatz des PCAW bedacht werden müssen. Dazu zählt die Besonderheit, dass DNS-Requests mit folgenden HTTP-Requests ein Normalaufkommen darstellen und somit nicht verzögert werden sollten [150]. Eine Plausibilitätsprüfung (etwa »Wurde der Hostname erst vor wenigen Sekunden angefragt?« oder »Wird der angefragte Hostname für den HTTP-Request verwendet?«) kann stattfinden. Selbiges gilt für den Wechsel zwischen HTTP und HTTPS oder den Wechsel zwischen SMTP und POP3 oder IMAP, sofern mehrere Maildienste auf demselben Server untergebracht sind.

Ein PCAW sollte zudem zwischen einzelnen Sendern und Empfängern unterscheiden, also hostspezifisch verzögern. Andernfalls würden bei größeren Netzwerken und PCAW auf Edge-Routern ständig Protokollwechsel vorkommen. Ein Problem stellt in diesem Zusammenhang *Network Address Translation* dar, bei der mehrere Hosts als ein Host erscheinen können [150]. Durch Techniken wie *Remote Physical Device Fingerprinting* kann ein PCAW allerdings Abschätzungen zur Anzahl der Hosts hinter einem NAT-System erzielen [68] und somit gegebenenfalls d anpassen [150]. Eine solche Funktionalität wurde jedoch nicht im proof-of-concept-System implementiert.

Ein anderer wichtiger Aspekt des PCAW besteht, wie bei allen Firewall-ähnlichen beziehungs-weise Normalizer-Systemen, in der Tatsache, dass ein Active Warden aus einem wichtigen Edge-Router als *Single Point of Failure* zu betrachten ist [150]. Entsprechende Redundanzprotokolle (wie etwa das *Common Address Redundancy Protocol* (CARP)) könnten für diese Problematik Abhilfe schaffen.

7.6 Verdeckte Kanäle in der Gebäudeautomation

In modernen Gebäuden sind heutzutage Automationssysteme integriert, die sich um die Überwa-chung und die Steuerung des Gebäudes kümmern. Eingeführt wurden diese Systeme bereits in Kapitel 3.12. Tatsächlich können in Gebäuden auch verdeckte Kanäle und Seitenkanäle auftreten [151]. Dazu muss ein Gebäude in den MLS-Kontext gesetzt werden. Somit würde ein verdeck-ter Kanal vorliegen, wenn Informationen eines höheren Security-Levels an einen niedrigeren Level gesendet werden bzw. der niedrige Level Informationen eines höheren Levels lesen könn-te. Letzteres entspricht zudem der Definition eines Seitenkanals, falls der niedrige Level passiv Informationen höherer Levels mitlesen kann. Solche Informationen können beispielsweise Tem-peraturdaten und Sensorwerte von Anwesenheitssensoren sein.

Ein Seitenkanal tritt auf, wenn ein niedrig-leveliger Benutzer (etwa ein Angestellter) Events eines höheren Levels beobachten kann (etwa durch passives Mitlesen der Datenkommunikation auf dem Bus). So könnte ein Seitenkanal von einem Angestellten beispielsweise dazu verwendet werden, festzustellen, ob sich ein Vorgesetzter zu einem bestimmten Zeitpunkt in seinem Büro befindet. Diese Information könnte genutzt werden, um den Optimalen Zeitpunkt zum Entwen-den eines Dokuments aus dem Büro des Vorgesetzten, zu bestimmen.

Ein verdeckter Kanal liegt hingegen dann vor, wenn ein explizites Senden der verdeckten In-formationen durch das Automationssystem vorliegt. So könnten Alice und Bob etwa koordiniert einen Gegenstand stehlen oder eine anderweitige Aktion durchführen. Gehen wir dabei davon aus, dass sich Alice und Bob, sowie deren Büros, in unterschiedlichen Etagen eines Gebäudes befinden. Nun löst Bob den Feueralarm im Gebäude aus, um die Aufmerksamkeit auf sich zu len-ken und die Evakuierung des Gebäudes zu erreichen. Zur selben Zeit (und informiert durch den von Bob ausgelösten Alarm) könnte Alice ein Dokument stehlen oder eine andere unauthorisierte Handlung durchführen. Da Bob den Alarm »aus Versehen« (etwa durch Rauchen) ausgelöst hat, fällt die Aufmerksamkeit auf ihn. Sofern sich Alice in einem anderen Stockwerk befinden sollte, könnte Bob Schuldzuweisungen von sich weisen. Alice stünde nicht unbedingt im besonderen Verdacht, da sie den Alarm nicht auslöste. Sofern Alice und Bob nicht im selben Security-Level angesiedelt sind, liegt ein verdeckter Kanal vor.

In einem anderen Szenario könnte ein bestochener Gefängniswärter etwa das Licht in der Gefängniszelle eines Gefangenen kurz ab- und wieder einschalten. Dies könnte dazu dienen, dem Gefangenen den optimalen Ausbruchszeitpunkt zu signalisieren (etwa mit der Bedeutung »Hallo Gefangener, ich laufe jetzt im anderen Flur Patrolie!«).

7.6.1 Ein Building-aware Active Warden

Ein *Building-aware Active Warden* (BAAW) hat das Ziel, verdeckte Speicherkanäle in Gebäude-Automationssystemen zu verhindern. Dabei muss das Gebäude in den MLS-Kontext gesetzt werden. Erreichen lässt sich diese Zuordnung durch die Abbildung der MLS-Level auf die Ebenen eines Organigramms, vgl. Abbildung 7.13. Verdeckte Kanäle werden anschließend durch die Implementierung der zugehörigen Regeln NWD und NRU verhindert, die Sie aus Kapitel 5.5 kennen.

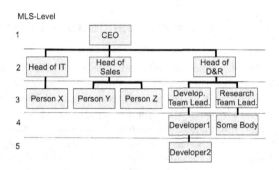

Abbildung 7.13: Abbildung der MLS-Levels auf ein Organigramm.

Um zu vermeiden, dass einzelne Abteilungen alle Informationen untereinander einsehen können, können im Bell-LaPadula-Modell zusätzliche Discretionary Access Control-Regeln definiert werden. Möglich ist auch die Verwendung von *Role-based Access Control* (RBAC)).

Implementiert wurde ein solches System bisher nur als Proof-of-Concept-Version in Form einer Middleware [151]. Somit können nur High-Level-Anwendungen, die auf der Middleware aufbauen, geschützt werden. Low-level-Kanäle, die Frames eines Bussystems manipulieren, können bisher hingegen nicht verhindert werden. Anwendungen der Middleware benutzen hingegen die einheitliche Schnittstelle (API), die die Middleware bereitstellt und müssen sich gegenüber der Middleware registrieren und authentifizieren. Die Middleware normalisiert sämtliche API-Anfragen gemäß den Regeln der Multilevel-Security.

Zusammenfassung

Für die mobile Anwendung verdeckter Kanäle in einem Overlay-Netzwerk ist es von Vorteil, verschiedenste Protokolle ausnutzen zu können, damit diejenigen Protokolle für eine Kommunikation zwischen zwei Kommunikatoren verwendet werden können, die möglichst wenig Aufmerksamkeit erzeugen und nicht durch das Underlay-Netz geblockt werden. Optimierungen für minimalen Overhead, für die minimale Paketanzahl pro Transaktion und für das Forwarding im verdeckten Overlay-Netz wurden vorgestellt. Ebenso wurde die gleichzeitige Verwendung mehrerer Headerbereiche und Layer motiviert und auf die spezielle Funktion der Mikroprotokolle in diesem Kontext eingegangen.

Es ist wichtig, die Network Environment Learning-Phase (NEL-Phase) so zu gestalten, dass Bitkombinationen anstelle von Protokollen ausgetestet werden, um qualitativ hochwertige Informationen über die Übertragungsmöglichkeiten in verdeckten Overlay-Netzen zu erhalten. Durch die beschriebenen Maßnahmen ist dieses Problem zwar nicht vollständig zu beseitigen, allerdings reduzierbar. Eine solche Problem-Reduzierung ist allerdings mit einem höherem Implementierungsaufwand für eine entsprechende Software verbunden.

Der Anti-PC/PHCC-Active Warden (PCAW) begrenzt die Bandbreite von Protocol Hopping Covert Channels (PHCC) und Protocol Channels (PH). Der PCAW führt eine künstliche Verzögerung für Netzwerkpakete ein, zwischen denen ein Protokollwechsel liegt. Im Kontext der Bedienbarkeit von Netzwerksystemen ist darauf zu achten, die Seiteneffekte eines PCAW möglichst gering zu halten; entsprechende Maßnahmen wurden erörtert.

Verdeckte Kanäle können innerhalb von Gebäude-Automationssystemen auftreten, sind aber nur bei größeren Organisationen als ernsthafte Bedrohung zu betrachten. Eine Verhinderung verdeckter Kanäle kann durch Anwendung von MLS ermöglicht werden.

Anhang

Literaturverzeichnis

[1] Accorsi, R., Wonnemann, C.: Detective Information Flow Analysis for Business Processes (Extended Abstract), In: Business Processes, Services Computing and Intelligent Service Management, LNI Volume 147, Bonner Köllen Verlag, Seiten 223–224, 2009.

[2] Accorsi, R., Wonnemann, C.: Informationsfluss-Mechanismen zur Zertifizierung von Cloud-basierten Geschäftsprozessen, Deutscher IT-Sicherheitskongress des BSI, SecuMedia-Verlag Bonn, Mai 2011.

[3] Accorsi, R., Wonnemann, C.: Informationsfluss-Mechanismen zur Zertifizierung Cloud-basierter Geschäftsprozesse (Vortragsfolien), Deutscher Sicherheitskongress des BSI, 2011.

[4] Agat, J.: Transforming out Timing Leaks, Proceedings of the 27th ACM Symp. on Principles of Programming Languages (POPL), ACM Press, Seiten 40–53, 2000.

[5] Agat, J.: Transforming out Timing Leaks in Practice: An Experiment in Implementing, Programming Language-Based Methods for Confidentiality, ein Kapitel aus "Type Based Techniques for Covert Channel Elimination and Register Allocation", Dissertation, Chalmers Tekniska Högskola/Chalmers University Of Technology, Seiten 69–106, 2001.

[6] Ahsan, K.: Covert Channel Analysis and Data Hiding in TCP/IP, Master-Thesis (University of Toronto), 2002.

[7] Anderson, R.: Security Engineering: A Guide to Building Dependable Distributed Systems, Wiley, 2001.

[8] Arends, R., Austein, R., Larson, M. et al.: Protocol Modifications for the DNS Security Extensions (RFC 4035), März 2005.

[9] Badach, A., Hoffmann, E.: Technik der IP-Netze. Funktionsweise, Protokolle und Dienste, 2. Auflage, Carl Hanser Verlag München Wien, 2007.

[10] Baliga, A., Kilian, J.: On covert collaboration, in Proc. 9th Workshop on Multimedia and Security, ACM / New York, Seiten 25–34, 2007.

[11] Becker, K.-B.: Internetzensur in China. Aufbau und Grenzen des chinesischen Kontrollsystems, VS Research, 1. Auflage, 2011.

[12] Berk, V., Giani, A., Cybenko, G.: Detection of Covert Channel Encoding in Network Packet Delays, Technical Report TR536, Rev. 1, Dep. of Computer Science, Dartmouth College, November 2005.

[13] Bidou, R., Raynal, F.: Covert Channels, 2005.

[14] Bishop, M.: Computer Security: Art and Science, Addison Wesley, November, 2002.

[15] Borland, T.: Guide to Encrypted Dynamic Covert Channels, 24. Dezember 2008. URL: *http://turboborland.blogspot.com/2008/12/guide-to-encrypted-dynamic-covert.html*.

[16] Cabuk, S., Brodley, C. E., Shields, C.: IP Covert Timing Channels: Design and Detection, In Proc. 11th ACM Conference on Computer and Communications Security (CCS '04), Seiten 178–187, 2004.

[17]   Cabuk, S., Brodley, C. E., Shields, C.: IP Covert Channel Detection, ACM Transactions on Informa-
        tion and System Security (TISSEC), Volume 12, Issue 4, Seiten 22:1–22:29, April 2009.

[18]   Carpenter, B., Moore, K.: Connection of IPv6 Domains via IPv4 Clouds (RFC 3056), Februar 2001.

[19]   Castro, S. und das Gray World Team: How to cook a covert channel, Hackin9 01/2006, S. 50–57.

[20]   Conta, A., Deering, S.: Generic Packet Tunneling in IPv6 Specification, RFC 2473, Dezember 1998.

[21]   daemon9: LOKI2 (the implementation), Phrack Magazine, Volume 7, Issue 51, September 1997.

[22]   Department of Defence: Trusted Computer System Evaluation Criteria (TCSEC, DoD 5200.28-
        STD), 26. Dezember 1985.

[23]   Dittmann, J., Franz, E., Schneidewind, A.: Steganographie und Wasserzeichen. Aktueller Stand und
        neue Herausforderungen, Informatik Spektrum Vol. 28. No. 6, Seiten 453–461, Dezember 2005.

[24]   Dommety, G.: Key and Sequence Number Extensions to GRE, RFC 2890, September 2000.

[25]   Dürmuth, M.: Novel Classes of Side Channels and Covert Channels, Dissertation, Universität des
        Saarlandes, 2009.

[26]   Eckert, C.: IT-Sicherheit: Konzepte, Verfahren, Protokolle, 6. Auflage, Oldenbourg Wissenschafts-
        verlag, 2009.

[27]   Eßer, H.-G.: Ausnutzung verdeckter Kanäle am Beispiel eines Web-Servers, Diplomarbeit (RWTH
        Aachen), Februar 2005.

[28]   Fadlalla, Y. A. H.: Approaches to Resolving Covert Storage Channels in Multilevel Secure Systems,
        Ph.D. Thesis, University of New Brunswick, 1996.

[29]   Farinacci, D., Li, T. Hanks, S., Meyer, D., Traina, P.: Generic Routing Encapsulation (GRE), RFC
        2784, März 2000.

[30]   Fisk, G., Fisk, M., Papadopoulos, C. und Neil, J.: Eliminating Steganography in Internet Traffic with
        Active Wardens, In Proc. Information Hiding Conference 2003, Lecture Notes in Computer Science,
        Volume 2578, Seiten 18–35, 2003.

[31]   Gianvecchio, S., Wang, H.: Detecting Covert Timing Channels: An Entropy-Based Approach, In
        Proc. ACM Conference on Computer and Communications Security (CCS), Seiten 307–316, 2007.

[32]   Giani, A., Berk, V. H., Cybenko, G. V.: Data Exfiltration and Covert Channels, In: Sensors, and
        Command, Control, Communications, and Intelligence (C3I) Technologies for Homeland Security
        and Homeland Defense V, 2006.

[33]   Giffin, J., Greenstadt, R., Litwack, P., Tibbetts, R.: Covert messaging through TCP timestamps, In
        Proc. 2nd int. Conf. on privacy enhancing technologies, Seiten 194–208, 2003.

[34]   Gilligan, R. E.: Simple Internet Transition Overview (Version 01), IETF Draft, November 1994.

[35]   Girling, C.G.: Covert Channels in LAN's, In Proc. IEEE Transactions on Software Engineering,
        Volume SE-13, Issue 2, Seiten 292–296, Februar 1987.

[36]   Goltz, J. P.: Under the radar: A look at three covert communications channels, GIAC security essen-
        tials (GSEC), 2003.

[37]   Grossman, D.: New Terminology and Clarifications for Diffserv, RFC 3260, April 2002.

[38]   Hagen, S.: IPv6. Grundlagen, Funktionalität, Integration, 2. Auflage, Sunny Edition, Dezember 2009.

[39]   Hamzeh, K., Pall, G., Verthein, W. et al.: Point-to-Point Tunneling Protocol (PPTP), RFC 2637, Juli
        1999.

[40] Handley, M., Paxson, V., Kreibich, C.: Network Intrusion Detection: Evasion, Traffic Normalization, and End-to-End Protocol Semantics, SSYM'01 Proceedings of the 10th conference on USENIX Security Symposium, Volume 10, Seiten 115–131, 2001.

[41] Hanks, S., Li, T., Traina, P.: Generic Routing Encapsulation (GRE), RFC 1701, October 1994.

[42] Hanks, S., Li, T., Traina, P.: Generic Routing Encapsulation over IPv4 networks, RFC 1702, October 1994.

[43] Heiny, F.: Seminar KNX/IP-Router (Foliensatz), Weinzierl Engineering GmbH, Februar 2009.

[44] Hoffman, P.: Algorithms for Internet Key Exchange version 1 (IKEv1), RFC 4109, Mai 2005.

[45] Holzmann, G. J.: Design and Validation of Computer Protocols, Prentice Hall, 1991.

[46] Hu, W.-M.: Reducing Timing Charmers with Fuzzy Time, 1991 Symposium on Security and Privacy, IEEE Computer Society, Seiten 8–20, 1991.

[47] Huitema, C.: Teredo: Tunneling IPv6 over UDP through Network Address Translations (NATs), RFC 4380, Februar 2006.

[48] IANA (Internet Assigned Numbers Authority): SMI Network Management Private Enterprise Codes, *http://www.iana.org/assignments/enterprise-numbers*, Januar 2012.

[49] IANA (Internet Assigned Numbers Authority): Point-to-Point (PPP). Protocol Field Assignments, *http://www.iana.org/assignments/ppp-numbers*, November 2011.

[50] IANA (Internet Assigned Numbers Authority): IPv6 Global Unicast Address Assignments, *http://www.iana.org/assignments/ipv6-unicast-address-assignments* August 2008.

[51] Jacobson, V.: Compressing TCP/IP Headers for Low-Speed Serial Links, RFC 1144, February 1990.

[52] Jankowski, B., Mazurczyk, W., Szczypiorski, K.: Information Hiding Using Improper Frame Padding, In Proc. 14th International Telecommunications Network Strategy and Planning Symposium (NETWORKS), Seiten 1–6, 2010.

[53] Ji, L., Liang, H., Song, Y., Niu, X.: A Normal-Traffic Network Covert Channel, In Proc. International Conference on Computational Intelligence and Security, Seiten 499-503, 2009.

[54] Kang, M. H., Moskowitz, I. S.: A Pump for Rapid, Reliable, Secure Communication, Proceedings of the 1st ACM Conference on Computer and Communication Security, Seiten 119–129, November 1993.

[55] Kang, M. H., Moskowitz, I. S., Chincheck, S.: The Pump: A Decade of Covert Fun, 21st. Annual Computer Security Applications Conference, Seiten 352–360, Dezember 2005.

[56] Kappes, M.: Netzwerk- und Datensicherheit. Eine praktische Einführung, Teubner-Verlag Wiesbaden, 2009.

[57] Kastner, W., Neugschwandtner, G., Soucek, S. und Newman, H. M.: Communication Systems for Building Automation and Control, In Proceedings of the IEEE, Vol. 93, No. 6, Seiten 1178–1203, 2005.

[58] Kaufman, C. (Hrsg.): Internet Key Exchange (IKEv2) Protocol, Dezember 2005.

[59] Kemmerer, R. A.: Shared resource matrix methodology: an approach to identifying storage and timing channels, ACM Transactions on Computer Systems (TOCS), ACM, Volume 1, Issue 3, Seiten 256–277, 1983.

[60] Kemmerer, R. A., Porras, P. A.: Covert Flow Trees: A Visual Approach to Analyzing Covert Storage Channels, IEEE Transactions on Software Engineering, Volume 17. No. II, Seiten 1166–1185, November 1991.

[61] Kemmerer, R. A.: A Practical Approach to Identifying Storage and Timing Channels: Twenty Years Later, In Proc. Annual Computer Security Applications Conference (ACSAC), Seiten 109–118, Dezember 2002.

[62] Kemmerer, R. A.: So You Think You Can Dance?, 23. Annual Computer Security Applications Conference (ACSAC 2007), Seiten 3–17, 2007.

[63] Kent, S.: IP Encapsulating Security Payload (ESP), RFC 4303, Dezember 2005.

[64] Kent, S., Atkinson, R.: IP Authentication Header, RFC 2402, November 1998.

[65] Kelsey, J., Schneier, B., Wagner, D., Hall, C.: Side channel cryptanalysis of product ciphers, In Computer Security (ESORICS 98), LNCS 1485, Seiten 97–110, 1998.

[66] Khan, H., Javed, Y., Mirza, F. und Khayam, S. A.: Embedding a Covert Channel in Active Network Connections, Lecture Notes in Computer Science, Volume 2578, Seiten 18–35, 2003.

[67] Kirkman, T. W.: Statistics to Use, Kapitel zum Kolmogorov-Smirnov-Test, *http://www.physics.csbsju.edu/stats*, College of Saint Benedict Saint John's University, 1996.

[68] Kohno, T., Broido, A., claffy, k.: Remote Physical Device Fingerprinting, IEEE Transactions on Dependable and Secure Computing, No. 2, Seiten 93–108, 2005.

[69] König, H.: Protocol Engineering. Prinzip, Beschreibung und Entwicklung von Kommunikationsprotokollen, 1. Aufl., Vieweg+Teubner, 2003.

[70] Krätzer, C., Dittmann, J.: Früherkennung von verdeckten Kanälen in VoIP-Kommunikation, IT-Frühwarnsysteme, BSI-Workshop, Bundesamt für Sicherheit in der Informatik, Bonn, S. 209–214, 2006.

[71] Kurose, J. F., Ross, K. W.: Computer Networking – A Top-Down Approach Featuring the Internet, Pearson Education, 3rd Int. Ed., 2005.

[72] Lampson, B.W.: A Note on the Confinement Problem, Communications of the ACM, Volume 16, Number 10, Seiten 613–615, 1973.

[73] Lau, J., Townsley, M., Goyret, I.: Layer Two Tunneling Protocol – Version 3 (L2TPv3), RFC 3931, März 2005.

[74] Lechner, D., Granzer, W., Kastner, W.: Security for KNXnet/IP, Konnex Scientific Conference, 2008.

[75] Leech, M., Ganis, M., Lee, Y., et al.: SOCKS Protocol Version 5, RFC 1928, March 1996.

[76] Lewandowski, G., Lucena, N.B., Chapin, S.J.: Analyzing network-aware active wardens in IPv6, In Proc. 8th International Conference on Information Hiding (IH'06), Seiten 58–77, 2007.

[77] Li, W., He, G.: Towards a Protocol for Autonomic Covert Communication, In Proc. 8th Conf. on Autonomic and Trusted Computing, Seiten 106–117, 2011.

[78] Li, X., Zhang, Y., Chong, F.T., Zhao, B.Y.: A Covert Channel Analysis of a real Switch, unfertiger "final report", Dep. of Computer Science, University of California, Santa Barbara, 2011.

[79] Li, Z., Goyal, A. und Chen, Y.: Honeynet-based Botnet Scan Traffic Analysis, Advances in Information Security/Botnet Detection, In Proc. Advances in Information Security, Volume 36, Springer, S. 25–44, 2008.

[80] Maña, A., Rudolph, C., Hoffmann, M. et al.: Towards Semantic Resolution of Security in Ambient Environments, In Proc. Developing Ambient Intelligence, Seiten 13–22, Springer Paris, 2008.

[81] Mantel, H.: On the Composition of Secure Systems, Proceedings of the 2002 IEEE Symposium on Security and Privacy, Oakland, Seiten 88–101, 2002.

[82] McHugh, J.: Covert Channel Analysis. Technical Memo 5540:080A, Naval Research Laboratory, 1995.

[83] McHugh, J.: An Information Flow Tool for Gypsy: An Extended Abstract Revisited, In Proc. of Annuall Computer Security Applications Conference, Seiten 191–201, 2001.

[84] McGregor, G.: The PPP Internet Protocol Control Protocol (IPCP), RFC 1332, May 1992.

[85] Merz, H., Hansemann, T., Hübner, C.: Building Automation. Communication Systems with EIB/KNX, LON and BACnet, Springer Series on Signals and Communication Technology, Springer-Verlag Berlin Heidelberg, 2009.

[86] Microsoft: Überblick   zu   Teredo,   März   2004.   Online   verfügbar   auf *http://www.microsoft.com/germany/technet/datenbank/articles/600330.mspx*

[87] Moskowitz, I.S., Kang, M.H.: Covert channels – here to stay?, In Proc. of the Ninth Annual Conference on Computer Assurance (COMPASS '94), Seiten 235–243, 1994.

[88] Murdoch, S. J.: Covert channel vulnerabilities in anonymity systems, Technical Report Number 706, University of Cambridge (Computer Laboratory), Dezember 2007.

[89] Murdoch, S. J., Lewis, S.: Embedding Covert Channels into TCP/IP, In Proc. Information Hiding Conference 2005, Lecture Notes in Computer Science, Volume 3727, Springer Berlin/Heidelberg, Seiten 247–261, 2005.

[90] Myers, C. A., Liskov B.: Protecting privacy using the decentralized label model, ACM Transactions on Software Engineering and Methodology (TOSEM), Volume 9, Issue 4, Seiten 410–442, 2000.

[91] Naval Research Laboratory: Network Pump Brochure, Januar 2009.

[92] National Computer Security Center: A Guide to Understanding Covert Channel Analysis of Trusted Systems, NCSC-TG-030, Library No. S-240,572, Version 1, November 1993.

[93] Nordmark, E., Gilligan, R.: Basic Transition Mechanisms for IPv6 Hosts and Routers, RFC 4213, October 2005.

[94] Obermann, K., Horneffer, M.: Datennetztechnologien für Next Generation Networks. Ethernet, IP, MPLS und andere, 1. Aufl., Vieweg+Teubner, 2009.

[95] Ogurtsov, N., Orman, H., Schroeppel, R., OMalley, S., Spatscheck, O.: Covert Channel Elimination Protocols, Technical Report, Department of Computer Science, University of Arizona, 1996.

[96] Ogurtsov, N., Orman, H., Schroeppel, R., OMalley, S., Spatscheck, O.: Experimental Results of Covert Channel Limitation in One-Way Communication Systems, Vortragsfolien, University of Arizona, 1997.

[97] OpenBSD Project: PF: Scrub (Packet Normalization), *http://www.openbsd.org/faq/pf/scrub.html*, Juli 2008.

[98] Orebaugh, A., Biles, S., Babbin, J.: Snort Cookbook, O'Reilly Media, Inc., März 2005.

[99] Perkins, C.: IP Encapsulation within IP, RFC 2003, Oktober 1996.

[100] Petersohn, H.: Data Mining. Verfahren, Prozesse, Anwendungsarchitektur, Oldenbourg Wissenschaftsverlag GmbH, 2005.

[101] Petitcolas, F. A. P., Anderson, R. J., Kuhn, M. G.: Information Hiding – A Survey, In. Proc. of the IEEE (special issue on protection of multimedia content), Vol. 87, Issue 7, Seiten 1062–1078, Juli 1999.

[102] Plötner, J., Wendzel, S.: Praxisbuch Netzwerksicherheit, Galileo Press, Bonn, 2. Auflage, 2007.

[103] Proctor, N. E., Neumann, P. G.: Architectural Implications of Covert Channels, Proceedings of the Fifteenth National Computer Security Conference Baltimore, Seiten 28–43, 1992.

[104] Ray, B., Mishra, S.: Secure and Reliable Covert Channel (ext. Abstr.), CSIIRW'08, May 12-14, ACM, 2008.

[105] Reynolds, J.: Assigned Numbers: RFC 1700 is Replaced by an On-line Database, RFC 3232, Januar 2002.

[106] Reynolds, J., Postel, J.: Assigned Numbers, RFC 1700, Oktober 1994. *Anmerkung:* Dieses RFC hat nur noch historischen Wert. Entsprechend aktuelle Informaitonen sind bei der IANA zu finden.

[107] Rios, R., Onieva, J.A., Lopez, J.: HIDE_DHCP: Covert Communications Through Network Configuration Messages, In Proc. IFIP TC 11 27th International Information Security Conference, Heraklion, Crete, Greece, Springer, 2012 (derzeit im Druck).

[108] Rist, T., Wendzel, S., Masoodian, M., Monigatti, P., André, E.: Creating Awareness for Efficient Energy Use in Smart Homes, In: Intelligent Wohnen. Zusammenfassung der Beiträge zum Usability Day IX, Feuerstein Gerhild, Ritter Walter (Hrsg.), Seiten 162–168, 2011.

[109] Romkey, J.: RFC 1055 – A nonstandard for transmission of IP datagrams over serial lines: SLIP, June 1988.

[110] Roth, J.: Mobile Computing: Grundlagen, Technik, Konzepte, 2. Aufl., dpunkt, 2005.

[111] Rowland, C. H.: Covert Channels in the TCP/IP Protocol Suite, First Monday, Volume 2, Number 5, 5 May 1997.

[112] Rutkowska, J.: The Implementation of Passive Covert Channels in the Linux Kernel, Dezember 2004.

[113] Schea, R.: L2TP: Implementation and Operation, Addison-Wesley Professional, 1st Edition, 2000.

[114] Schmeh, K.: Versteckte Botschaften – Die faszinierende Geschichte der Steganografie, Heise, 2008.

[115] Schear, N., Kintana, C., Zhang, Q., Vahdat, A.: Glavlit: Preventing Exfiltration at Wire Speed, In Proc. 5th ACM Workshop on Hot Topics in Networks (HotNets-V), November 2006.

[116] Schneider, J. M.: Protocol Engineering. A Rule-Based Approach, Vieweg Advanced Studies in Computer Science, Vieweg Verlag Wiesbaden, 1992.

[117] Schneier, B.: Angewandte Kryptographie. Protokolle, Algorithmen und Sourcecode in C, Pearson Studium, 2. Aufl., 2006.

[118] Schrader, T.: Statistische Erkennung von HTTP-Tunneln, Masterarbeit, FernUniversität Hagen, Juli 2006.

[119] Shannon, C. E., Weaver, W.: The Mathematical Theory of Communication, The University of Illinois Press, 1964.

[120] Simmons, G. J.: The Prisoner's Problem and the Subliminal Channel, Advances in Cryptology: Proceedings of CRYPTO '83, Plenum Press, Seiten 51–67, 1984.

[121] Simpson, W.: The Point-to-Point Protocol (PPP), RFC 1661 (STD 51), July 1994.

[122] Simpson, W.: IP in IP Tunneling, RFC 1853, Oktober 1995.

[123] Singh, A., Nordström, O. dos Santos, A., Lu, C.: Stateless Model for the Prevention of Malicious Communication Channels, International Journal of Computers and Applications, Volume 28, Issue 3, Seiten 285–297, ACTA Press, 2006.

[124] Singh, A., Nordström, O., Lu, C., dos Santo, A.L.M.: Malicious ICMP Tunneling: Defense against the Vulnerability, In: Information Security and Privacy (LNCS Vol. 2727), S. 216–236, 2003.

[125] Smart Grid Interoperability Panel, The (Cyber Security Working Group des National Institute of Standards and Technology (NIST) und des US Department of Commerce): NISTIR 7628 – Guidelines for Smart Grid Cyber Security: Volume 3, Supportive Analyses and References, August 2010.

[126] Smeets, M., Koot, M.: Research Report: Covert Channels (University of Amsterdam), February 5, 2006.

[127] Snort Project, The (Sourcefire, Inc.): SNORT Users Manual 2.9.0, *http://www.snort.org/assets/166/snort_manual.pdf*, Januar 2011.

[128] Solomon, J., Glass, S.: Mobile-IPv4 Configuration Option for PPP IPCP, RFC 2290, Februar 1998.

[129] Sourcefire, Inc.: Snort Threat Prevention Components (Whitepaper), *http://www.imerja.com/files/file/White_Papers/Sourcefire/Snort%20Threat-   %20Prevention.pdf*, 2009.

[130] Stødle, D.: Ping Tunnel – For those times when everything else is blocked, URL: *http://www.cs.uit.no/~daniels/PingTunnel/*, June 2009.

[131] Tanenbaum, A.S.: Computernetzwerke, 4. überarb. Aufl., Pearson Studium, 2003.

[132] Taib, A. M., Budiarto, R.: Securing Tunnel Endpoints for IPv6 Transition in Enterprise Networks, In Proc. 2010 International Conference on Science and Social Research (CSSR 2010), Kuala Lumpur, S. 1114–1119, 2010.

[133] Templin, F., Gleeson, T., Talwar, M., Talwar, D.: IETF Draft Intra-Site Automatic Tunnel Addressing Protocol (ISATAP), Draft 17, January, 2004.

[134] Templin, F., Gleeson, T., Thaler, D.: Intra-Site Automatic Tunnel Addressing Protocol (ISATAP, RFC 5214), März 2008.

[135] Thaler, D., Krishnan, S., Hoagland, J.: Teredo Security Updates (RFC 5991), September 2010.

[136] Townsley, W., Valencia, A., Rubens, A., Pall, G., Zorn, G., Palter, B.: Layer Two Tunneling Protocol "L2TP", RFC 2661 (proposed standard), August 1999.

[137] Trimmal, R., Harald, W.: KNXnet/IP (EIBnet/IP) und IP-852, 2008.

[138] Tsai, C.-R., Gligor, V. D.: A Bandwidth Computation Model for Covert Storage Channels and its Applications, Proceedings of the IEEE Symposium on Security and Privacy, Oakland, Californien, Seiten 108–121, April 1988.

[139] Tumoian, E., Anikeev, M.: Network Based Detection of Passive Covert Channels in TCP/IP, In Proc. IEEE Conference on Local Computer Networks 30th Anniversary (LCN'05), Seiten 802–809, 2005.

[140] Valin, J. M., Vos, K., Terriberry, T.: Definition of the Opus Audio Codec (draft-ietf-codec-opus-11), 17. Feb. 2012.

[141] Vogel, T., Dittmann, J., Hillert, R., Krätzer, C.: Design und Evaluierung von Steganographie für Voice-over-IP, Sicherheit 2006, 20-22 Feb. 2006, Magdeburg, 2006.

[142] Wang, C., Ju, S.: The Dilemma of Covert Channels Searching, In Proc. Information Security and Cryptology - ICISC 2005, Lecture Notes in Computer Science, Volume 3935, Springer, Seiten 169–174, 2006.

[143] Washburn, K. und Evans, J.: TCP/IP – Aufbau und Betrieb eines TCP/IP Netzes, Addison-Wesley, 2. Auflage, 1. korrigierter Nachdr. 1998.

[144] Wendzel, S.: Protocol Channels, Hakin9 (en) 06/09, Seiten 38–40, 2009.

[145] Wendzel, S.: Protocol Hopping Covert Channels, Hakin9 03/2008, Seiten 20–21, 2008.

[146] Wendzel, S.: Protokollwechsel zur Realisierung von Covert Channels und Header-Strukturveränderungen zur Vermeidung von Covert Channels, Diplomarbeit, Hochschule Kempten, Mai 2009.

[147] Wendzel, S., Keller, J.: Low-attention forwarding for mobile network covert channels, In Proc. 12th Conference on Communications and Multimedia Security (CMS 2011), IFIP International Federation for Information Processing, B. de Decker et al. (Eds.), LNCS 7025, pp. 122–133, 2011.

[148] Wendzel, S., Rist, T., André, E., Masoodian, M.: A Secure Interoperable Architecture for Building Automation Applications, in Proc. 4th International Symposium on Applied Sciences in Biomedical and Communication Technologies (ISABEL), Oct 26-29, Barcelona, Spain, 2011.

[149] Wendzel, S.: The Problem of Traffic Normalization Within a Covert Channel's Network Environment Learning Phase, in Proc. Sicherheit 2012 (6. Jahrestagung des Fachbereichs Sicherheit), Darmstadt, N. Suri and M. Waidner (Eds.), LNI vol. 195, pp. 149-161, Gesellschaft für Informatik (GI) / Bonn, 2012.

[150] Wendzel, S., Keller, J.: Design and Implementation of an Active Warden Addressing Protocol Switching Covert Channels, In Proc. The Seventh International Conference on Internet Monitoring and Protection (ICIMP 2012), Stuttgart, IARIA, 2012 (im Druck).

[151] Wendzel, S.: Covert and Side Channels in Buildings and the Prototype of a Building-aware Active Warden, In Proc. 1st IEEE International Workshop on Security and Forensics in Communication Systems (SFCS 2012), Ottawa, IEEE, 2012 (im Druck).

[152] Whistel, L., Turner, R.: A Context-Based Approach to Detecting Miscreant Behavior and Collusion in Open Multiagent Systems, in Proc. CONTEXT 2011, LNAI 6967, S. 300–306, Springer, 2011.

[153] Williams, N., Zander, S., Armitage, G.: A preliminary performance comparison of five machine learning algorithms for practical IP traffic flow classification, ACM SIGCOMM Computer Communications Review, Volume 36, Issue 5, Seiten 5–16, October 2006.

[154] Wolf, M.: Covert channels in LAN protocols, in: Local Area Network Security, LNCS 396, Seiten 89–101, 1989.

[155] Wong, A.C.W., So, A.T.P.: Building automation in the 21st century, In Proc. Fourth International Conference on Advances in Power System Control, Operation and Management, Seiten 819–824, 1997.

[156] Wonnemann, C., Accorsi, R., Müller, G.: On Information Flow Forensics in Business Application Scenarios, 4th IEEE Workshop on Security, Trust, and Privacy for Software Applications, IEEE Computer Press, Seiten 324–328, 2009.

[157] Wray, J. C.: An Analysis of Covert Timing Channels, 1991 Symposium on Security and Privacy, IEEE Computer Society, Seiten 2–7, 1991.

[158] Yarochkin, F. V., Dai, S.-Y. et al.: Towards Adaptive Covert Communication System, In Proc. PRDC, pp. 153-159, 2008.

[159] Zander, S., Armitage, G. und Branch, P.: Covert Channels in the IP Time To Live Field, Centre for Advanced Internet Architectures (Swinburne University of Technology), Dezember 2006.

[160] Zander, S., Armitage, G., Branch, P.: Covert Channels and Countermeasures in Computer Networks, IEEE Communications Magazine, Seiten 136–142, December 2007.

[161] Zander, S., Armitage, G.: CCHEF – Covert Channels Evaluation Framework. Design and Implementation, Centre for Advanced Internet Architectures, Technical Report 080530A, Swinburne University of Technology, Mai 2008.

[162] Zander, S.: CCHEF – Covert Channels Evaluation Framework User Manual, Version 0.1, Mai 2008.

[163] Zander, S.: Performance of Selected Noisy Covert Channels and Their Countermeasures in IP Networks, Ph.D. Thesis, Centre for Advanced Internet Architectures, Faculty of Information and Communication Technologies, Swinburne University of Technology, Melbourne, May, 2010.

Sachverzeichnis

Printed in the United States
By Bookmasters